Die Vermögenssicherstellungsbefugnis der Bundesanstalt für Finanzdienstleistungsaufsicht (§ 6 Absatz 13 WpHG) – unter besonderer Berücksichtigung des rechtsstaatlichen Bestimmtheitsgebotes

Europäische Hochschulschriften Recht

European University Studies in Law

Publications Universitaires Européennes de Droit

Band/Volume 6754

Johannes-Sebastian Lepple

Die Vermögenssicherstellungsbefugnis der Bundesanstalt für Finanzdienstleistungsaufsicht (§ 6 Absatz 13 WpHG) – unter besonderer Berücksichtigung des rechtsstaatlichen Bestimmtheitsgebotes

PETER LANG

Lausanne - Berlin - Bruxelles - Chennai - New York - Oxford

Bibliografische Information der Deutschen Nationalbibliothek

Die Deutsche Nationalbibliothek verzeichnet diese Publikation in der Deutschen Nationalbibliografie; detaillierte bibliografische Daten sind im Internet über http://dnb.d-nb.de abrufbar.

Zugl.: Konstanz, Univ., Diss., 2022

Kob 7
ISSN 0531-7312
ISBN 978-3-631-90600-2
E-ISBN 978-3-631-90653-8
E-ISBN 978-3-631-90654-5
DOI 10.3726/b21076

Verlegt durch:
Peter Lang GmbH, Berlin, Deutschland

info@peterlang.com http://www.peterlang.com

Diese Publikation wurde begutachtet.

Vorwort

Die vorliegende Arbeit wurde im Wintersemester 2021/2021 dem Fachbereich Rechtswissenschaft der Universität Konstanz als Dissertation vorgelegt. Die Verteidigung fand im Januar 2022 statt. Rechts- und Quellenstand der Untersuchung entsprechen größtenteils dem Zeitpunkt der Einreichung. Neuere Literatur konnte nur vereinzelt Berücksichtigung finden.

Besonderen Dank schulde ich meinem Doktorvater Herrn Prof. Dr. Hans Theile dafür, dass er mir die Möglichkeit der Promotion gewährte und bei der Betreuung der Arbeit mit Hinweisen, Anmerkungen und Anregungen im Gespräch immer wieder wertvolle Anstöße gab, die den Fortgang des Projekts förderten und bereicherten.

Frau Prof. Dr. Liane Wörner danke ich für die rasche Erstellung des Zweitgutachtens und Herrn Prof. Dr. Oliver Fehrenbacher dafür, dass er den Vorsitz der Prüfungskommission übernahm.

Vor allem danke ich auch meinen Eltern, ohne deren Unterstützung weder das Jurastudium noch die Promotion möglich gewesen wären und die mir mit schier unendlicher Geduld auch in schwierigen Phasen des Promotionsvorhabens moralischen Beistand leisteten.

Zu guter Letzt sei allen Familienmitgliedern und Freunden herzlich gedankt, die – ob durch ihren Zuspruch oder einfach durch den zutreffenden Hinweis, dass es auch ein Leben außerhalb der Bibliotheksmauern gibt –, maßgeblich dazu beigetragen haben, dass mir die unentbehrliche Zuversicht nie abhandenkam.

Stuttgart, im März 2023
Johannes-Sebastian Lepple

Inhalt

Literaturverzeichnis

Achenbach, Hans; Vermögensrechtlicher Opferschutz im strafprozessualen Vorverfahren, in: Festschrift für Günter Blau zum 70. Geburtstag, Berlin, 1985, (zit.: *Achenbach*, FS Blau)

Achenbach, Hans/Ransiek, Andreas/Rönnau, Thomas; Handbuch Wirtschaftsstrafrecht, 5. Auflage, Heidelberg, 2019, (zit.: Achenbach/Ransiek/Rönnau/*Bearbeiter*, Handbuch Wirtschaftsstrafrecht)

Adam, Thomas/Winter, Gerd; Framework Elements in Regulations, in: Winter (Hrsg.), Sources and Categories of European Union Law, Baden-Baden, 1996, S. 507

Anabtawi, Iman/Schwarcz, Stephen L.; Regulating Systemic Risk: Towards an Analytical Framework, 86 Notre Dame Law Review (2011), S. 1349

v. Arnauld, Andreas; Rechtsstaat, in: Depenheuer/Grabenwarter (Hrsg.), Verfassungstheorie, Tübingen, 2010, S. 703

Assmann, Heinz-Dieter/Schneider, Uwe H./Mülbert, Peter O.; Wertpapierhandelsgesetz, 7. Auflage, Köln, 2019, (zit.: Assmann/Schneider/Mülbert/*Bearbeiter*, Wertpapierhandelsrecht)

Awrey, Dan; Complexity, Innovation and the Regulation of Modern Financial Markets, 2 Harvard Business Law Review (2012), S. 236

Bach, Florian; Ist eine Kahlarrestierung des Beschuldigten möglich?, StraFo 2005, S. 485

Backes, Otto; Alle Macht dem Staatsanwalt! – Zu neueren Entwicklungen im Wirtschaftsstrafrecht, StV 2006, S. 712

Bärlein, Michael/Pananis, Panos/Rehmsmeier, Jörg; Spannungsverhältnis zwischen der Aussagefreiheit im Strafverfahren und den Mitwirkungspflichten im Verwaltungsverfahren, NJW 2002, S. 1825

Barreto da Rosa, Steffen; Gnadenstoß für einen Totengräber - ein Plädoyer für die Abschaffung von § 73 I 2 StGB, ZRP 2012, S. 39

Baumann, Jürgen/Weber, Ulrich/Mitsch, Wolfgang; Strafrecht Allgemeiner Teil, 11. Auflage, Bielefeld, 2003, (zit.: *Baumann/Weber/Mitsch*, Strafrecht AT)

Beaucamp, Guy; Zum Analogieverbot im öffentlichen Recht, AöR 134 (2009), S. 83

Beaucamp, Guy; Verständlichkeit und Bestimmtheit – Zwei Welten?, Rechtstheorie 42 (2011), S. 21

Beaucamp, Guy; Ist § 1631b Satz 1 BGB verfassungswidrig?, RdJB 2007, S. 98

Beck, Hans-Werner/Kappler, Ekkehard/Bayer, Klaus; Insiderdelikte, in: Poerting (Hrsg.), Wirtschaftskriminalität, Teil 2, BKA-Schriftenreihe, Band 53, S. 41, (zit.: *Beck/Kappler/Bayer*, in: Poerting (Hrsg.), Wirtschaftskriminalität 2)

Becker, Gary S.; Crime and Punishment: An Economic Approach, Journal of Political Economy 1968, S. 169

Becker, Ralf/Rodde, Anja; Auswirkungen europäischer Rechtsakte auf das Kapitalmarktsanktionsrecht – Neuerungen durch das Finanzmarktnovellierungsgesetz, ZBB 2016, S. 11

Becker, Ulrich/Hatje, Armin/Schoo, Johann/Schwarze, Jürgen; Schwarze EU-Kommentar, 4. Auflage, Baden-Baden, 2019, (zit.: Schwarze/*Bearbeiter*, EU-Kommentar)

Benda, Ernst; Der soziale Rechtsstaat, in: Benda/Maihofer/Vogel (Hrsg.), Handbuch des Verfassungsrechts der Bundesrepublik Deutschland, Teil 1, 2. Auflage, Berlin, 1995, S. 719, (zit.: *Benda*, in: Benda/Maihofer/Vogel (Hrsg.), HVR I)

Bender, Bernd; Inhalt und Grenzen der verfassungskonformen Gesetzesauslegung, MDR 1959, S. 441

Bettermann, Karl August; Die verfassungskonforme Auslegung, Heidelberg, 1986

Beukelmann, Stephan; Verschärfte Strafen für Marktmanipulation und Insiderhandel, NJW-Spezial 2016, S. 376

Bittmann, Folker; Vom Annex zur Säule: Vermögensabschöpfung als 3. Spur des Strafrechts, NZWiSt 2016, S. 131

Bittmann, Folker; Anmerkung zu OLG Stuttgart, Beschl. v. 25.10.2017 – 1 Ws 163/17, ZInsO 2018, S. 370

Bittmann, Folker/Kühn, Markus; Der Arrestgrund beim strafprozessualen dinglichen Arrest, wistra 2002, S. 248

Bleckmann, Albert; Zu den Methoden der Gesetzesauslegung in der Rechtsprechung des BVerfG, JuS 2002, S. 942

Blumers, Wolfgang; Arrest und Arresthypothek nach der Abgabenordnung 1977, BB 1977, S. 190

Böckenförde, Ernst-Wolfgang; Demokratie als Verfassungsprinzip, in: Isensee/Kirchhof (Hrsg.), Handbuch des Staatsrechts der Bundesrepublik Deutschland, Band II, 3. Auflage, Heidelberg, 2004, S. 429, (zit.: *Böckenförde*, in: Isensee/Kirchhof (Hrsg.), HStR II)

Bogs, Harald; Die verfassungskonforme Auslegung von Gesetzen: unter besonderer Berücksichtigung der Rechtsprechung des Bundesverfassungsgerichts, Stuttgart, 1966, (zit.: *Bogs*, Die verfassungskonforme Auslegung von Gesetzen)

Borggräfe, Joachim/Schütt, Marc; Grundrechte und dinglicher Arrest – zugleich Anmerkung zum Beschluss des BVerfG vom 19.1.2006, StraFo 2006, S. 133

Britz, Gabriele; Kooperativer Grundrechtsschutz in der EU – Aktuelle Entwicklungen im Lichte neuerer Rechtssprechung des BVerfG, NJW 2021, S. 1489

Brockhaus, Matthias/Ullrich, Ines; Die schwierige Feststellung des Erlangten bei der Marktmanipulation in Form des Scalpings, ZWH 2016, S. 312

Bull, Hans Peter/Mehde, Veith; Allgemeines Verwaltungsrecht mit Verwaltungslehre, 9. Auflage, Heidelberg, 2015, (zit.: *Bull/Mehde*, Allgemeines Verwaltungsrecht)

Bundesanstalt für Finanzdienstleistungsaufsicht (Hrsg.); BaFin-Jahresbericht 2018

Bundesanstalt für Finanzdienstleistungsaufsicht (Hrsg.); BaFin-Jahresbericht 2019

Bundesministerium der Justiz (Hrsg.); Handbuch der Rechtsförmlichkeit: Empfehlungen zur Gestaltung von Rechtsvorschriften nach § 42 Abs. 4 GGO, Bundesanzeiger 2008 (60. Jahrgang), Nr. 160a, (zit.: BMJ, Rechtsförmlichkeit)

Burmeister, Joachim; Die Verfassungsorientierung der Gesetzesauslegung – Verfassungskonforme Auslegung oder vertikale Normendurchdringung?, Berlin, 1966, (zit.: *Burmeister*, Die Verfassungsorientierung der Auslegung)

v. Buttlar, Julia; Die Stärkung der Aufsichts- und Sanktionsbefugnisse im EU-Kapitalmarktrecht: ein neues „field of dreams" für Regulierer?, BB 2014, S. 451

Canaris, Claus-Wilhelm; Die Feststellung von Lücken im Gesetz: Eine methodologische Studie über Voraussetzungen und Grenzen der richterlichen Rechtsfortbildung praeter legem, 2. Auflage, Berlin, 1983, (zit.: *Canaris*, Die Feststellung von Lücken im Gesetz)

Constantinesco, Léontin-Jean; Das Recht der Europäischen Gemeinschaften, Band I, Baden-Baden, 1977, (zit.: *Constantinesco*, Das Recht der EG I)

Dannecker, Gerhard; Das intertemporale Strafrecht, Tübingen, 1993

Debus, Alfred G.; Verweisungen in deutschen Rechtsnormen, Berlin, 2008

Depenheuer, Otto; Eigentum, in: Merten/Papier/Schäffer/Müller/Thürer (Hrsg.), Handbuch der Grundrechte in Deutschland und Europa, Band 5, Einzelgrundrechte II, Heidelberg, 2013, S. 3, (zit.: *Depenheuer*, in: Merten/Papier (Hrsg.), HGR V)

Detterbeck, Steffen; Vorrang und Vorbehalt des Gesetzes, Jura 2002, S. 235

Di Fabio, Udo; Gewaltenteilung, in: Isensee/Kirchhof (Hrsg.), Handbuch des Staatsrechts der Bundesrepublik Deutschland, Band II, 3. Auflage, Heidelberg, 2004, S. 613, (zit.: *Di Fabio*, in: Isensee/Kirchhof (Hrsg.), HStR II)

Dingeldey, Thomas; Insider-Handel und Strafrecht, Köln, 1983

Dittmann, Johanna/Reichhart, Hans; Die Sicherung von Arrest und Einziehung durch die §§ 111b ff. StPO im Ermittlungsverfahren, JA 2011, S. 540

Dörn, Harald; Steuerlicher und strafprozessualer Arrest, StBp 1999, S. 130

Dreier, Horst; Grundgesetz-Kommentar, Band I, 3. Auflage, Tübingen, 2013, (zit.: Dreier/*Bearbeiter*, GG-Kommentar)

Dreier, Horst; Grundgesetz-Kommentar, Band II, 3. Auflage, Tübingen, 2015, (zit.: Dreier/*Bearbeiter*, GG-Kommentar)

Dreier, Horst; Grundgesetz-Kommentar, Band III, 3. Auflage, Tübingen, 2018, (zit.: Dreier/*Bearbeiter*, GG-Kommentar)

Dubischar, Roland; Grundbegriffe des Rechts, Stuttgart, 1968

Eberbach, Wolfram H.; Zwischen Sanktion und Prävention – Möglichkeiten der Gewinnabschöpfung nach dem StGB, NStZ 1987, S. 486

Eckardt, Wolf-Dieter; Die verfassungskonforme Gesetzesauslegung, Berlin, 1964

Eggers, Tobias/Gehrmann, Philipp/Szesny, André-M.; Stellungnahme des Arbeitskreises Kapitalmarktstrafrecht der wirtschaftsstrafrechtlichen Vereinigung, WiJ 2016, S. 123

Elze, Hans; Lücken im Gesetz, Halle a.d.S., 1913

Emrich-Katzin, Stefanie; Schwerpunktstaatsanwaltschaften im Wirtschaftsstrafrecht und die Stellung der Wirtschaftsreferenten, Frankfurt a.M., 2013

Enderle, Bettina; Blankettstrafgesetze – Verfassungs- und strafrechtliche Probleme von Wirtschaftsstraftatbeständen, Frankfurt a.M., 2000, (zit.: *Enderle*, Blankettstrafgesetze)

Engisch, Karl; Einführung in das juristische Denken, 12. Auflage, Stuttgart, 2018

Erbguth, Wilfried/Guckelberger, Annette; Allgemeines Verwaltungsrecht, 10. Auflage, Baden-Baden, 2020

Eser, Albin; Die strafrechtlichen Sanktionen gegen das Eigentum: dogmatische und rechtspolitische Untersuchungen zu Einziehung, Unbrauchbarmachung und Gewinnverfall, Tübingen, 1969, (zit.: *Eser*, Die strafrechtlichen Sanktionen gegen das Eigentum)

Esser, Robert/ Rübenstahl, Markus/Saliger, Frank/Tsambikakis, Michael; Wirtschaftsstrafrecht mit Steuerstrafrecht und Verfahrensrecht, 1. Auflage, Köln, 2017, (zit.: Esser/Rübenstahl/Saliger/Tsambikakis/*Bearbeiter*, Wirtschaftsstrafrecht)

Faure, Michael; Gewinnabschöpfung und Verfall auf ökonomischem Prüfstand, in: Menschengerechtes Strafrecht – Festschrift für Albin Eser zum 70. Geburtstag, München, 2005, S. 1311, (zit.: *Faure*, FS Eser)

Faust, Annett; Das strafprozessuale Vermögensabschöpfungsrecht, Baden-Baden, 2008

Felix, Dagmar; Einheit der Rechtsordnung, Tübingen, 1998

Figatowski, Martin; Anforderungen an einen strafprozessualen Vermögensarrest bei Verdacht einer Steuerstraftat, jurisPR-SteuerR 17/2019 Anm. 2

Fischer, Thomas; Strafgesetzbuch mit Nebengesetzen, 67. Auflage, München, 2020, (zit.: *Fischer*, StGB)

Frister, Helmut; Schuldprinzip, Verbot der Verdachtsstrafe und Unschuldsvermutung als materielle Grundprinzipien des Strafrechts, Berlin, 1988, (zit.: *Frister*, Schuldprinzip)

Fuchs, Andreas; Wertpapierhandelsgesetz – Kommentar, 2. Auflage, München, 2016, (zit.: Fuchs/*Bearbeiter*, WpHG)

Gaboriau, Emile; L'Affaire Lerouge, Editions de la Bohème, Rueil-Malmaison, 1992

Gassner, Ulrich M.; Gesetzgebung und Bestimmtheitsgrundsatz, ZG 1996, S. 37

Gaul, Hans Friedhelm/Schilken, Eberhard/Becker-Eberhard, Ekkehard; Zwangsvollstreckungsrecht, 12. Auflage, München, 2010

Geis, Max-Emanuel; Die pragmatische Sanktion der verfassungskonformen Analogie: Kritische Anmerkung zur neuesten Lebenslänglich-Entscheidung des BVerfG, NJW 1992, S. 2938

Geis, Max-Emanuel; Die „Eilversammlung" als Bewährungsprobe verfassungskonformer Auslegung, NVwZ 1992, S. 1025

Geitmann, Roland; Bundesverfassungsgericht und offene Normen – zur Bindung des Gesetzgebers an Bestimmtheitserfordernisse, Berlin, 1971, (zit.: *Geitmann*, Bundesverfassungsgericht und offene Normen)

Gern, Alfons; Analogie im Verwaltungsrecht, DÖV 1985, S. 558

Göldner, Detlef Christoph; Verfassungsprinzip und Privatrechtsnorm in der verfassungskonformen Auslegung und Rechtsfortbildung, Berlin, 1969

Graf, Jürgen Peter/Jäger, Markus/Wittig, Petra; Wirtschafts -und Steuerstrafrecht, 2. Auflage, München, 2017, (zit.: GJW/*Bearbeiter*)

Greeve, Gina; Verstärkte Rückgewinnungshilfe und Vermögensabschöpfung seit dem 1. 1. 2007, NJW 2007, S. 14

Greeve, Gina; Anmerkung zu OLG Stuttgart v. 25.10.2017 – 1 Ws 163/17, ZWH 2018, S. 81

Greeve, Gina; Das neue Recht der strafrechtlichen Vermögensabschöpfung, ZWH 2017, S. 277

Greier, Gunnar; Entwurf eines Gesetzes zur Reform der strafrechtlichen Vermögensabschöpfung, jurisPR-StrafR 21/2016 Anm. 1

Gubitz, Michael/Molkentin, Wolf-Rüdiger; Neuregelung der Anordnung des Vermögensarrests – Anmerkung zum Beschluss des OLG Stuttgart vom 25.10.2017, NJW 2017, S. 3731

Gubler, Zachary J.; The Financial Innovation Process: Theory and Application, 36 Delaware Journal of Corporate Law (2011), S. 55

Guckelberger, Annette; Die Gesetzgebungstechnik der Verweisung unter besonderer Berücksichtigung ihrer verfassungs- und gemeinschaftsrechtlichen Probleme, ZG 19 (2004), S. 62

Güntert, Lothar; Gewinnabschöpfung als strafrechtliche Sanktion – eine Untersuchung zu den Verfallsbestimmungen des §§ 73 bis 73d des Strafgesetzbuches, Köln, 1983, (zit.: *Güntert*, Gewinnabschöpfung als strafrechtliche Sanktion)

Gusy, Christoph; Verfassungsfragen des Strafprozessrechts, StV 2002, S. 153

Haak, Volker; Normenkontrolle und verfassungskonforme Gesetzesauslegung des Richters: eine rechtsvergleichende Untersuchung, Bonn, 1963, (zit.: *Haak*, Normenkontrolle und verfassungskonforme Gesetzesauslegung des Richters)

Haberstroh, Dieter; Unschuldsvermutung und Rechtsfolgenausspruch, NStZ 1984, S. 290

Häfelin, Ulrich; Die verfassungskonforme Auslegung und ihre Grenzen, in: Festschrift für Hans Huber zum 80. Geburtstag, Bern, 1981, S. 241, (zit.: *Häfelin*, FS H. Huber)

Haltern, Ulrich; Europarecht, Band I, 3. Auflage, Tübingen, 2017, (zit.: *Haltern*, Europarecht I)

Haouache, Gerhard Gordon; Börsenaufsicht durch Strafrecht, Frankfurt a.M., 1996

Hassemer, Winfried; Vermögen im Strafrecht – Zu neuen Tendenzen der Kriminalpolitik, WM 1995, Sonderbeilage Nr. 3, S. 3

Hassemer, Winfried; Die Voraussetzungen der Untersuchungshaft, StV 1984, S. 38

Haubelt, Horst Wilhelm; Die Konkretisierung von Generalklauseln, München, 1978

Hedemann, Justus Wilhelm; Die Flucht in die Generalklauseln: eine Gefahr für Recht und Staat, Tübingen, 1933, (zit.: *Hedemann*, Die Flucht in die Generalklauseln)

Heidelberger Kommentar zur Strafprozessordnung, 6. Auflage, Heidelberg, 2019, (zit.: HK-StPO/*Bearbeiter*)

Hentschel, Ve; Untersuchungshaft – eine bedingte Strafe?: Reflexionen zur potenziellen Strafwirkung der Untersuchungshaft, Berlin, 2012, (zit.: *Hentschel*, Untersuchungshaft – eine bedingte Strafe?)

Herrmann, Hans; Eingedämmte Generalklauseln, JZ 1955, S. 183

Herzog, Felix; Die "dritte Dimension" der Verbrechensbekämpfung – Abschöpfen von Verbrechensgewinn, KJ 1987, S. 321

Herzog, Felix; Gewinnabschöpfung unter der Flagge der positiven Generalprävention, JR 2004, S. 494

Herzog, Roman; Rechtsetzung durch Rechtsprechung? – Ein Problem der Gewalteilung, Steuerberaterkongreß-Report 1994, S. 23

Hetzer, Wolfgang; Gewinnabschöpfung und Rückgewinnung - Rechtliche Voraussetzungen und praktische Anwendungen, Kriminalistik 2003, S. 152

Hetzer, Wolfgang; Gewinnabschöpfung durch Beweislastumkehr?, wistra 2000, S. 368

Heuer, Dennis/Schütt, Jonas; Auf dem Weg zu einer europäischen Kapitalmarktunion, BKR 2016, S. 45

Heusinger, Bruno; Rechtsfindung und Rechtsfortbildung im Spiegel richterlicher Erfahrung, Köln, 1975

Hienzsch, André; Das Scheitern der Staatsanwaltschaften bei der Verfolgung von Börsenkriminalität – eine empirische Problemanalyse mit Lösungsvorschlägen am Beispiel des Insiderhandelsverbotes, HRRS 2006, S. 144

Hienzsch, André; Das deutsche Insiderhandelsverbot in der Rechtswirklichkeit, Baden-Baden, 2006

Hiéramente, Mayeul/Schwerdtfeger, Max; Das Unternehmen im Fokus der Vermögensabschöpfung im Wirtschaftsstrafrecht – Risiken und Chancen der Gesetzesreform, BB 2018, S. 834

Hild, Thilo; Grenzen einer strafrechtlichen Regulierung des Kapitalmarktes, Frankfurt a. M., 2004

Himmelreich, Thomas; Insiderstrafverfolgung durch die Bundesanstalt für Finanzdienstleistungsaufsicht, Baden-Baden, 2013, (zit.: *Himmelreich*, Insiderstrafverfolgung durch die BaFin)

Hirschberg, Lothar; Der Grundsatz der Verhältnismäßigkeit, Göttingen, 1981

Hoffmann, Jan Martin; Unionsgrundrechte als verfassungsrechtlicher Prüfungsmaßstab, NVwZ 2020, S. 33

Hoffmann-Riem, Wolfgang; Gesetz und Gesetzesvorbehalt im Umbruch, AöR 130 (2005), S. 5

Hösch, Ulrich; Eigentum und Freiheit, Tübingen, 2000

Hoyer, Andreas; Die Rechtsnatur des Verfalls angesichts des neuen Verfallsrechts, GA 1993, S. 406

Hübschmann, Walter/Hepp, Ernst/Spitaler, Armin; Abgabenordnung/Finanzgerichtsordnung, Loseblattsammlung, 255. Lieferung, Köln, November 2019, (zit.: Hübschmann/Hepp/Spitaler/*Bearbeiter*, AO)

Internationaler Kommentar zur Europäischen Menschenrechtskonvention, Loseblattsammlung, 26. Lieferung, Köln, Dezember 2019, (zit.: IK-EMRK/*Bearbeiter*)

Ipsen, Jörn; Staatsrecht I, 31. Auflage, München, 2019

Isensee, Josef; Das Grundrecht als Abwehrrecht und als staatliche Schutzpflicht, in: Isensee/Kirchhof (Hrsg.), Handbuch des Staatsrechts der Bundesrepublik Deutschland, Band IX, 3. Auflage, Heidelberg, 2011, S. 413, (zit.: *Isensee*, in: Isensee/Kirchhof, HStR IX)

Jäger, Christian; Grund und Grenzen des Gesetzlichkeitsprinzips im Strafprozessrecht, GA 2006, S. 615-628

Jakobs, Günther; Strafrecht Allgemeiner Teil, 2. Auflage, Berlin, 1991, (zit.: *Jakobs*, Strafrecht AT)

Jakobs, Michael Ch.; Der Grundsatz der Verhältnismäßigkeit, Köln, 1985

Janovsky, Thomas; Einziehung und Verfall – Oder – Verbrechen darf sich nicht lohnen, Kriminalistik 2000, S. 483

Jesch, Dietrich; Unbestimmter Rechtsbegriff und Ermessen in rechtstheoretischer und verfassungsrechtlicher Sicht, AöR 82 (1957), S. 163

Julius, Karl-Peter; Einziehung, Verfall und Art 14 GG, ZStW 109 (1997), S. 58

Bonner Kommentar zum Grundgesetz, Loseblattsammlung, 202. Lieferung, Heidelberg, Februar 2020, (zit.: BK/*Bearbeiter*)

Kaiser, Günther; Strafrechtliche Gewinnabschöpfung im Dilemma zwischen Rechtsstaatlichkeit und Effektivität, ZRP 1999, S. 144

Kaiser, Günther; Gewinnabschöpfung als kriminologisches Problem und kriminalpolitische Aufgabe, in: Festschrift für Herbert Tröndle zum 70. Geburtstag, Berlin, 1989, S. 685, (zit.: *Kaiser*, FS Tröndle)

Kämmerer, Jörn Axel/Kotzur, Markus; Vollendung des Grundrechtsverbunds oder Heimholung des Grundrechtsschutzes? – Die BVerfG-Beschlüsse zum „Recht auf Vergessen“ als Fanal, NVwZ 2020, S. 177

Karlsruher Kommentar zum OWiG, 5. Auflage, München, 2018, (zit.: KK-OWiG/*Bearbeiter*)

Karlsruher Kommentar zur Strafprozessordnung, 8. Auflage, München, 2019, (zit.: KK-StPO/*Bearbeiter*)

Karpen, Hans-Ulrich; Die Verweisung als Mittel der Gesetzgebungstechnik, Berlin, 1970

Kempf, Eberhard/Schilling, Hellen; Bürokratisierung von Menschenrechten – Zur Vermögenssicherung im Ermittlungsverfahren, StraFo 2006, S. 180

Kiethe, Kurt/ Hohmann, Olaf; Das Spannungsverhältnis von Verfall und Rechten Verletzter (§ 73 I 2 StGB) – Zur Notwendigkeit der effektiven Abschöpfung von Vermögensvorteilen aus Wirtschaftsstraftaten, NStZ 2003, S. 505

Kilchling, Michael; Die vermögensbezogene Bekämpfung der organisierten Kriminalität – Recht und Praxis der Geldwäschebekämpfung und Gewinnabschöpfung zwischen Anspruch und Wirklichkeit, wistra 2000, S. 241

Kingreen, Thorsten/Poscher, Ralf; Grundrechte – Staatsrecht II, 35. Auflage, Heidelberg, 2019, (zit.: *Kingreen/Poscher*, Grundrechte)

Kingreen, Thorsten/Poscher, Ralf; Polizei- und Ordnungsrecht, 10. Auflage, München, 2018

Klein, Franz; Abgabenordnung, 14. Auflage, München, 2018, (zit.: Klein/ *Bearbeiter*, AO)

Klingenbrunn, Daniel; Produktverbote zur Gewährleistung von Finanzmarktstabilität, Tübingen, 2018

Knierim, Thomas C./Rübenstahl, Markus/Tsambikakis, Michael; Internal Investigations, 2. Auflage, Heidelberg, 2016, (zit.: Knierim/Rübenstahl/Tsambikakis/ *Bearbeiter*, Internal Investigations)

Köhler, Marcus; Die Reform der strafrechtlichen Vermögensabschöpfung – Teil 1/2 – Überblick und Normverständnis für die Rechtspraxis, NStZ 2017, S. 497

Köhler, Marcus/Burkhard, Christiane; Die Reform der strafrechtlichen Vermögensabschöpfung – Teil 2/2 – Überblick und Normverständnis für die Rechtspraxis, NStZ 2017, S. 665

Kölner Kommentar zum WpHG, 2. Auflage, Köln, 2014, (zit.: KK-WpHG/ *Bearbeiter*)

Korte, Matthias; Vermögensabschöpfung reloaded, wistra 2018, S. 1

Kramer, Bernhard; Ermittlungen bei Wirtschaftsdelikten, Stuttgart, 1987

v. Krauss, Rupprecht; Der Grundsatz der Verhältnismäßigkeit, Hamburg, 1955

Krey, Volker; Gesetzestreue und Strafrecht, ZStW 101 (1989), S. 838

Krieglsteiner, Kurt; Durchsuchung und Beschlagnahme bei Wirtschaftsstraftaten, in: Poerting (Hrsg.), Wirtschaftskriminalität, Teil 1, BKA-Schriftenreihe, Band 52, S. 173, (zit.: *Krieglsteiner*, in: Poerting (Hrsg.) Wirtschaftskriminalität 1)

Kruse, Frauke; Die verfassungsrechtlichen Grenzen richterlicher Rechtsfortbildung, Tübingen, 2019

Kudlich, Hans/Noltensmeier, Silke; Die Anordnung des Verfalls (§§ 73 ff. StGB) bei verbotenem Insiderhandel nach § 38 i. V. m. § 14 WpHG, wistra 2007, S. 121

Kühl, Kristian; Unschuldsvermutung, Freispruch und Einstellung, Köln, 1983

Kühling, Jürgen; Das „Recht auf Vergessenwerden" vor dem BVerfG – November(r)evolution für die Grundrechtsarchitektur im Mehrebenensystem, NJW 2020, S. 275

Kühne, Hans Heiner; Strafprozessrecht, 7. Auflage, Heidelberg, 2007

Kunig, Philip; Das Rechtsstaatsprinzip: Überlegungen zu seiner Bedeutung für das Verfassungsrecht der Bundesrepublik Deutschland, Tübingen, 1986, (zit.: *Kunig*, Das Rechtsstaatsprinzip)

Kunig, Philip; Der Rechtsstaat, in: Festschrift 50 Jahre Bundesverfassungsgericht, Band 2, Tübingen, 2001, S. 421, (zit.: *Kunig*, FS 50 Jahre BVerfG II)

Kunig, Philip; Zur "hinreichenden Bestimmtheit" von Norm und Einzelakt, Jura 1990, S. 495

Lange, Richard; Der Strafgesetzgeber und die Schuldlehre, JZ 1956, S. 73

Langhein, A. W. Heinrich; Das Prinzip der Analogie als juristische Methode, Berlin, 1992

Larenz, Karl; Methodenlehre der Rechtswissenschaft, 6. Auflage, Berlin, 1991

Leipold, Klaus; Insiderwissen im Finanzmarkt, in: Kempf/Lüderssen/Volk (Hrsg.), Die Finanzkrise, das Wirtschaftsstrafrecht und die Moral, Berlin, 2010, S. 327

Leipziger Kommentar zum Strafgesetzbuch, Band 1, 13. Auflage, Berlin, 2020, (zit.: LK-StGB/*Bearbeiter*)

Lembke, Ulrike; Einheit aus Erkenntnis? Zur Unzulässigkeit der verfassungskonformen Gesetzesauslegung als Methode der Normkompatibilisierung durch Interpretation, Berlin, 2009, (zit.: *Lembke*, Einheit aus Erkenntnis?)

Lenhard, Karl-Heinz; Es ist fünf vor zwölf – Zur Organisierten Kriminalität und ihrer wirksamen Bekämpfung, Kriminalistik 1989, S. 194

Lenhard, Karl-Heinz; Gebot der Stunde – Gewinnabschöpfung, Kriminalistik 1989, S. 612

Lerche, Peter; Übermaß und Verfassungsrecht: zur Bindung des Gesetzgebers an die Grundsätze der Verhältnismäßigkeit und der Erforderlichkeit, 1. Auflage, Köln, 1961, (zit.: *Lerche*, Übermaß und Verfassungsrecht)

Lindemann, Michael; Voraussetzungen und Grenzen legitimen Wirtschaftsstrafrechts, Tübingen, 2012

Lindner, Josef Franz; Der Verfassungsrechtssatz von der Unschuldsvermutung, AöR 133 (2008), S. 235

Lo, Andrew W.; Reading About the Financial Crisis: A Twenty-One-Book Review, 50 Journal of Economic Literature (2012), S. 151

Lohse, Kai; Sicherung der Gewinnabschöpfung und Vollstreckung durch den Verletzten, AnwBl 2006, S. 603

Looschelders, Dirk/Roth, Wolfgang; Juristische Methodik im Prozeß der Rechtsanwendung, Berlin, 1996

Löwe-Rosenberg; Die Strafprozeßordnung und das Gerichtsverfassungsgesetz, Band 1, 27. Auflage, Berlin, 2016, (zit.: LR-StPO/*Bearbeiter*)

Löwe-Rosenberg; Die Strafprozeßordnung und das Gerichtsverfassungsgesetz, Band 2, 27. Auflage, Berlin, 2017, (zit.: LR-StPO/*Bearbeiter*)

Löwe-Rosenberg; Die Strafprozeßordnung und das Gerichtsverfassungsgesetz, Band 3, Teilband 1, 27. Auflage, Berlin, 2019, (zit.: LR-StPO/*Bearbeiter*)

Löwe-Rosenberg; Die Strafprozeßordnung und das Gerichtsverfassungsgesetz, Band 3, Teilband 2, 27. Auflage, Berlin, 2019, (zit.: LR-StPO/*Bearbeiter*)

Löwe-Rosenberg; Die Strafprozeßordnung und das Gerichtsverfassungsgesetz, Band 4, Teilband 1, 27. Auflage, Berlin, 2019, (zit.: LR-StPO/*Bearbeiter*)

Löwe-Rosenberg; Die Strafprozeßordnung und das Gerichtsverfassungsgesetz, Band 5, Teilband 2, 27. Auflage, Berlin, 2018, (zit.: LR-StPO/*Bearbeiter*)

Löwe-Rosenberg; Die Strafprozeßordnung und das Gerichtsverfassungsgesetz, Band 11, 26. Auflage, Berlin, 2012, (zit.: LR-StPO[26]/*Bearbeiter*)

Lüdemann, Jörn; Die verfassungskonforme Auslegung von Gesetzen, JuS 2004, S. 27

Lüderssen, Klaus; Die generalpräventive Funktion des Deliktssystems, in: Hassemer/Lüderssen/Naucke (Hrsg.), Hauptprobleme der Generalprävention, Frankfurt a.M., 1979, S. 54

Ludwigs, Markus; Der Ultra-vires-Vorbehalt des BVerfG – Judikative Kompetenzanmaßung oder legitimes Korrektiv?, NVwZ 2015, S. 537

Lybeck, Johan A.; A Global History of the Financial Crash of 2007-10, Cambridge, 2011

Madauß, Norbert; Das neue Recht der strafrechtlichen Vermögensabschöpfung und Steuerstrafverfahren – Fragen aus der Sicht der Praxis, NZWiSt 2018, S. 28

Mainzer, Wilfried; Gewinnabschöpfung im Strafverfahren, DRiZ 2002, S. 97

v. Mangoldt, Hermann/Klein, Friedrich/Starck, Christian; Kommentar zum Grundgesetz, Band 1, 7. Auflage, München, 2018, (zit.: v. Mangoldt/Klein/Starck/*Bearbeiter*, GG)

v. Mangoldt, Hermann/Klein, Friedrich/Starck, Christian; Kommentar zum Grundgesetz, Band 2, 7. Auflage, München, 2018, (zit.: v. Mangoldt/Klein/Starck/*Bearbeiter*, GG) *v. Mangoldt, Hermann/Klein, Friedrich/Starck, Christian*; Kommentar zum Grundgesetz, Band 3, 7. Auflage, München, 2018, (zit.: v. Mangoldt/Klein/Starck/*Bearbeiter*, GG)

Manne, Henry G.; Insider Trading and the Stock Market, New York, 1966

Maume, Philipp; Staatliche Rechtsdurchsetzung im deutschen Kapitalmarktrecht: eine kritische Bestandsaufnahme, ZHR 180 (2016), S. 358

Maunz, Theodor/Dürig, Günter; Grundgesetz-Kommentar, Band 2, Loseblattsammlung, 90. Lieferung, Februar 2020, München, 2020, (zit.: Maunz/Dürig/*Bearbeiter*)

Maunz, Theodor/Dürig, Günter; Grundgesetz-Kommentar, Band 3, Loseblattsammlung, 90. Lieferung, Februar 2020, München, 2020, (zit.: Maunz/Dürig/*Bearbeiter*)

Maunz, Theodor/Dürig, Günter; Grundgesetz-Kommentar, Band 6, Loseblattsammlung, 90. Lieferung, Februar 2020, München, 2020, (zit.: Maunz/Dürig/*Bearbeiter*)

Maurer, Hartmut/Waldhoff, Christian; Allgemeines Verwaltungsrecht, 19. Auflage, München, 2017

von der Meden, Philip; Anmerkung zu OLG Schleswig 2. Strafsenat, Beschluss vom 25.10.2018 - 2 Ws 271/18 (85/18), jurisPR-StrafR 11/2019 Anm. 2

Meißner, Markus; Die Reform der strafrechtlichen Vermögensabschöpfung – ein Ehrgeizprojekt oder: Höher, schneller, weiter... das neue Abschöpfungsrecht aus Sicht des Strafverteidigers, KripoZ 2017, S. 237

Mennicke, Petra R.; Sanktionen gegen den Insiderhandel – Eine rechtsvergleichende Untersuchung unter Berücksichtigung des US-amerikanischen und britischen Rechts, Berlin, 1996, (zit.: *Mennicke*, Sanktionen gegen den Insiderhandel)

Merten, Detlef; Verhältnismäßigkeitsgrundsatz, in: Merten/Papier/Schäffer/Müller/Thürer (Hrsg.), Handbuch der Grundrechte in Deutschland und Europa, Band 3, Grundrechte in Deutschland: Allgemeine Lehren 2, Heidelberg, 2009, S. 517, (zit.: *Merten*, in: Merten/Papier (Hrsg.), HGR III)

Meyer-Goßner, Lutz/Schmitt, Bertram; Strafprozessordnung, 63. Auflage, München, 2020, (zit.: Meyer-Goßner/Schmitt/*Bearbeiter*)

Meyer, Andreas/Rönnau, Thomas/Veil, Rüdiger; Handbuch zum Marktmissbrauchsrecht, München, 2018, (zit.: Meyer/Rönnau/Veil/*Bearbeiter*, Handbuch Marktmissbrauchsrecht)

Meyer, Frank; "Reformiert die Rückgewinnungshilfe!" – Denkanstöße für eine Generalüberholung der Vermögensabschöpfung, ZStW 127 (2015), S. 241

Meyer, Frank; Die selbstständige Einziehung nach § 76a StGB-E, oder: Don't bring a knife to a gunfight, StV 2017, S. 343

Meyer, Karlheinz; Grenzen der Unschuldsvermutung, in: Festschrift für Herbert Tröndle zum 70. Geburtstag, Berlin, 1989, S. 61, (zit.: *Meyer*, FS Tröndle)

Michel, Helmut; Die verfassungskonforme Auslegung, JuS 1961, S. 274

Middelschulte, Christiane; Unbestimmte Rechtsbegriffe und das Bestimmtheitsgebot, Hamburg, 2007

de Secondat, Baron de la Brède de Montesquieu, Charles-Louis; De L'Esprit des Loix, Tome II, Société les Belles Lettres, Paris, 1955, (zit.: *Montesquieu*, De l'esprit des loix)

Morgenstern, Christine; Die Untersuchungshaft, Baden-Baden, 2018

Möslein, Florian; Finanzinnovation als Rechtsproblem, ZBB 2013, S. 1

Möstl, Markus; Grundrechtliche Garantien im Strafverfahren, in: Isensee/Kirchhof (Hrsg.), Handbuch des Staatsrechts der Bundesrepublik Deutschland, Band VIII, 3. Auflage, Heidelberg, 2010, S. 587, (zit.: *Möstl*, in: Isensee/Kirchhof (Hrsg.), HStR VIII)

Müller-Gugenberger, Christian; Wirtschaftsstrafrecht, 6. Auflage, Köln, 2015

Müller, Gerrit; Die Rückgewinnungshilfe und der staatliche Auffangrechtserwerb unter besonderer Berücksichtigung des Gesetzes zur Stärkung der Rückgewinnungshilfe und Vermögensabschöpfung bei Straftaten vom 24.10.2006, Frankfurt a. M., 2016, (zit.: *Müller*, Die Rückgewinnungshilfe und der staatliche Auffangrechtserwerb)

Müller, Hanswerner; Handbuch der Gesetzgebungstechnik, 2. Auflage, Köln, 1968

v. Münch, Ingo/Kunig, Philip; Grundgesetz-Kommentar, Band 1, 6. Auflage, München, 2012, (zit.: v. Münch/Kunig/*Bearbeiter*, GG-Kommentar)

v. Münch, Ingo/Kunig, Philip; Grundgesetz-Kommentar, Band 2, 6. Auflage, München, 2012, (zit.: v. Münch/Kunig/*Bearbeiter*, GG-Kommentar)

Münchener Kommentar zum BGB, Band 2, 8. Auflage, München, 2019, (zit.: MüKo-BGB/*Bearbeiter*)

Münchener Kommentar zum Strafgesetzbuch, Band 1, 3. Auflage, München, 2017, (zit.: MüKo-StGB/*Bearbeiter*)

Münchener Kommentar zum Strafgesetzbuch, Band 2, 3. Auflage, München, 2016, (zit.: MüKo-StGB/*Bearbeiter*)

Münchener Kommentar zur Strafprozessordnung, Band 1, 1. Auflage, München, 2014, (zit.: MüKo-StPO/*Bearbeiter*)

Münchener Kommentar zur Strafprozessordnung, Band 2, 1. Auflage, München, 2016, (zit.: MüKo-StPO/*Bearbeiter*)

Münchhalffen, Gaby/Gatzweiler, Norbert; Das Recht der Untersuchungshaft, 2. Auflage, München, 2002

Naucke, Wolfgang; Über Generalklauseln und Rechtsanwendung im Strafrecht, Tübingen, 1973

Neuefeind, Wolfgang; Strafrechtliche Gewinnabschöpfung – Ein einführender Gesamtüberblick, JA 2004, S. 155

Niemöller, Martin/Folke Schuppert, Gunnar; Die Rechtsprechung des Bundesverfassungsgerichts zum Strafverfahrensrecht, AöR 107 (1982), S. 387

Nomos-Kommentar Strafgesetzbuch, Band 1, 5. Auflage, Baden-Baden, 2017, (zit.: NK-StGB/*Bearbeiter*)

Odenthal, Hans-Jörg; Verteidigung wider vollstreckungssichernde Vermögensabschöpfung, in: Festschrift für Hans Dahs zum 70. Geburtstag, Köln, 2005, S. 405, (zit.: *Odenthal*, FS Dahs)

Omarova, Saule T.; License to Deal: Mandatory Approval of Complex Financial Products, 90 Washington University Law Review (2012), S. 62

Ordner, Jakob; §§ 111b ff. StPO und das staatliche Interesse am Auffangrechtserwerb, wistra 2016, S. 220

Ossenbühl, Fritz; Die verfassungsrechtliche Zulässigkeit der Verweisung als Mittel der Gesetzgebungstechnik, DVBl 1967, S. 401

Paeffgen, Hans-Ullrich; Vorüberlegungen zu einer Dogmatik des Untersuchungshaft-Rechts, Köln, 1986

Papier, Hans-Jürgen; Gewaltentrennung im Rechtsstaat, in: Merten (Hrsg.), Gewaltentrennung im Rechtsstaat – zum 300. Geburtstag von Charles de Montesquieu; Vorträge und Diskussionsbeiträge der 57. Staatswissenschaftlichen Fortbildungstagung 1989 der Hochschule für Verwaltungswissenschaft Speyer, Berlin, 1989, S. 95, (zit.: *Papier*, in: Merten (Hrsg.), Gewaltentrennung im Rechtsstaat)

Papier, Hans-Jürgen/Möller, Johannes; Das Bestimmtheitsgebot und seine Durchsetzung, AöR 122 (1997), S. 177

Park, Tido; Kapitalmarktstrafrecht, 5. Auflage, Baden-Baden, 2020, (zit.: Park/*Bearbeiter*)

Park, Tido; Kapitalmarktstrafrecht, 4. Auflage, Baden-Baden, 2017, (zit.: Park^{4}/*Bearbeiter*)

Pegatzky, Claus; Das Ultra-vires-Prinzip in der verfassungsgerichtlichen Rechtsprechung, NVwZ 2022, S. 761

Perron, Walter; Vermögensstrafe und Erweiterter Verfall – Im Spannungsfeld zwischen öffentlichen Strafverfolgungsinteressen und privaten Eigentumsrechten, JZ 1993, S. 918

Pieroth, Bodo/Aubel, Tobias; Die Rechtsprechung des Bundesverfassungsgerichts zu den Grenzen richterlicher Entscheidungsfindung, JZ 2003, S. 504

Podolsky, Johann/Brenner, Tobias; Vermögensabschöpfung im Straf- und Ordnungswidrigkeitenverfahren, 5. Auflage, Stuttgart, 2012

Poelzig, Dörte; Durchsetzung und Sanktionierung des neuen Marktmissbrauchsrechts, NZG 2016, S. 492

Poerting, Peter; Begriff und Besonderheiten der Wirtschaftskriminalität aus kriminalpolizeilicher Sicht, in: Poerting (Hrsg.), Wirtschaftskriminalität, Teil 1, BKA-Schriftenreihe Band 52, Wiesbaden, 1983, S. 9, (zit.: *Poerting*, in: Poerting (Hrsg.), Wirtschaftskriminalität 1)

Pracht, Robert; Residualkompetenzen des Bundesverfassungsgerichts, Tübingen, 2022

Prümm, Hans Paul; Verfassung und Methodik, Berlin, 1977

Pump, Hermann/Leibner, Wolfgang; Abgabenordnung – Kommentar, Loseblattsammlung, 68. Lieferung, Köln, März 2009, (zit.: Pump/Leibner/*Bearbeiter*, AO)

Rhode, Matthias; Der Verfall nach § 73 III StGB, wistra 2012, S. 85

Rhode, Matthias; Die strafrechtliche Opferentschädigung im neuen Gewand (Teil 2), wistra 2018, S. 102

Rönnau, Thomas; Vermögensabschöpfung im Wandel, ZRP 2004, S. 191

Rönnau, Thomas/ Begemeier, Moritz; Staatshaftung bei ungerechtfertigter Sicherstellung? – Regress bei rechtmäßiger Sicherstellung und späterem Ausbleiben des Verfalls, JZ 2016, S. 441

Rönnau, Thomas/Begemeier, Moritz; Die neue erweiterte Einziehung gem. § 73a Abs. 1 StGB-E: mit Kanonen auch auf Spatzen?, NZWiSt 2016, S. 260

Rösgen, Hans; Die Handhabung gesetzlicher Generalklauseln in der Revisionsinstanz, DÖV 1966, S. 528

Roth, Hans-Peter; Erstes Gesetz zur Novellierung von Finanzmarktvorschriften auf Grund europäischer Rechtsakte, GWR 2016, S. 291

Roth, Wolfgang; Faktische Eingriffe in Freiheit und Eigentum: Struktur und Dogmatik des Grundrechtstatbestandes und der Eingriffsrechtfertigung, Berlin, 1994, (zit.: *Roth*, Faktische Eingriffe in Freiheit und Eigentum)

Roth, Wolfgang; Die verfassungsgerichtliche Überprüfung verfassungskonformer Auslegung im Wege abstrakter Normenkontrolle, NVwZ 1998, S. 563

Rottmann, Frank; Der Vorbehalt des Gesetzes und die grundrechtlichen Gesetzesvorbehalte, EuGRZ 1985, S. 277

Roxin, Claus; Strafrecht Allgemeiner Teil, Band I, 4. Auflage, München, 2006, (zit.: *Roxin*, AT I)

Roxin, Claus; Über Tatbestands- und Verbotsirrtum, in: Festschrift für Klaus Tiedemann zum 70. Geburtstag, Köln, 2008, S. 375, (zit.: *Roxin*, FS Tiedemann)

Roxin, Claus/Schünemann, Bernd; Strafverfahrensrecht, 29. Auflage, München, 2017, (zit.: *Roxin/Schünemann*, StPO)

Ruffert, Matthias, Rechtsquellen und Rechtsschichten des Verwaltungsrechts, in: Hoffmann-Riem/Schmidt-Aßmann/Voßkuhle (Hrsg.), Grundlagen des Verwaltungsrechts, Band 1, 2. Auflage, München, 2012, S. 1163, (zit.: *Ruffert*, in: Hoffmann-Riem/Schmidt-Aßmann/Voßkuhle (Hrsg.), GVwR I)

Rüthers, Bernd/Fischer, Christian/Birk, Axel; Rechtstheorie, 10. Auflage, München, 2018

Rüthers, Bernd/Fischer, Christian/Birk, Axel; Rechtstheorie, 9. Auflage, München, 2016

Sachs, Michael; Grundgesetz-Kommentar, 8. Auflage, München, 2018, (zit.: Sachs/*Bearbeiter*, GG)

Satzger, Helmut/Schluckebier, Wilhelm; Strafgesetzbuch, 4. Auflage, Köln, 2019, (zit.: SSW-StGB/*Bearbeiter*)

Satzger, Helmut/Schluckebier, Wilhelm; Strafprozessordnung, 4. Auflage, Köln, 2020, (zit.: SSW-StPO/*Bearbeiter*)

Sax, Walter; Grundsätze der Strafrechtspflege, in: Bettermann/Nipperdey/Scheuner (Hrsg.), Die Grundrechte, Band III, 2. Halbband, Berlin, 1959, S. 909, (zit.: *Sax*, in: Bettermann/Nipperdey/Scheuner (Hrsg.), Die Grundrechte III, 2)

Schack, Friedrich; Die verfassungskonforme Auslegung, JuS 1961, S. 269

Scheinfeld, Jörg; Haftfortdauerentscheidungen und Rechtsbeugung, GA 2010, S. 684

Schenke, Wolf-Rüdiger; Polizei- und Ordnungsrecht, 10. Auflage, Heidelberg, 2018

Schiffauer, Peter; Wortbedeutung und Rechtserkenntnis: entwickelt an Hand einer Studie zum Verhältnis von verfassungskonformer Auslegung und Analogie, Berlin, 1979, (zit.: *Schiffauer*, Wortbedeutung und Rechtserkenntnis)

Schlachetzki, Nikolas; Das Ermessen bei der Zurückgewinnungshilfe, wistra 2011, S. 41

Schlochauer, Hans-Jürgen; Öffentliches Recht, Karlsruhe, 1957

Schlothauer, Reinhold/Weider, Hans-Joachim; Untersuchungshaft, 2. Auflage, Heidelberg, 1996

Schmidt-Aßmann, Eberhard; Der Rechtsstaat, in: Isensee/Kirchhof (Hrsg.), Handbuch des Staatsrechts der Bundesrepublik Deutschland, Band II, 3. Auflage, Heidelberg, 2004, S. 541, (zit.: *Schmidt-Aßmann*, in: Isensee/Kirchhof (Hrsg.), HStR II)

Schmidt-Aßmann, Eberhard; Gefährdungen der Rechts- und Gesetzesbindung der Exekutive, in: Festschrift für Klaus Stern zum 65. Geburtstag, München, 1997, S. 745, (zit.: *Schmidt-Aßmann*, FS Stern)

Schmolke, Klaus Ulrich; Das Verbot der Marktmanipulation nach dem neuen Marktmissbrauchsregime, AG 2016, S. 434

Schneider, Hans; Gesetzgebung, 2. Auflage, Heidelberg, 1991

Schönke, Adolf/Schröder, Horst; Strafgesetzbuch, 30. Auflage, München, 2019, (zit.: Schönke/Schröder/*Bearbeiter*, StGB)

Schröder, Christian; Handbuch Kapitalmarktstrafrecht, 3. Auflage, Köln, 2015

Schröder, Christian; Die Komplexität internationaler Finanzmärkte – Einfallstor für Kriminalität, Kriminalistik 2009, S. 12

Schröder, Christian; Die Komplexität synthetischer Finanzprodukte als Ursache für Vertrauensverluste und kriminogenes Verhalten am Kapitalmarkt, ZBB 2010, S. 280

Schubert, Dagmar; Strafrechtliche Rückgewinnungshilfe für Geschädigte und keiner will sie haben?, ZRP 2008, S. 55

Schwarz, Bernhard/Pahlke, Armin; AO/FGO-Kommentar, Loseblattausgabe, 192. Lieferung, Freiburg, Januar 2020, (zit.: Schwarz/Pahlke/*Bearbeiter*, AO)

Seebode, Manfred; Der Vollzug der Untersuchungshaft, Berlin, 1985

Seetzen, Uwe; Bindungswirkung und Grenzen der verfassungskonformen Gesetzesauslegung, NJW 1976, S. 1997

Seidl, Otto; Richterliche Rechtsfortbildung und Verfassungsrecht, ZGR 1988, S. 296

Sieber, Ulrich/Brüner, Franz-Hermann/Satzger, Helmut/v. Heintschel-Heinegg, Bernd; Europäisches Strafrecht, Baden-Baden, 2011, (zit.: Sieber/Brüner/Satzger/v. Heintschel-Heinegg/*Bearbeiter*, Europäisches Strafrecht)

Smettan, Jürgen Rüdiger; Kriminelle Bereicherung in Abhängigkeit von Gewinnen, Risiken, Strafen und Moral, Reihe: Kriminologische Forschungsberichte aus dem Max-Planck-Institut für Ausländisches und Internationales Strafrecht, Band 63, Freiburg i.Brsg., 1992, (zit.: *Smettan*, Kriminelle Bereicherung in Abhängigkeit von Gewinnen, Risiken, Strafen und Moral)

Sobota, Katharina; Das Prinzip Rechtsstaat: verfassungs- und verwaltungsrechtliche Aspekte, Tübingen, 1997, (zit.: *Sobota*, Das Prinzip Rechtsstaat)

Stadler, Astrid; Allgemeiner Teil des BGB, 19. Auflage, München, 2017, (zit.: *Stadler*, BGB-AT)

Stern, Klaus; Das Staatsrecht der Bundesrepublik Deutschland, Band I, 2. Auflage, München, 1984, (zit.: *Stern*, Staatsrecht I)

Stern, Klaus; Das Staatsrecht der Bundesrepublik Deutschland, Band II, München, 1980, (zit.: *Stern*, Staatsrecht II)

Stern, Klaus; Anmerkung zu BVerfG NJW 1958, S. 1227, NJW 1958, S. 1435

Strate, Gerhard; Die zunehmende Bedeutung der Verteidigung im Ermittlungsverfahren – Wider die Fiskalisierung des Strafverfahrens!, StV 2006, S. 368

Stree, Walter; Deliktsfolgen und Grundgesetz – Zur Verfassungsmäßigkeit der Strafen und sonstigen strafrechtlichen Maßnahmen, Tübingen, 1960, (zit.: *Stree*, Deliktsfolgen und Grundgesetz)

Streinz, Rudolf; Europarecht, 11. Auflage, Heidelberg, 2019

Stuckenberg, Carl-Friedrich; Untersuchungen zur Unschuldsvermutung, Berlin, 1998

Systematischer Kommentar zur Strafprozessordnung, Band I, 5. Auflage, Köln, 2018, (zit.: SK-StPO/*Bearbeiter*)

Systematischer Kommentar zur Strafprozessordnung, Band II, 5. Auflage, Köln, 2016, (zit.: SK-StPO/*Bearbeiter*)

Systematischer Kommentar zur Strafprozessordnung, Band III, 5. Auflage, Köln, 2016, (zit.: SK-StPO/*Bearbeiter*)

Systematischer Kommentar zur Strafprozessordnung, Band X, 5. Auflage, Köln, 2019, (zit.: SK-StPO/*Bearbeiter*)

Szesny, André-M.; Das Sanktionsregime im neuen Marktmissbrauchsrecht, DB 2016, S. 1420

Szesny, André-M.; § 4 Abs. 3 WpHG: Mitwirkungspflicht trotz Selbstbelastungsgefahr?, BB 2010, S. 1995

Teigelack, Lars/Dolff, Christian; Kapitalmarktrechtliche Sanktionen nach dem Regulierungsentwurf eines Ersten Finanzmarktnovellierungsgesetzes – 1. FiMaNoG, BB 2016, 387

The High-Level Group on Financial Supervision in the EU, Vorsitzender: Jacques de Larosière; Bericht, (zit.: Larosière-Bericht)

Theile, Hans; Art. 14 GG und der strafprozessuale dingliche Arrest, StV 2009, S. 161

Thode, Marina; Die Rückgewinnungshilfe in der staatsanwaltlichen Praxis, in: Nelles (Hrsg.) Money, Money, Money..., Baden-Baden, 2004, S. 65

Thym, Daniel; Die Reichweite der EU-Grundrechte-Charta – Zu viel Grundrechtsschutz?, NVwZ 2013, S. 889

Tiedemann, Klaus; Wirtschaftsstrafrecht, 5. Auflage, München, 2017

Tipke, Klaus/Kruse, Heinrich Wilhelm; Abgabenordnung/Finanzgerichtsordnung – Kommentar, Loseblattausgabe, 158. Lieferung, Köln, November 2019, (zit.: Tipke/Kruse/*Bearbeiter*, AO)

Toros, Fabian/Weiß, Martin; Echte Kooperation?! – Wandel des Grundrechtsschutzes im Mehrebenensystem: Zu den Entscheidungen „Recht auf Vergessen I" und „Recht auf Vergessen II" des BVerfG, ZJS 2020, S. 100

Towfigh, Emanuel Vahid; „Nur erst, wenn dir die Form ganz klar ist, wird dir der Geist klar werden." – Zum grundgesetzlichen Gebot der Normenklarheit, JA 2015, S. 81

Towfigh, Emanuel Vahid; Komplexität und Normenklarheit – oder: Gesetze sind für Juristen gemacht, Der Staat 48 (2009), S. 29

Trüg, Gerson; Die Reform der strafrechtlichen Vermögensabschöpfung, NJW 2017, S. 1913

Trüg, Gerson; Konzeption und Struktur des Insiderstrafrechts, Tübingen, 2014

Tufano, Peter; Financial Innovation, in: Constantinides/Harris/Stulz (Hrsg.), Handbook of the Economics of Finance, 1, A, Corporate Finance, Amsterdam, 2003, S. 307, (zit.: *Tufano*, in: Constantinides/Harris/Stulz (Hrsg.), Handbook of the Economics of Finance)

Ule, Carl Hermann; Zur Anwendung unbestimmter Rechtsbegriffe im Verwaltungsrecht, in: Forschungen und Berichte aus dem öffentlichen Recht, Band 6, Gedächtnisschrift für Walter Jellinek, München, 1955, S. 309, (zit.: *Ule*, GS Jellinek)

Veil, Rüdiger; Europäisches Insiderrecht 2.0 – Konzeption und Grundsatzfragen der Reform durch MAR und CRIM-MAD, ZBB 2014, S. 85

Victoria Villeda, Gisella; Prävention und Repression von Insiderhandel, Frankfurt a.M., 2010

Vogel, Joachim; Wertpapierhandelsstrafrecht – Vorschein eines neuen Strafrechtsmodells?, in: Festschrift für Günther Jakobs zum 70. Geburtstag, Köln, 2007, S. 731, (zit.: *Vogel*, FS Jakobs)

Volk, Klaus; Münchener Anwalts Handbuch – Verteidigung in Wirtschafts- und Steuerstrafsachen, München, 2006, (zit.: Volk/*Bearbeiter*, MAH Wirtschafts- und Steuerstrafsachen)

Voßkuhle, Andreas; Theorie und Praxis der verfassungskonformen Auslegung von Gesetzen durch Fachgerichte, AöR 125 (2000), S. 177

Walla, Fabian; Die Reformen der Europäischen Kommission zum Marktmissbrauchs- und Transparenzregime - Regelungskonzeption, Aufsicht und Sanktionen, BB 2012, S. 1358

Walter, Tonio; Sanktionen im Wirtschaftsstrafrecht, JA 2011, S. 481

Wank, Rolf; Grenzen richterlicher Rechtsfortbildung, Berlin, 1978

Warda, Heinz-Günter; Die Abgrenzung von Tatbestands- und Verbotsirrtum bei Blankettstrafgesetzen, Berlin, 1955

Wehnert, Anne/Mosiek, Marcus; Untiefen der Vermögensabschöpfung in Wirtschaftsstrafsachen aus Sicht des Strafverteidigers, StV 2005, S. 568

Welzel, Hans; Zur Abgrenzung des Tatbestandsirrtums vom Verbotsirrtum, MDR 1952, S. 584

Wendt, Rudolf; Verfassungsorientierte Gesetzesauslegung, in: Festschrift für Thomas Würtenberger zum 70. Geburtstag, Berlin, 2013, S. 123, (zit.: *Wendt*, FS Würtenberger)

Wenzel, Joachim; Die Bindung des Richters an Gesetz und Recht, NJW 2008, S. 345

Werner, Fritz; Zum Verhältnis von gesetzlichen Generalklauseln und Richterrecht, Karlsruhe, 1966

Wiedemann, Herbert; Richterliche Rechtsfortbildung, NJW 2014, S. 2407

Wilk, Hanno/Stewen, Tobias; Rückgewinnungshilfe in der staatsanwaltlichen Praxis, wistra 2013, S. 409

Wißmann, Hinnerk; Generalklauseln, Tübingen, 2008

Wolff, Heinrich Amadeus; Ungeschriebenes Verfassungsrecht unter dem Grundgesetz, Tübingen, 2000

Wolter, Jürgen; Aspekte einer Strafprozeßrechtsreform bis 2007, München, 1991

Zippelius, Reinhold; Verfassungskonforme Auslegung von Gesetzen, in: Starck (Hrsg.), Bundesverfassungsgericht und Grundgesetz, Festgabe aus Anlass des 25jährigen Bestehens des Bundesverfassungsgerichts, Band 2, Verfassungsauslegung, Tübingen, 1976, S. 108, (zit.: *Zippelius*, in: Starck (Hrsg.), Bundesverfassungsgericht und Grundgesetz II)

Zirpins, Walter/Terstegen, Otto; Wirtschaftskriminalität, Lübeck, 1963

Zitelmann, Ernst; Lücken im Recht, Leipzig, 1903

Einleitung

Vom Jahr 2007 an erschütterte eine Finanzkrise die Welt, die ihren Ausgang in den Vereinigten Staaten von Amerika nahm, aber bald auch in Europa verheerende Wirkung zeitigte. Diese Krise blieb nicht auf den Finanzsektor beschränkt, sondern weitete sich zu einer allgemeinen Weltwirtschaftskrise aus. Die Folgen waren dramatisch; Banken und Unternehmen wurden insolvent oder mussten – sofern „systemrelevant" – von staatlicher Seite gerettet werden, was den Steuerzahler Milliardenbeträge kostete. Anleger verloren unter Umständen sehr hohe Beträge durch Insolvenzen der Finanzinstitute; manch einer wurde so seiner Ersparnisse oder Altersvorsorge verlustig. In der Realwirtschaft wurde es immer schwieriger, Kredite zur Finanzierung zu erlangen, sodass auch hier Unternehmen zusammenbrachen, was sich wiederum auf andere auswirken konnte, sodass die Krise immer weitere Kreise zog. Die gesamte Wirtschaftsleistung brach demzufolge ein und die Wirtschaft glitt in eine Rezession, während die Arbeitslosigkeit in einigen Staaten erheblich anstieg.[1]

Die genauen Ursachen dieser Krise sind bis heute umstritten und ungeklärt, wenngleich sich viele unterschiedliche Erklärungsansätze gefunden haben.[2] Als weitgehend gesichert gilt, dass eine zumindest mitentscheidende Ursache darin zu sehen ist, dass amerikanische Hypothekengeber Kredite an riskante Kreditnehmer vergaben, die durch die Immobilien gesichert wurden, die gerade mithilfe jener Kredite erworben wurden. Diese sogenannten „Subprime Mortgage Loans" wurden dann zusammengefasst als Sicherheit für „Asset Backed Securities" (ABS) verwendet, die weltweit an Finanzinstitute verkauft wurden. Als die Grundstückspreise fielen, verloren diese ABS stark an Wert, woraufhin Institute, die stark derart investiert hatten, diese Werte abschreiben mussten. Dies führte wiederum dazu, dass das Vertrauen in die Solidität der Banken sank, und der Handel zwischen den Finanzinstituten untereinander zum Erliegen kam; woraufhin die Möglichkeiten, Kredite zu erlangen stark eingeschränkt wurden, was wiederum die Realwirtschaft beeinträchtigte.[3] Da die europäische Wirtschaft weit überwiegend bankfinanziert ist und weniger kapitalmarktbasiert als etwa

---

1 Eine gute Übersicht über die Abläufe und Folgen der Finanzkrise findet sich bei *Lybeck*, A Global History of the Financial Crash of 2007-10, S. 1-94 u. passim.

2 Eine Übersicht bietet etwa *Lo*, 50 Journal of Economic Literature (2012), 151 ff., der verschiedene Erklärungsansätze in der Literatur zusammenfasst.

3 Zum Ganzen s. *Anabtawi/Schwarcz*, 86 Notre Dame Law Review (2011), 1349, 1359 ff.

die US-amerikanische, wurde die europäische Wirtschaft durch solche Einschränkungen der Kreditvergabe besonders hart betroffen.[4]

Angesichts der kritischen Situation beauftragte die Europäische Kommission im Oktober 2008 eine Expertengruppe (High Level-Group on Financial Supervision in the EU) unter Führung *Jacques de Larosières* mit der Aufgabe, die Ursachen der Krise festzustellen und Vorschläge zu erarbeiten, auf welche Art man solche Krisen in Zukunft möglichst verhindern oder doch zumindest ihre Entstehung wesentlich erschweren könnte.[5] Diese Gruppe kam zu der Erkenntnis, dass nicht nur die allgemeine Entwicklung auf den Immobilien- und Finanzmärkten eine Rolle bei der Entstehung der Krise gespielt habe, wobei die Hauptursachen unter anderem in der Vergabe günstiger Kredite gegen ungenügende Sicherheiten (meist Hypotheken), hochkomplexen Finanzprodukten, verfehltem Risikomanagement der Finanzinstitute und den irreführenden Bewertungen durch die Ratingagenturen erkannt wurden.[6] Vielmehr wurden auch die Strukturen der Aufsicht in den Staaten der europäischen Union kritisiert. Die Sanktionssysteme der einzelnen Mitgliedsstaaten wurden für zu schwach und zu heterogen befunden, um Finanzvergehen wirksam und abschreckend verfolgen und bestrafen zu können.[7] Außerdem wurde festgestellt, dass zwischen den Befugnissen der einzelnen Aufsichtsbehörden der verschiedenen Mitgliedsstaaten große Unterschiede bestanden, was die Möglichkeiten der Aufsicht und der Sanktionierung betraf.[8]

Die Expertengruppe erteilte auf Grundlage ihrer Befunde verschiedene Vorschläge, welche Maßnahmen und europäische Regelungen für die Zukunft getroffen werden sollten, um die Stabilität und Krisensicherheit der Finanzmärkte in Europa zu erhöhen. Im Hinblick auf die festgestellten Defizite durch die heterogene Aufsichtsstruktur wurde unter anderem der Vorschlag erteilt, Maßnahmen einzuleiten, die einen einheitlich hohen Mindeststandard der Aufsichtsbefugnisse garantieren.[9]

In Umsetzung dieser Empfehlungen verfolgt die Marktmissbrauchsverordnung (MAR)[10] das Ziel, einen echten Binnenmarkt für Finanzdienstleistungen

---

4 *Heuer/Schütt*, BKR 2016, 45, 46.

5 Larosière-Bericht, S. 1 f.

6 Larosière-Bericht, S. 7 ff.

7 Larosière-Bericht, S. 26.

8 Larosière-Bericht, S. 47.

9 Larosière-Bericht, S. 47.

10 Verordnung (EU) Nr. 596/2014 des Europäischen Parlaments und des Rates vom 16.04.2014 über Marktmissbrauch (Marktmissbrauchsverordnung) und zur Aufhebung der Richtlinie 2003/6/EG des Europäischen Parlaments und des Rates und der

zu schaffen.[11] Dabei ist Marktintegrität eine der Hauptvoraussetzungen für das notwendige Vertrauen der Öffentlichkeit in den Finanzmarkt und für sein Funktionieren.[12] Im Einklang mit den Empfehlungen der Larosière-Gruppe sollte ein „einheitlicher und stärkerer Rahmen geschaffen werden", um einen integren Finanzmarkt zu erhalten, der Rechtssicherheit bietet und mögliche Aufsichtsarbitrage vermeidet.[13] Dazu sollte auch die Ausstattung der nationalen Aufsichtsbehörden mit hinreichend weitreichenden Befugnissen dienen, die insgesamt in allen Mitgliedsstaaten eine gleichwertige Qualität der Aufsicht sicherstellen sollen.[14] Außerdem erging die Marktmissbrauchsrichtlinie (Crim-MAD),[15] die detaillierte Mindestvorgaben zu den strafrechtlichen Sanktionen enthält, die die Mitgliedsstaaten implementieren müssen, womit erstmals auch die Anwendung des Strafrechts als Reaktion auf Marktmissbrauch (zumindest in schweren Fällen) verbindlich vorgeschrieben wurde.[16]

Infolgedessen musste auch der deutsche Gesetzgeber reagieren und die neuen Vorgaben des europäischen Rechts in deutsches Recht umsetzen, soweit Änderungen der bisherigen Rechtslage notwendig wurden. Zu diesem Zweck wurden das 1. FiMaNoG[17] und später das 2. FiMaNoG[18] erlassen, die erhebliche Modifikationen des Kapitalmarktrechts beinhalteten. In materiellrechtlicher Hinsicht ergaben sich einige schwerwiegende Änderungen. Am augenfälligsten dürfte sein, dass die Verbotstatbestände der Marktmanipulation und des Insiderhandels sich nunmehr nicht weiter aus dem WpHG ergeben, sondern vollständig europäisch in den Art. 7 ff. MAR geregelt sind. Auch angesichts der Vorgaben

---

Richtlinien 2003/124/EG, 2003/125/EG und 2004/72/EG der Kommission, ABl. EU Nr. L 173 v. 12.6.2014, 1.

11 Erwägungsgrund 1, MAR.

12 Erwägungsgrund 2, MAR.

13 Erwägungsgrund 4, MAR.

14 Erwägungsgrund 70, MAR.

15 Richtlinie 2014/57/EU des Europäischen Parlaments und des Rates vom 16.04.2014 über strafrechtliche Sanktionen bei Marktmanipulation (Marktmissbrauchsrichtlinie), ABl. EU Nr. L 173 v. 12.6.2014, 179.

16 Achenbach/Ransiek/Rönnau/*Trüg*, Handbuch Wirtschaftsstrafrecht, Teil 10, Kap. 2, Rn. 10; *Becker/Rodde*, ZBB 2016, 11, 17; *v. Buttlar*, BB 2014, 451, 456; *Teigelack/Dolff*, BB 2016, 387, 388; *Veil*, ZBB 2014, 85, 86.

17 Erstes Gesetz zur Novellierung von Finanzmarktvorschriften auf Grund europäischer Rechtsakte vom 30. Juni 2016, BGBl. I, S. 1514.

18 Zweites Gesetz zur Novellierung von Finanzmarktvorschriften auf Grund europäischer Rechtsakte vom 23. Juni 2017, BGBl. I, S. 1693.

der Crim-MAD, die die Strafbarkeit bestimmter Handlungsweisen ausdrücklich festlegt und deren Sanktionierung mit bestimmten Mindeststrafen verlangt, kann man nun mit Fug und Recht von einem europäischen Kapitalmarktstrafrecht sprechen.[19]

Im Übrigen wurden die strafrechtlichen Sanktionsmöglichkeiten verschärft und ausgeweitet. So wurde beispielsweise die Versuchsstrafbarkeit auf alle Varianten des Insiderhandels und der Marktmanipulation ausgedehnt.[20] Im Insiderstrafrecht wurde die Unterscheidung von Primär- und Sekundärinsidern aufgegeben.[21] Und für die Marktmanipulation wurde mit § 119 Abs. 5 WpHG eine Qualifikation eingeführt, die banden- oder gewerbsmäßige Begehung oder Begehung in Ausübung bestimmter finanzmarktbezogener professioneller Tätigkeiten als Verbrechen bestraft.[22]

Nicht nur die materiellrechtlichen Normen erfuhren Änderungen, auch die Befugnisse der Bundesanstalt für Finanzdienstleistungsaufsicht (BaFin) wurden teilweise erheblich erweitert.[23] Das auch hierdurch verfolgte Ziel des Gesetzgebers ist es – in Umsetzung europäischer Vorgaben – die Kapitalmärkte transparenter und effizienter zu machen und das Vertrauen der Anleger in die Kapitalmärkte zu stärken.[24]

Zur Erfüllung dieses Zieles ist es auch notwendig, dass eine Aufsichtsbehörde Marktmissbrauchshandlungen unterbindet und verfolgt, die mit weitreichenden Überwachungs- und Ermittlungskompetenzen ausgestattet ist.[25] Im Rahmen dieser Erweiterung der Befugnisse wurde auch § 4 Abs. 4b WpHG neu geschaffen,[26]

---

19 So Achenbach/Ransiek/Rönnau/*Trüg*, Handbuch Wirtschaftsstrafrecht, Teil 10, Kap. 2, Rn. 8. *Vogel*, FS Jakobs, S. 731, 733 sah dies bereits zum alten Rechtszustand als gegeben an.

20 *Eggers/Gehrmann/Szesny*, WiJ 2016, 123, 124; *Kudlich*, AG 2016, 459, 463 f.; *Roth*, GWR 2016, 291, 291.

21 Achenbach/Ransiek/Rönnau/*Trüg*, Handbuch Wirtschaftsstrafrecht, Teil 10, Kap. 2, Rn. 11; *Eggers/Gehrmann/Szesny*, WiJ 2016, 123, 125; *Poelzig*, NZG 2016, 492, 496; *Roth*, GWR 2016, 291, 292; *Teigelack/Dolff*, BB 2016, 387, 392.

22 Achenbach/Ransiek/Rönnau/*Trüg*, Handbuch Wirtschaftsstrafrecht, Teil 10, Kap. 2, Rn. 14; *Beukelmann*, NJW-Spezial 2016, 376; *Eggers/Gehrmann/Szesny*, WiJ 2016, 123, 125; *Kudlich*, AG 2016, 459, 464; *Poelzig*, NZG 2016, 492, 495; *Roth*, GWR 2016, 291, 291 f.; *Teigelack/Dolff*, BB 2016, 387, 392 f.

23 *Roth*, GWR 2016, 291, 292; *Szesny*, DB 2016, 1420, 1424.

24 Erwägungsgrund 2, MAR; BT-Drs. 18/7482, S. 1 ff.; BT-Drs. 18/10936, S. 1 ff.

25 Erwägungsgrund 62, MAR; BT-Drs. 18/7482, S. 1.

26 Durch das 1. FiMaNoG vom 30. Juni 2016, BGBl. I, S. 1514.

der es der BaFin erlaubte, „die Beschlagnahme von Vermögenswerten [zu] beantragen“. Durch die Einführung dieser neuen Kompetenz für die BaFin soll im Sinne des Art. 23 Abs. 2i der MAR ein „Einfrieren“ von Vermögenswerten ermöglicht werden, das nunmehr zwingend zu den Kompetenzen der zuständigen Behörden der Mitgliedsstaaten gehören muss.[27] Seit dem 03.01.2018 findet sich diese Befugnis fast unverändert in § 6 Abs. 13 WpHG.[28] Hiermit gleichermaßen erfasst sind sowohl die vorläufige Sicherstellung inkriminierter Vermögenswerte als auch die Beschlagnahme bestimmter Vermögensgegenstände.[29]

Der Gedanke, im Bereich kapitalmarktrechtlicher Straftaten die Sicherstellung der Tatbeute möglichst frühzeitig zu betreiben und somit deren Beiseiteschaffen zu verhindern, leuchtet per se unmittelbar ein: Je kürzer die Vorwarnzeit für den mutmaßlichen Täter ist, desto eher wird es der Strafverfolgungsbehörde möglich sein, rechtzeitig einzugreifen und ihm die Beute zu entziehen. Insofern wirkt die Einführung einer Vermögenssicherstellungskompetenz für die BaFin folgerichtig.

Allerdings zeigen sich auch schnell Probleme des neugeschaffenen § 6 Abs. 13 WpHG:

Bereits auf den ersten Blick fällt auf, dass die Norm sehr unbestimmt formuliert ist, und wenig klar wird, welche Befugnis unter welchen konkreten Eingriffsvoraussetzungen von der Ermächtigung des § 6 Abs. 13 WpHG umfasst sein soll. Das weckt – besonders im Hinblick darauf, dass mit der Vermögensbeschlagnahme möglicherweise erhebliche Grundrechtseingriffe verbunden sein könnten – sogleich rechtsstaatliche Bedenken.

Außerdem zu bedenken ist, dass mit den §§ 111b ff. StPO bereits Vorschriften existieren, die eine vorläufige Vermögenssicherstellung ermöglichen, wobei sie diese Aufgabe der Staatsanwaltschaft zuweisen. Somit stellt sich zum einen die Frage, wie die Kompetenzen von BaFin und Staatsanwaltschaften voneinander abgegrenzt werden sollen, da sich hierzu aus dem Gesetz nichts ergibt.[30] Vielmehr ist sogar in § 11 S. 4 WpHG ausdrücklich angeordnet, dass die BaFin-Zuständigkeit auch nach Weitermeldung an die Staatsanwaltschaft weiterbestehen soll, sofern damit der Untersuchungszweck der Ermittlungen der Staatsanwaltschaften oder Gerichte nicht gefährdet wird. Zum anderen fragt sich, worin der eigentliche Anwendungsbereich des neuen § 6 Abs. 13 WpHG

27 BT-Drs. 18/7482, S. 59.

28 Geändert durch das 2. FiMaNoG vom 23. Juni 2017, BGBl. I, S. 1693.

29 BT-Drs. 18/7482, S. 59.

30 Kritisch dazu *Eggers/Gehrmann/Szesny*, WiJ 2016, 123, 129.

liegen soll, wenn eine inhaltsgleiche Kompetenz der Staatsanwaltschaften bereits existiert.

Im Übrigen werden der BaFin mit der Neufassung des WpHG insgesamt weitreichende Kompetenzen eingeräumt, die weniger der klassischen Aufsichtstätigkeit zuzuordnen, als vielmehr genuine Strafverfolgungsbehördenkompetenzen sind. So wird die BaFin von der Aufsichtsbehörde noch mehr als bisher zur Strafverfolgungsbehörde.[31] Hierdurch ist allgemein eine Verquickung aufsichtsrechtlicher und strafprozessualer Kompetenzen zu befürchten, die strafrechtliche Grundsätze aufweichen könnte, welche dem Schutz des Beschuldigten dienen sollen.[32]

Diese Bedenken – vor allem bezüglich der unbestimmten Formulierung – führen zu der Frage, ob § 6 Abs. 13 WpHG eine taugliche Ermächtigungsgrundlage für die BaFin darstellt, oder ob er aufgrund mangelnder Beachtung rechtsstaatlicher Erfordernisse verfassungswidrig ist.

---

31 *Eggers/Gehrmann/Szesny*, WiJ 2016, 123, 129 f.; *Szesny*, DB 2016, 1420, 1424.

32 So auch *Bärlein/Pananis/Rehmsmeier*, NJW 2002, 1825 ff.; *Szesny*, BB 2010, 1995 ff.; *ders.*, DB 2016, 1420, 1424.

Ziel und Gang der Untersuchung

Die neugeschaffene Befugnis der BaFin wirft also eine Reihe von Fragen auf, deren Beantwortung notwendig ist, um eine rechtsstaatlich auf sicherer Grundlage stehende Handhabung des § 6 Abs. 13 WpHG zu ermöglichen.

Als Ausgangspunkt sämtlicher Erörterungen muss untersucht werden, welche Befugnis der Gesetzgeber mit der „Beschlagnahme von Vermögenswerten" schaffen wollte – das heißt es gilt den eigentlichen Inhalt dieser Eingriffsermächtigung festzustellen. Angesichts der rechtsstaatlichen Bedenken, die § 6 Abs. 13 WpHG schon auf den ersten Blick weckt, ist es notwendig zu klären, ob § 6 Abs. 13 WpHG in seiner gegenwärtigen Gestalt verfassungskonform ist oder nicht. Außerdem ist auch die Kompetenzabgrenzung zur Staatsanwaltschaft mit ihren Möglichkeiten der Vermögenssicherstellung nach §§ 111b ff. StPO nicht eindeutig. Auch dieses Problem muss gelöst werden, will man dem § 6 Abs. 13 WpHG einen eigenständigen Anwendungsbereich einräumen.

Eine eingehende Auseinandersetzung mit diesen Fragen hat bisher noch nicht stattgefunden.

Hinsichtlich des Norminhalts finden sich allerdings mehrere Erörterungen in der Literatur, die überwiegend die Befugnis des § 6 Abs. 13 WpHG als repressive Vermögenssicherstellungskompetenz auffassen,[33] teilweise aber auch Stimmen, die sie als präventive Kompetenz begreifen.[34] Es finden sich auch verschiedene Stimmen in der Literatur, die bezüglich der Unbestimmtheit der Norm Bedenken geäußert haben, ohne sich dabei jedoch mit der Frage der Verfassungsmäßigkeit des § 6 Abs. 13 WpHG tiefergehend zu befassen.[35] Die Schwierigkeiten, die sich aus einer möglichen Überschneidung der Eingriffskompetenzen der

33 Achenbach/Ransiek/Rönnau/*Trüg*, Handbuch Wirtschaftsstrafrecht, Teil 10, Kap. 2, Rn. 150; *Eggers/Gehrmann/Szesny*, WiJ 2016, 123, 128 ff.; *Szesny*, DB 2016, 1420, 1424 f. Esser/Rübenstahl/Saliger/Tsambikakis/*Theile*, Wirtschaftsstrafrecht, § 38 WpHG, Rn. 90, deutet ebenfalls eine repressive Stoßrichtung des § 6 Abs. 13 WpHG an.

34 Assmann/Schneider/Mülbert/*Döhmel*, Wertpapierhandelsrecht, § 6, Rn. 222; Meyer/Rönnau/Veil/*Rönnau/Wegner*, Handbuch Marktmissbrauchsrecht, § 28, Rn. 173.

35 Etwa Achenbach/Ransiek/Rönnau/*Trüg*, Handbuch Wirtschaftsstrafrecht, Teil 10, Kap. 2, Rn. 150; *Eggers/Gehrmann/Szesny*, WiJ 2016, 123, 130; Esser/Rübenstahl/Saliger/Tsambikakis/*Theile*, Wirtschaftsstrafrecht, § 38 WpHG, Rn. 90; Meyer/Rönnau/Veil/*Rönnau/Wegner*, Handbuch Marktmissbrauchsrecht, § 28, Rn. 173; *Szesny*, DB 2016, 1420, 1424 f.

BaFin und der Staatsanwaltschaften ergeben können, wurden gleichfalls bereits kritisch angemerkt.[36]

Das Ziel der vorliegenden Arbeit besteht also darin, diese Lücke zu füllen und Antworten auf die sich stellenden Fragen zu finden. Zunächst soll der Inhalt der Ermächtigung des § 6 Abs. 13 WpHG festgestellt werden.

Das Haupterkenntnisinteresse der Arbeit liegt sodann darin, festzustellen, ob § 6 Abs. 13 WpHG verfassungsmäßig ist. Der Schwerpunkt wird dabei naturgemäß auf dem allgemeinen rechtsstaatlichen Bestimmtheitsgebot liegen, dessen Verletzung aufgrund der unklaren Formulierung der Norm besonders naheliegt. Im Zuge dessen können die von Verfassungs wegen zu beachtenden Mindestmaßstäbe an Bestimmtheit herausgearbeitet werden, die für § 6 Abs. 13 WpHG gelten.

Diese Erkenntnisse können dann allgemein auf die Bestimmtheitsanforderungen für strafprozessuale Eingriffsermächtigungen übertragen werden. Somit verfolgt die Arbeit hier auch ein über die konkrete Frage hinausgehendes, allgemeines Interesse.

Weitergehend wird die Möglichkeit einer verfassungskonformen Auslegung beziehungsweise verfassungskonformen Rechtsfortbildung des § 6 Abs. 13 WpHG untersucht werden, ebenso wie die Grenzen der Zulässigkeit solcher verfassungskonformer Auslegung. Auch hieraus können sich allgemein übertragbare Erkenntnisse ergeben.

Ein weiteres Erkenntnisinteresse besteht in der Klärung der Kompetenzabgrenzung zwischen BaFin und Staatsanwaltschaften, die bislang unklar ist. Hierdurch soll auch der praktische Anwendungsbereich der Vermögenssicherstellung durch die BaFin klar definiert werden. Berücksichtigung finden müssen dabei immer das Ziel einer effektiven Vermögenssicherstellung zur Verfolgung und Verhinderung von Straftaten im Bereich des Kapitalmarktes und die Besonderheiten des Kapitalmarktstrafrechts mit seiner komplexen Struktur.

Die Untersuchung wird in folgenden Schritten ablaufen:

In Teil A wird § 6 Abs. 13 WpHG zunächst auf seine Struktur und seinen Regelungsgehalt hin untersucht. Sodann werden anhand des allgemeinen rechtsstaatlichen Bestimmtheitsgebotes Maßstäbe für den § 6 Abs. 13 WpHG herausgearbeitet, an denen er in der Folge gemessen werden kann. Ergebnis dieser

---

36 Achenbach/Ransiek/Rönnau/*Trüg*, Handbuch Wirtschaftsstrafrecht, Teil 10, Kap. 2, Rn. 150; *Eggers/Gehrmann/Szesny*, WiJ 2016, 123, 129; Esser/Rübenstahl/Saliger/Tsambikakis/*Theile*, Wirtschaftsstrafrecht, § 38 WpHG, Rn. 90; Meyer/Rönnau/Veil/*Rönnau/Wegner*, Handbuch Marktmissbrauchsrecht, § 28, Rn. 173.

Untersuchung wird sein, dass § 6 Abs. 13 WpHG zu unbestimmt ist, um die verfassungsrechtlichen Mindestanforderungen zu erfüllen.

Darum wird in Teil B die Möglichkeit einer verfassungskonformen Auslegung erwogen. Hierzu wird § 6 Abs. 13 WpHG auf dem Wege der Analogie ergänzt und fortgebildet, um ihm einen hinreichend bestimmten Inhalt zu verleihen.

In Teil C wird schließlich untersucht, ob die in Teil B gefundene verfassungskonforme Auslegung sich noch innerhalb der Grenzen des Zulässigen bewegt.

Teil D stellt den Versuch einer Neuregelung des § 6 Abs. 13 WpHG dar, die – in rechtsstaatlich unbedenklicher Weise – die erkannten Probleme lösen und die gewonnenen Erkenntnisse zu den zu erfüllenden Anforderungen umsetzen soll.

A: Verfassungsmäßigkeit des § 6 Abs. 13 WpHG in seiner Grundform

Im ersten Teil der Arbeit wird die Verfassungsmäßigkeit des § 6 Abs. 13 WpHG in seiner gegenwärtigen Gestalt untersucht werden, die angesichts der sehr unbestimmt gefassten Formulierung der Norm fraglich erscheint.

Am Anfang dieses Abschnitts steht eine Untersuchung des § 6 Abs. 13 WpHG selbst. Seine Zielsetzung und Funktion müssen zuerst festgestellt werden, weil sie eine der Grundlagen der späteren Untersuchung der Verfassungsmäßigkeit darstellen werden. Dies gilt insbesondere im Hinblick auf notwendige Abwägungen zwischen den Rechten Betroffener und der Eignung der Norm, die mit ihr verfolgten Zwecke zu erreichen.

Sodann wird der Tatbestand selbst analysiert werden, um so eine Bestandsaufnahme durchzuführen, welche Regelungen der § 6 Abs. 13 WpHG trifft; genauer gesagt welche Rechtsfolgen er unter welchen Voraussetzungen ermöglicht. An dieser Stelle können die grundsätzlichen Problembereiche der Norm identifiziert werden, die für die spätere Verfassungsmäßigkeitsprüfung wesentlich sein werden.

Eine Einordnung der Norm in gesetzestechnischer Hinsicht wird sich daran anschließen, weil sich aus dem speziellen Charakter einer Norm – etwa als Verweisungsnorm oder Generalklausel – Besonderheiten hinsichtlich der verfassungsrechtlichen Anforderungen ergeben können.

Im Übrigen ist die Frage zu klären, ob eine Norm derart europarechtlichen Ursprungs, wie es bei § 6 Abs. 13 WpHG der Fall ist, überhaupt an den Maßstäben des Grundgesetzes gemessen werden darf.

Daraufhin werden die Grundlagen des rechtsstaatlichen Bestimmtheitsgebotes dargestellt werden, anhand dessen Maßstäbe für die verfassungsrechtlichen Anforderungen an § 6 Abs. 13 WpHG entwickelt werden können. Hieran wird die Norm sodann geprüft werden, um die Frage ihrer Verfassungsmäßigkeit zu klären.

I. Analyse des Tatbestands

Am Anfang der Untersuchung steht die Frage, welchem Zweck § 6 Abs. 13 WpHG dienen soll. Es ist also zu klären, welche Maßnahmen der BaFin durch die Einführung dieser Kompetenz zur Verfügung stehen sollen und welche Ziele damit erreicht werden können und verfolgt werden. Außerdem stellt sich hierbei die Frage nach einer Einordnung des § 6 Abs. 13 WpHG als aufsichtsrechtliche Befugnis oder als strafprozessuale Eingriffsermächtigung. Daran anschließend erfolgt eine Analyse des Wortlauts und Charakters des § 6 Abs. 13 WpHG, die herausarbeitet, welche Tatbestandsvoraussetzungen das Gesetz vorsieht und wie weitgehend die Materie überhaupt eine Regelung gefunden hat. Damit soll ein Fundament gelegt werden, auf dem die späteren Erörterungen zur Verfassungsmäßigkeit der Norm fußen können.

Zur besseren Übersichtlichkeit sei der Normtext den Erörterungen vorangestellt:

„Die Bundesanstalt kann die Beschlagnahme von Vermögenswerten beantragen, soweit dies zur Durchsetzung der Verbote und Gebote der in Absatz 6 Satz 1 Nummer 3, 4 und 6 genannten Vorschriften und der Verordnung (EU) Nr. 596/2014 geboten ist. Maßnahmen nach Satz 1 sind durch den Richter anzuordnen. Zuständig ist das Amtsgericht Frankfurt am Main. Gegen eine richterliche Entscheidung ist die Beschwerde zulässig; die §§ 306 bis 310 und 311a der Strafprozessordnung gelten entsprechend."

1. Zielsetzung des § 6 Abs. 13 WpHG

Was also ist Funktion und Zielsetzung des § 6 Abs. 13 WpHG? Die Gesetzesbegründung zum 1. FiMaNoG, mit dem diese Kompetenz der BaFin als § 4 Abs. 4b WpHG neugeschaffen wurde, stellt nur fest, dass damit Art. 23 Abs. 2i MAR umgesetzt werden solle. Der von der MAR verwendete umgangssprachliche Begriff des „Einfrierens" von Vermögen werde als vorläufige Sicherstellung verstanden.[37] Mit der Schaffung des § 6 Abs. 13 WpHG (bzw. mit der ursprünglichen Fassung als § 4 Abs. 4b WpHG) beabsichtigt der Gesetzgeber also jedenfalls, der BaFin eine eigenständige Möglichkeit zu verschaffen, Vermögen vorläufig sicherzustellen.

Um die Frage nach der Zwecksetzung genauer beantworten zu können, ist es notwendig, die Norm genauer in das Aufgabenspektrum der BaFin einzuordnen. Konkret stellt sich die Frage, ob § 6 Abs. 13 WpHG eine aufsichtsrechtliche Befugnis darstellt und damit präventive Zwecke verfolgt; oder ob § 6 Abs. 13 WpHG der BaFin eine strafverfolgende, also repressive Kompetenz einräumt.

Die vom Gesetzgeber verwendete Begrifflichkeit der vorläufigen Sicherstellung von Vermögen lässt dabei keine eindeutige Zuordnung zu. Denkbar ist sowohl, sie als repressive Maßnahme im Rahmen der Verfolgung von Verstößen oder als präventive Maßnahme zur Beseitigung von Gefahren zu verstehen.

37 BT-Drs. 18/7482, S. 59.

Auch der Wortlaut des § 6 Abs. 13 WpHG selbst, der zur „Durchsetzung der Verbote und Gebote der in Absatz 6 Satz 1 Nummer 3, 4 und 6 genannten Vorschriften und der Verordnung (EU) Nr. 596/2014" die Beschlagnahme gestattet, kann grundsätzlich in beide Richtungen hin interpretiert werden.

So wurde in der Literatur auch bereits die Ansicht vertreten, § 6 Abs. 13 WpHG sei ein „vorgelagerter gefahrenrechtlicher Eingriffstatbestand" – mithin also eine präventive Vermögensbeschlagnahmebefugnis zur Abwehr drohender Gefahren.[38] Dafür spricht, dass die Sicherstellung von möglicherweise aus Straftaten oder Ordnungswidrigkeiten zugeflossenem Vermögen bereits nach den §§ 111b ff. StPO (ggf. i.V.m. § 46 Abs. 1 OWiG) möglich ist und so Überschneidungen entstünden, wenn § 6 Abs. 13 WpHG ebenfalls als repressive Kompetenz verstanden würde.[39] Außerdem kann man für diese Ansicht anführen, dass nicht alle Gebote und Verbote der in § 6 Abs. 13 WpHG genannten Vorschriften gleichzeitig auch von den Straftat- und Ordnungswidrigkeitentatbeständen der §§ 119, 120 WpHG erfasst werden.[40] Wenn nun aber der Verstoß gegen einen Teil der in Bezug genommenen Vorschriften keiner Verfolgung unterliegt, könnte man daraus schließen, dass die gesamte Beschlagnahmekompetenz des § 6 Abs. 13 WpHG nicht in einem repressiven Sinne gedacht ist.

Ganz entschieden gegen die Annahme, dass es sich bei § 6 Abs. 13 WpHG um einen Eingriffstatbestand zur Gefahrenabwehr handelt, spricht indes, dass vollkommen unklar ist, welche Art von Gefahren durch Beschlagnahme abgewendet werden könnten.[41] Die bevorstehende Begehung etwa eines Insiderhandels oder einer Marktmanipulation durch Vermögensbeschlagnahme zu verhindern, erscheint abwegig. So dürfte es der BaFin schon schwerfallen, die dahingehende Tatgeneigtheit des potenziellen Täters im Vorhinein zu erkennen. Immerhin mag es bei den Straftatbeständen des § 119 WpHG noch theoretisch denkbar sein, eine Tatbegehung durch „Einfrieren" des Vermögens zu verhindern. So

---

38 Assmann/Schneider/Mülbert/*Döhmel*, Wertpapierhandelsrecht, § 6, Rn. 222; Meyer/Rönnau/Veil/*Rönnau/Wegner*, Handbuch Marktmissbrauchsrecht, § 28, Rn. 173.

39 So Meyer/Rönnau/Veil/*Rönnau/Wegner*, Handbuch Marktmissbrauchsrecht, § 28, Rn. 173.

40 Nicht erfasst sind z.B. die §§ 59 Abs. 5; 65; 70 Abs. 3 u. 6; 72 Abs. 7; 74 Abs. 4; 79; 80 Abs. 1 S. 2 Nr. 2, 3 und 4; 80 Abs. 7, 8, 12 u. 13; 81 Abs. 4 u. 5; 82 Abs. 2, 3 u. 7; 83 Abs. 6 u. 8; 84 Abs. 8 u. 9; 85 Abs. 1; 89 Abs. 1, 2 u. 3 WpHG, die Art. 5 Abs. 7; 15 Abs. 2 u. 3; 23 Abs. 2; 26 Abs. 6; 29 Abs. 1 der Verordnung (EU) Nr. 600/2014 und Art. 22 der Verordnung (EU) 2016/1011.

41 So allerdings auch Meyer/Rönnau/Veil/*Rönnau/Wegner*, Handbuch Marktmissbrauchsrecht, § 28, Rn. 173.

könnte etwa demjenigen, der über eine Insiderinformation verfügt, die das baldige Ansteigen des Kurses einer bestimmten Aktie erwarten lässt, der Ankauf entsprechender Aktien durch die Sicherstellung seines Vermögens unmöglich gemacht werden. Beim Großteil der durch § 6 Abs. 13 WpHG in Bezug genommenen (und vielfach von § 120 WpHG als Ordnungwidrigkeiten erfassten) Verbote und Gebote handelt es sich jedoch um Mitteilungs-, Organisations-, oder bestimmte Verhaltenspflichten, deren Einhaltung durch „Einfrieren" von Vermögen durchzusetzen absurd wäre. Am nächsten käme dann § 6 Abs. 13 WpHG in der Sache einem verwaltungsrechtlichen Zwangsgeld – freilich in einer brachialen Variante, wenn man die Beseitigung einer Verletzung eines der genannten Gebote oder Verbote durch Vermögensbeschlagnahme durchsetzen wollte. Hinzu kommt, dass auch in keiner Weise ersichtlich wird, unter welchen Voraussetzungen ein solcher Präventiveingriff zulässig sein sollte.[42]

§ 6 Abs. 13 WpHG kann daher nicht als Eingriffsermächtigung zur Gefahrenabwehr verstanden werden. Vielmehr handelt es sich um eine repressive Kompetenz, die die vorläufige Vermögenssicherstellung im Zuge der Verfolgung von Straftaten und Ordnungswidrigkeiten ermöglichen soll.[43]

Dafür spricht schon, dass sich für § 6 Abs. 13 WpHG, wenn man ihn als repressive Befugnis versteht, ein grundsätzlich sinnvoller Anwendungsbereich eröffnet; auch wenn die Zuständigkeitsabgrenzung noch unklar ist und Überschneidungen mit den Befugnissen nach der StPO bestehen. Dass es prinzipiell vielversprechend und notwendig ist, aus Straftaten herrührendes Vermögen abzuschöpfen und zur Sicherung dieser Abschöpfung auch schon vorläufig zu sichern, entspricht allgemeiner Überzeugung.[44] Der BaFin zur Verfolgung von

---

42 Dies räumen auch Meyer/Veil/Rönnau/*Rönnau/Wegner*, a.a.O. selbst ein und stellen fest, dass hier „noch viel an Konkretisierungsleistung erbracht werden [müsse], um aus der Beschlagnahmebefugnis des § 6 Abs. 13 WpHG n.F. ein rechtsstaatlich unbedenkliches Instrument zu machen."

43 So auch Achenbach/Ransiek/Rönnau/*Trüg*, Handbuch Wirtschaftsstrafrecht, Teil 10, Kap. 2, Rn. 150; *Eggers/Gehrmann/Szesny*, WiJ 2016, 123, 128 ff.; *Szesny*, DB 2016, 1420, 1424 f., die ganz ausdrücklich von einer strafprozessualen Kompetenz sprechen. Esser/Rübenstahl/Saliger/Tsambikakis/*Theile*, Wirtschaftsstrafrecht, § 38 WpHG, Rn. 90, deutet ebenfalls eine strafprozessuale Ausrichtung an.

44 *Barreto da Rosa*, ZRP 2012, 39, 42; *Eberbach*, NStZ 1987, 486, 486 ff.; *Hassemer*, WM 1995 Sonderbeilage Nr. 3, 3, 20 ff.; *Hetzer*, wistra 2000, 368, 372 ff.; *ders.*, Kriminalistik 2003, 152, 153; *Hoyer*, GA 1993, 406, 406 f.; *Janovsky*, Kriminalistik 2000, 483, 483; *Kaiser*, FS Tröndle, S. 685, 700 ff.; *ders.*, ZRP 1999, 144, 144 ff.; *Kiethe/Hohmann*, NStZ 2003, 505, 505 f.; *Kilchling*, wistra 2000, 241, 241 ff.; *Lenhard*, Kriminalistik 1989, 194, 194 ff.; *Mainzer*, DRiZ 2002, 97, 100 f.; *Meyer*, StV 2017, 343, 343 f., 351 f.; *Rönnau/*

Verstößen im Bereich des Kapitalmarktstraf- und Ordnungswidrigkeitenrechts eine solche Kompetenz einzuräumen, ist dementsprechend auch eine Erweiterung ihrer Handlungsmöglichkeiten, die zu Hoffnungen berechtigt, die Bekämpfung dieser Taten in Zukunft besser und effektiver durchführen zu können.

Dass es durch ein solches Verständnis zu Überschneidungen mit den entsprechenden Befugnisnormen der StPO kommt, ist zwar ungünstig, schließt es aber nicht aus. Denkbar ist zum Beispiel, dass der Gesetzgeber die Überschneidungen nicht erkannt hat, als er der BaFin die Vermögensbeschlagnahmebefugnis gab.[45] Im Übrigen ist es durchaus keine Seltenheit, dass mehrere Normen denselben Sachverhalt erfassen.[46] Auch, dass nicht alle Verstöße gegen die in § 6 Abs. 13 WpHG genannten Gebote und Verbote gleichzeitig Straftaten oder Ordnungswidrigkeiten nach § 119 und § 120 WpHG darstellen, steht einem solchen Verständnis nicht entgegen. Denn die Verweisung in § 6 Abs. 13 WpHG ist ohnehin sehr pauschal und betrifft eine Vielzahl von Vorschriften, die Melde-, Organisations-, Aufzeichnungs-, oder sonstige Pflichten regeln, die im Falle eines Verstoßes von vornherein keine Sicherstellung unrechtmäßiger Gewinne erfordern. Von den in Bezug genommenen Geboten und Verboten kommt demnach also nur ein kleiner Teil für Vermögenssicherstellungsmaßnahmen in Betracht. Dass auch die von den Straf- und Ordnungswidrigkeitentatbeständen der §§ 119 f. WpHG nicht erfassten Vorschriften aus dem Anwendungsbereich des § 6 Abs. 13 WpHG ausscheiden, fällt daher nicht ins Gewicht. Zumal es sich auch in diesen Fällen um Vorschriften handelt, die eine Vermögenssicherstellung nicht erfordern würden, da keine Vermögensvorteile durch Verstöße zu erwarten sind.

§ 6 Abs. 13 WpHG ist also als eine strafprozessuale Befugnis zur vorläufigen Sicherstellung von Vermögenswerten anzusehen, die dazu dienen soll, die spätere Vermögensabschöpfung zu sichern.

Begemeier, NZWiSt 2016, 260, 260. Kritisch zur Wirksamkeit *Perron*, JZ 1997, 918, 920 ff.
Auch der Gesetzentwurf zum Gesetz zur Reform der strafrechtlichen Vermögensabschöpfung geht hiervon aus, BT-Drs. 18/9525, S. 1, 45.
Genauer dazu s.u. A.VI.2.

45 Davon ausgehend etwa Achenbach/Ransiek/Rönnau/*Trüg*, Handbuch Wirtschaftsstrafrecht, Teil 10, Kap. 2, Rn. 150.

46 Man denke nur an § 324 AO, der ebenfalls zu Überschneidungen mit § 111e StPO führt. Mittlerweile ist mit § 111e Abs. 6 StPO dazu eine gesetzliche Regelung erlassen worden (Durch das Gesetz zur Reform der strafrechtlichen Vermögensabschöpfung vom 13. April 2017, BGBl. I, S. 872).

2. Tatbestandsvoraussetzungen

Nachdem nun die Funktion und Zielsetzung des § 6 Abs. 13 WpHG geklärt sind, kann der Tatbestand selbst genauer untersucht werden.

Als Eingriffsvoraussetzung für die Vermögenssicherstellung lässt sich im Tatbestand der Norm – neben dem Richtervorbehalt des Satzes 2 – nur § 6 Abs. 13 S. 1 2. HS WpHG ausmachen. Dieser lautet: *„soweit dies zur Durchsetzung der Verbote und Gebote der in Absatz 6 Satz 1 Nummer 3, 4 und 6 genannten Vorschriften und der Verordnung (EU) Nr. 596/2014 geboten ist.“* Fraglich ist jedoch, welche Voraussetzungen damit konkret aufgestellt werden.

Die Gesetzesbegründungen schweigen sich zu diesem Tatbestandsmerkmal aus.[47]

Deutlich sind dem Normtext jedenfalls zuerst die Verweisungen auf die MAR und § 6 Abs. 6 S. 1 Nr. 3, 4 und 6 WpHG zu entnehmen. Diese stellen eine Auflistung der möglichen Anwendungsfälle einer Vermögensbeschlagnahme durch die BaFin dar. Eine eindeutige Voraussetzung für die Durchführung einer solchen Beschlagnahme von Vermögenswerten ist demnach, dass eine dieser Vorschriften betroffen ist. Diese Verweisungen stellen also eine Eingriffsvoraussetzung dar, indem sie den Einsatzbereich des § 6 Abs. 13 WpHG definieren.

Zweitens ist als weitere Voraussetzung die Gebotenheit zur Durchsetzung der oben genannten Vorschriften zu erkennen. Hierin liegt eine Einschränkung des durch die Verweisungen eröffneten Anwendungsspielraums, weil deutlich wird, dass nicht in jedem Fall eines Verstoßes gegen eine der genannten Vorschriften auch eine Beschlagnahme von Vermögenswerten zulässig sein soll. Mithin handelt es sich bei der Gebotenheit um eine Eingriffsvoraussetzung, die, über die reine Eröffnung des Anwendungsbereichs des § 6 Abs. 13 WpHG hinausgehend, der Befugnis der BaFin Grenzen zieht.

Zunächst werden die Verweisungen des § 6 Abs. 13 S. 1 2. HS WpHG genauer untersucht. Um diese Verweisungen zumindest überblicksartig nachvollziehen zu können, soll im Folgenden auf die unterschiedlichen in Bezug genommenen Vorschriften eingegangen werden. Dabei werden die wichtigsten Regelungen nicht im Detail dargestellt, sondern nur umrissen, um einen groben Gesamtüberblick zu erhalten. Zu trennen sind dabei zunächst die unterschiedlichen Verweisungen, einmal auf die Verordnung (EU) Nr. 596/2014 (MAR), und zum anderen auf § 6 Abs. 6 S. 1 Nr. 3, 4 und 6 WpHG.

47 Vgl. BT-Drs. 18/7482, S. 59; BT-Drs. 18/10936, S. 226.

a.) Verbote und Gebote der MAR

Die MAR statuiert eine Anzahl von im Detail geregelten Geboten und Verboten unterschiedlichster Art. In erster Linie von Bedeutung für die Vermögenssicherstellung sind dabei die Verbotsregelungen in Art. 14 MAR, der Insidergeschäfte untersagt und Art. 15 MAR, der Marktmanipulationen verbietet. Verstöße gegen diese Vorschriften sind in § 119 WpHG mit Strafe bewehrt. Die Marktmanipulation wird in § 119 Abs. 1 i.V.m. § 120 Abs. 2 Nr. 3 und Abs. 15 Nr. 2 WpHG unter Strafe gestellt. Die Strafbarkeit des Insiderhandels hat ihre Regelung in § 119 Abs. 3 WpHG gefunden.

§ 120 Abs. 14 WpHG erklärt darüber hinaus die leichtfertige Begehung eines Insiderhandels im Sinne des § 119 Abs. 3 Nr. 1 bis 3 WpHG zur Ordnungswidrigkeit. § 120 Abs. 15 Nr. 2 WpHG erklärt die vorsätzlich oder leichtfertig begangene Marktmanipulation entgegen Art. 15 MAR ebenfalls zur Ordnungswidrigkeit. Dasselbe gilt für § 120 Abs. 2 Nr. 3 WpHG, der Verstöße gegen Art. 15 MAR i.V.m. § 25 WpHG erfasst.

Zwar handelt es sich bei der Markmanipulation um ein Delikt, das sowohl Elemente eines Erfolgsdelikts, als auch eines abstrakten Gefährdungsdelikts beinhaltet, weil zum einen eine Einwirkung auf den Börsen- und Marktpreis vorliegen, zum anderen aber das geschützte Rechtsgut der Funktionsfähigkeit des Kapitalmarktes nur gefährdet sein muss.[48] Der Insiderhandel stellt sogar nur ein abstraktes Gefährdungsdelikt dar.[49] Jedoch kann davon ausgegangen werden, dass Täter derartige Taten in aller Regel mit Gewinnerzielungsabsicht begehen, und nicht nur die Integrität des Kapitalmarktes beschädigen wollen, ohne dabei einen wirtschaftlichen Vorteil zu erlangen. Aus diesem Grunde bieten sich hier strafprozessuale Vermögenssicherstellungsmaßnahmen in besonderem Maße an. Es ist anzunehmen, dass in den Straftaten und Ordnungswidrigkeiten des Insiderhandels und der Marktmanipulation eine Hauptanwendungsmöglichkeit der Vermögensbeschlagnahme nach § 6 Abs. 13 WpHG liegt.

Des Weiteren begründet die MAR in Art. 4 Meldepflichten bezüglich neuer Finanzinstrumente bzw. bezüglich nicht mehr gehandelter Finanzinstrumente. Diese Gebote richten sich an Marktbetreiber und Wertpapierfirmen, verschiedene Ausnahmen finden sich in den Art. 5 und 6 MAR.

---

48 Achenbach/Ransiek/Rönnau/*Trüg*, Handbuch Wirtschaftsstrafrecht, Teil 10, Kap. 2, Rn. 16; Esser/Rübenstahl/Tsambikakis/*Theile*, Wirtschaftsstrafrecht, § 38, Rn. 4 f.

49 Achenbach/Ransiek/Rönnau/*Trüg*, Handbuch Wirtschaftsstrafrecht, Teil 10, Kap. 2, Rn. 16; Assmann/Schneider/Mülbert/*Spoerr*, Wertpapierhandelsrecht, § 119 WpHG, Rn. 6.

Art. 16 MAR gebietet – zur Vorbeugung und Aufdeckung von Marktmissbrauch und Insiderhandel – den Markbetreibern und Wertpapierfirmen, sowie gewerbsmäßigen Geschäftsvermittlern, Regelungen und Verfahren zu implementieren, die solches verhindern können. Auch müssen verdächtige Geschäfte gemeldet werden.

Art. 17 MAR verpflichtet Emittenten zur (rechtzeitigen) Veröffentlichung von Insiderinformationen.

Art. 18 MAR schreibt vor, dass Emittenten und bestimmte andere Personen Insiderlisten aufstellen und führen müssen und die darin geführten Personen über ihre Pflichten zu belehren haben.

Art. 19 MAR macht es zur Pflicht Eigengeschäfte von Führungspersonen zu melden und allgemein zugänglich zu veröffentlichen.

Außerdem verpflichtet Art. 20 MAR zur objektiven Darstellung von Anlageempfehlungen und zur Offenlegung eventueller Interessenskonflikte.

Verstöße gegen diese Pflichten sind in § 120 Abs. 15 WpHG als Ordnungswidrigkeiten erfasst. Sicherstellungsmaßnahmen erscheinen deshalb hier grundsätzlich ebenfalls denkbar, wenngleich die Natur der dargestellten Verbote und Gebote es nicht sehr wahrscheinlich macht, dass abschöpfbare (und damit vorläufig zu sichernde) Vermögensvorteile durch die Missachtung dieser Vorschriften erlangt werden können.

b.) Gebote und Verbote der in § 6 Abs. 6 S. 1 Nr. 3, 4 und 6 WpHG genannten Vorschriften

§ 6 Abs. 6 S. 1 Nr. 3 WpHG verweist auf die Vorschriften der Abschnitte 9 bis 11 des WpHG, sowie auf die hierzu erlassenen Durchführungsverordnungen.

Abschnitt 9 des WpHG umfasst, wie es die nichtamtliche Abschnittsüberschrift zusammenfasst, „Positionslimits und Positionsmanagementkontrollen bei Warenderivaten und Positionsmeldungen". Geboten sind hier insbesondere die Einrichtung von Überwachungsverfahren zur Einhaltung der festgelegten Positionslimits (§ 54 Abs. 6 WpHG) und Verpflichtungen zur Abgabe von Positionsmeldungen (§ 57 WpHG).

Abschnitt 10 regelt „Organisationspflichten von Datenbereitstellungsdiensten."

Abschnitt 11 schließlich betrifft mit „Verhaltenspflichten, Organisationspflichten, Transparenzpflichten" allgemeinere Pflichten ganz unterschiedlicher Art.

So enthält etwa § 63 WpHG allgemeine Verhaltensregeln für Wertpapierdienstleistungsunternehmen.

§ 75 WpHG beschreibt die besonderen Anforderungen an die Betreiber organisierter Handelssysteme.

§ 81 WpHG regelt die Pflichten der Geschäftsleiter von Wertpapierdienstleistungsunternehmen.

§ 84 WpHG macht Vorschriften zur Vermögensverwahrung und zur Finanzsicherung.

Verstöße gegen diese Regelungen werden in den §§ 120 Abs. 2 Nr. 14, Abs. 8 Nr. 4 und Nr. 6-137, sowie Abs. 12 Nr. 3 und 4 WpHG als Ordnungswidrigkeiten eingestuft. Auch hier ergeben sich demnach mögliche Anwendungsfälle vermögenssicherstellender Maßnahmen. Allerdings sind Vermögensbeschlagnahmen nach der Art der Vorschriften auch hier fernliegend.

§ 6 Abs. 6 S. 1 Nr. 4 WpHG verweist auf die Gebote und Verbote der Verordnung (EU) Nr. 600/2014[50] und hierzu erlassene delegierte Rechtsakte und Durchführungsrechtsakte der Kommission. Vielfach handelt es sich bei den hierin geregelten Verpflichtungen um spezielle Transparenz- und Veröffentlichungspflichten für Wertpapierfirmen. Aber auch bestimmte Handelspflichten (Art. 23) werden in der Verordnung formuliert, genauso wie Aufzeichnungspflichten (Art. 25) oder Meldepflichten (Art. 26), denen die Wertpapierfirmen unterliegen. Verstöße gegen die meisten der in der Verordnung (EU) Nr. 600/2014 festgelegten Pflichten können als Ordnungswidrigkeiten nach § 120 Abs. 9 WpHG geahndet werden. Denkbare Folge könnten auch in diesen Fällen vermögenssichernde Maßnahmen sein.

§ 6 Abs. 6 S. 1 Nr. 6 WpHG schließlich verweist auf die Verordnung (EU) 2016/1011[51] und die hierzu erlassenen delegierten Rechtsakte und Durchführungsrechtsakte der Kommission.

Diese Verordnung enthält diverse Pflichten für Administratoren; außerdem Regelungen für das Verhalten von Kontributoren. Im Übrigen finden sich Bestimmungen für die Erstellung verschiedener Arten von Referenzwerten, über die notwendige Transparenz dieser Werte und Meldepflichten.

Auch die Verstöße gegen die in der Verordnung (EU) 2016/1011 getroffenen Regelungen – mit Ausnahme des Art. 22 VO (EU) 2016/1011 – werden in § 120 Abs. 11 WpHG als Ordnungswidrigkeiten erfasst. Auch hier sind damit

50 Verordnung (EU) Nr. 600/2014 des europäischen Parlaments und des Rates vom 15.04.2014 über Märkte für Finanzinstrumente und zur Änderung der Verordnung (EU) Nr. 648/2012, ABl. EU Nr. L 173 v. 12.6.2014, 84.

51 Verordnung (EU) 2016/1011 des Europäischen Parlaments und des Rates vom 08.06.2016 über Indizes, die bei Finanzinstrumenten und Finanzkontrakten als Referenzwert oder zur Messung der Wertentwicklung eines Investmentfonds verwendet werden, und zur Änderung der Richtlinien 2008/48/EG und 2014/17/EU sowie der Verordnung (EU) Nr. 596/2014, ABl. EU Nr. L 171 v. 29.6.2016, 1.

prinzipiell Vermögenssicherstellungsmaßnahmen nach § 6 Abs. 13 WpHG – je nach der Natur des einzelnen Verstoßes – vorstellbar.

c.) Zusammenfassung und Bewertung

Insgesamt kann mit Blick auf die untersuchten Verweisungen festgestellt werden, dass in den Ausfüllungsnormen eine Vielzahl von detaillierten Verhaltensvorgaben geregelt ist, deren Bedeutung vom Verbot von Marktmissbrauchshandlungen bis hin zur korrekten Reihenfolge der Bearbeitung von Kundenaufträgen reicht (§ 69 Abs. 1 Nr. 2 WpHG).

Ein Großteil der Verbote und Gebote der MAR und der in § 6 Abs. 6 S. 1 Nr. 3, 4 und 6 WpHG genannten Vorschriften ist in den §§ 119 und 120 WpHG in Bezug genommen, sodass ihre Befolgung durch straf- bzw. ordnungswidrigkeitenrechtliche Verfolgbarkeit durchgesetzt werden soll. Dass sich die Kompetenz der BaFin aus § 6 Abs. 13 WpHG auf diese Vorschriften erstreckt, um die Verfolgung von Verstößen unterstützen zu können, ist im Sinne einer Verbesserung der Verfolgung von Verfehlungen natürlich zweckmäßig.

Eigenartig und inkonsequent erscheint es aber, dass zwar nicht alle dieser Verbote und Gebote durch Straftat- oder Ordnungswidrigkeitentatbestände durchgesetzt werden können, ihre Durchsetzung aber gleichwohl durch das strafprozessuale Instrument der vorläufigen Vermögenssicherstellung unterstützt werden soll.

Umgekehrt existieren sowohl in § 119 WpHG, als auch in § 120 WpHG Tatbestände, die nicht vom Anwendungsbereich des § 6 Abs. 13 WpHG umfasst sind. Das betrifft zum einen den § 119 Abs. 2 WpHG, der Marktmissbrauchshandlungen entgegen Vorschriften der Verordnung (EU) Nr. 1031/2010[52] unter Strafe stellt. Zum anderen steht eine ganze Reihe der Ordnungswidrigkeitentatbestände des § 120 WpHG in keinem Zusammenhang zu den Verboten und Geboten der MAR und der in § 6 Abs. 6 S. 1 Nr. 3, 4 und 6 WpHG genannten Vorschriften. Auch das ist, angesichts der angenommenen grundsätzlichen Zielrichtung, die Möglichkeiten der Verfolgung von Straftaten und Ordnungswidrigkeiten am Kapitalmarkt zu verbessern, nicht folgerichtig. Denn in Verfolgung dieses Zieles wäre es einleuchtend und sinnvoll gewesen, sämtliche Straf- und

52 Verordnung (EU) Nr. 1031/2010 der Kommission vom 12.11.2010 über den zeitlichen und administrativen Ablauf sowie sonstige Aspekte der Versteigerung von Treibhausgasemissionszertifikaten gemäß der Richtlinie 2003/87/EG des Europäischen Parlaments und des Rates über ein System für den Handel mit Treibhausgasemissionszertifikaten in der Gemeinschaft, ABl. EU Nr. L 302 v. 18.11.2010, 1.

Ordnungswidrigkeitentatbestände des WpHG in den Anwendungsbereich der eigenständigen Vermögensbeschlagnahmekompetenz der BaFin einzubeziehen. Dahingegen ist die Einbeziehung derjenigen Gebote und Verbote der MAR und der in § 6 Abs. 6 S. 1 Nr. 3, 4 und 6 WpHG genannten Vorschriften, die nicht von den §§ 119, 120 WpHG abgedeckt sind, dem Zweck einer Verbesserung des Verfolgungsinstrumentariums nicht dienlich.

Auch wenn hier demnach durchaus Ungereimtheiten festzustellen sind, ist der Inhalt des Tatbestandsmerkmals, das durch Verweisung den Anwendungsbereich des § 6 Abs. 13 WpHG festsetzt, doch klar erkennbar:

Es muss erstens eines der Gebote oder Verbote der genannten Vorschriften betroffen sein.

Zweitens muss – was aus dem hier zugrundegelegten Zweck der Vorschrift folgt – die Möglichkeit bestehen, dass sich aus der Nichtbefolgung des Gebots oder Verbots ein Verstoß gegen die Straf- und Ordnungswidrigkeitentatbestände der §§ 119 und 120 WpHG ergibt.

Erste Anwendungsvoraussetzung des § 6 Abs. 13 WpHG ist somit immer eine mögliche Straftat oder Ordnungswidrigkeit nach §§ 119, 120 WpHG, die gleichzeitig einen Verstoß gegen eine Vorschrift der MAR, oder der in § 6 Abs. 6 S. 1 Nr. 3, 4 und 6 WpHG genannten Normen darstellen müsste.

Bemerkenswert und die Anwendung stark erschwerend ist dabei die große Unübersichtlichkeit der Regelung. Schon das Auffinden der Verbote und Gebote der in § 6 Abs. 6 S. 1 Nr. 3, 4 und 6 WpHG genannten Vorschriften und der MAR ist alles andere als einfach. Dazu kommt dann noch das Durcharbeiten der §§ 119, 120 WpHG, die ihrerseits äußerst umfangreich sind und teils regelrechte Verweisungsketten beinhalten. Jedoch handelt es sich bei der großen Unübersichtlichkeit und den ausufernden Verweisungskonstruktionen um ein generelles Problem des WpHG.[53]

Die vorliegende Arbeit wird sich im Folgenden auf die Erörterung der strafrechtlichen Anwendungsfälle des § 6 Abs. 13 WpHG beschränken. Dies dient zum einen der Übersichtlichkeit, zum anderen würde die Bearbeitung auch der Fragen der Ordnungswidrigkeiten den Rahmen der Arbeit sprengen und keine grundlegend anderen oder weiterführenden Erkenntnisse versprechen.

53 Vgl. nur *Eggers/Gehrmann/Szesny*, WiJ 2016, 123, 124; Esser/Rübenstahl/Saliger/Tsambikakis/*Theile*, Wirtschaftsstrafrecht, Vor §§ 38, 39 WpHG, Rn. 7; Park[4]/*Hilgendorf/Kusche*, Kap. 5.5., Rn. 6.

d.) Gebotenheit des Eingriffs

In den vorstehend festgestellten Anwendungsfällen erlaubt § 6 Abs. 13 WpHG die Beschlagnahme von Vermögensbestandteilen nur, *„soweit es zur Durchsetzung [...] geboten ist."* Deutlich wird hierdurch, dass die Durchführung solcher Maßnahmen eine zusätzliche, engere Beschränkung erhält als nur das Vorliegen eines der aufgelisteten Anwendungsfälle. Nicht jeder Verstoß gegen eine der Vorschriften kann also zum Anlass einer Vermögenssicherstellung genommen werden.

Fraglich bleibt allerdings, inwiefern genau hier eingeschränkt wird, was die Gebotenheit in diesem Falle bedeutet.[54] Aus dem Begriff der Gebotenheit selbst lassen sich dazu keine eindeutigen Erkenntnisse gewinnen. Eine klare Festlegung der Einschränkung der Eingriffsbefugnis der BaFin ergibt sich daraus nicht. Welche Voraussetzungen der jeweilige Verstoß – im Hinblick etwa auf seine Schwere – erfüllen muss, lässt sich unmittelbar aus der Beschränkung der Befugnis auf die Fälle, in denen die Gebotenheit gegeben ist, nicht ablesen. Ebensowenig kann festgestellt werden, in welchem Grade das Vorliegen eines Verstoßes feststehen muss, um ein Eingreifen der BaFin zu erlauben. Des Weiteren ist auch nicht unmittelbar zu erschließen, ob etwa die Vermögenssicherstellung selbst in ihrem jeweiligen Umfang Einschränkungen durch das Merkmal der Gebotenheit erfahren soll.

Betrachtet man das Merkmal der Gebotenheit im Hinblick auf das der BaFin auf der Rechtsfolgenseite eingeräumte Ermessen („kann"), so liegt es nahe, in dieser Beschränkung der Eingriffsbefugnis eine mit der Ermessensausübung zusammenhängende Vorgabe zu sehen. Wenn das Gebotensein des Eingriffs also im Rahmen des Ermessens zu berücksichtigen ist, ergibt sich, dass bei der Entscheidung, ob die Vermögenssicherstellung durchgeführt werden darf, eine Einzelfallbetrachtung am Platze ist, die insbesondere im Hinblick auf die Schwere des im Raum stehenden Verstoßes erfolgen muss. Je schwerer der Verstoß, desto eher dürften Vermögenssicherstellungsmaßnahmen „geboten" sein. Umgekehrt dürften wiederum Vermögenssicherstellungsmaßnahmen, die nur in einen geringen Teil des Vermögens eingreifen, eher „geboten" sein als solche, die das gesamte Vermögen oder zumindest einen großen Teil desselben umfassen.

---

54 Die Gesetzesbegründungen liefern hierzu keine Hinweise, vgl. BT-Drs. 18/7482, S. 59; BT-Drs. 18/10936, S. 226.

Mithin folgt aus diesem Tatbestandsmerkmal eine Verpflichtung zur Abwägung der Schwere des möglichen Eingriffs durch eine vorläufige Vermögenssicherstellung mit der Schwere des mutmaßlichen Verstoßes. Damit statuiert das Merkmal der Gebotenheit letztendlich nichts anderes als eine Verhältnismäßigkeitsprüfung.[55] Alles staatliche Handeln unterliegt dem Verhältnismäßigkeitsprinzip – auch und gerade die Anordnung strafprozessualer Zwangsmaßnahmen.[56] Insofern erscheint eine ausdrückliche Erwähnung dieser Voraussetzung in der vorliegenden Norm, die als Eingriffsermächtigung nicht unerhebliche Grundrechtseingriffe ermöglicht, durchaus sinnvoll und passend.[57] Sie wäre aber, da sie nur Selbstverständliches hervorhebt, nicht zwingend nötig gewesen. Damit zeigt sich auch, dass von einer echten Tatbestandsvoraussetzung keine Rede sein kann, es wird nur noch einmal auf die ohnehin zu prüfende Verhältnismäßigkeit – wie beispielsweise auch in § 112 Abs. 1 S. 2 StPO – besonders hingewiesen.[58]

Zusammenfassend kann festgestellt werden, dass in dem Erfordernis der Gebotenheit der Vermögensbeschlagnahme kein zusätzliches Tatbestandsmerkmal des § 6 Abs. 13 WpHG liegt.

§ 6 Abs. 13 WpHG verlangt nach seinem Wortlaut nur die Eröffnung seines Anwendungsbereichs durch die Betroffenheit einer der genannten Vorschriften. Darüber hinaus ist auch eine Prüfung der Verhältnismäßigkeit der Vermögenssicherstellungsmaßnahme erforderlich, die nicht außer Verhältnis zur Schwere des möglichen Verstoßes stehen darf. Außerdem ordnet § 6 Abs. 13 S. 2 WpHG einen Richtervorbehalt ohne Einschränkung an.

---

55 *Isensee*, in: Isensee/Kirchhof (Hrsg.), HStR IX, § 191, Rn. 136; *v. Krauss*, Der Grundsatz der Verhältnismäßigkeit, S. 18; *Lerche*, Übermaß und Verfassungsrecht, S. 21 ff.; *Merten*, in: Merten/Papier (Hrsg.), HGR III, § 68, Rn. 51, 71; *Ruffert*, in: Hoffmann-Riem/Schmidt-Aßmann/Voßkuhle (Hrsg.), GVwR I, § 17, Rn. 101.

56 Ständige Rechtsprechung, siehe nur BVerfGE 16, 194, 201 f.; 17, 108, 117 f.; 17, 306, 313 f.; 19, 342, 348 f.; 20, 45, 49 f.; 23, 127, 133; *Jakobs*, Der Grundsatz der Verhältnismäßigkeit, S. 153 f.; *v. Krauss*, Der Grundsatz der Verhältnismäßigkeit, S. 21, 25 f.; LR-StPO/*Kühne*, Einl. I, Rn. 96 ff.; *Merten*, in: Merten/Papier (Hrsg.), HGR III, § 68, Rn. 3 ff., 71 ff.

57 Zum Eingriffscharakter des § 6 Abs. 13 WpHG genauer unten s. A.IV.

58 LR-StPO/*Lind*, § 112, Rn. 107; SK-StPO/*Paeffgen*, § 112, Rn. 10.

3. Rechtsfolgen

Im Vorstehenden wurde festgestellt, unter welchen Umständen Maßnahmen nach § 6 Abs. 13 WpHG ergriffen werden dürfen – das heißt genauer, festgestellt, dass sich dies aus dem Gesetz nur eingeschränkt ergibt. Nunmehr ist zu klären, welche Rechtsfolgen vom Gesetzgeber für den Fall der Anwendung des § 6 Abs. 13 WpHG vorgesehen sind.

Fest steht jedenfalls, dass der BaFin mit der Befugnis, die Beschlagnahme von Vermögenswerten zu beantragen, eine eindeutig strafprozessuale Kompetenz übertragen wurde.[59] Dementsprechend muss bei der Auslegung des § 6 Abs. 13 WpHG der strafprozessuale Hintergrund beachtet werden. Man sollte eigentlich davon ausgehen können, dass der Gesetzgeber sich bei der Schaffung des § 6 Abs. 13 WpHG bewusst an vorhandenen strafprozessualen Regelungen orientiert hat und hier kein völlig neues Instrumentarium schaffen wollte. Die „Beschlagnahme von Vermögenswerten" findet sich in dieser Form jedoch in herkömmlichen strafprozessualen Sicherstellungsvorschriften nicht.[60] Vielmehr wird in anderen Vorschriften zwischen der Beschlagnahme von Gegenständen und dem Arrest in das Vermögen als solches genau unterschieden.[61] Was unter der Beschlagnahmeermächtigung des § 6 Abs. 13 WpHG zu verstehen ist, erschließt sich also nicht ohne weiteres.

Die Heranziehung der Gesetzgebungsmaterialien zu § 4 Abs. 4b WpHG a.F. erweist sich in dieser Hinsicht als hilfreich, weil – wenn auch knapp – erläutert wird, welche Absicht dem Gesetzentwurf zugrunde lag. Der Gesetzgeber wollte durch die Einführung des § 4 Abs. 4b WpHG a.F. das von Art. 23 Abs. 2 i MAR verlangte „Einfrieren von Vermögenswerten" ermöglichen.[62] Der Begriff des „Einfrierens" wurde (zu Recht) als umgangssprachlich empfunden und daher durch den Begriff der „Beschlagnahme von Vermögenswerten" ersetzt.[63] Unter dem von Art. 23 Abs. 2 i MAR verwendeten Begriff „Einfrieren" wird dabei die vorläufige Sicherstellung von Vermögenswerten verstanden, wobei „im Rahmen der Beschlagnahme […] diese Befugnis bereits mit umfasst [ist]."[64]

---

59 S.o. A.I.1.

60 *Eggers/Gehrmann/Szesny*, WiJ 2016, 123, 130, die die „Vermögensbeschlagnahme" als „dem deutschen Strafprozessrecht fremd[en]" Begriff bezeichnen.

61 Vgl. nur die §§ 111b ff. StPO und § 324 AO, der ausdrücklich nur den Arrest ermöglicht.

62 BT-Drs. 18/7482, S. 59.

63 BT-Drs. 18/7482, S. 59.

64 BT-Drs. 18/7482, S. 59.

Vor dem Hintergrund der strafprozessualen Sicherstellungsregelungen der §§ 111b ff. StPO betrachtet, lässt sich diese etwas schwer verständliche Formulierung entschlüsseln. Die §§ 111b ff. StPO regeln zwei verschiedene Arten von Maßnahmen, die je nach Art des Sicherzustellenden Anwendung finden können: § 111b StPO erlaubt die Beschlagnahme bestimmter Vermögensgegenstände, § 111e StPO den Vermögensarrest in das Vermögen als solches.[65]

Ganz offensichtlich geht der Gesetzesentwurf des § 4 Abs. 4b WpHG a.F. von dieser Unterscheidung aus, wenn er erklärt, dass die vorläufige Vermögenssicherstellung (gleichzusetzen mit dem Vermögensarrest des § 111e StPO) schon von der Beschlagnahmebefugnis mitumfasst sein soll. Die Beschlagnahme einzelner Gegenstände, vergleichbar dem § 111b StPO, ist dabei natürlich in dem Begriff der Beschlagnahme des § 6 Abs. 13 WpHG ebenfalls enthalten. Kurz gefasst lässt sich die Gesetzesbegründung also so verstehen, dass der Begriff der „Beschlagnahme von Vermögenswerten" zwei unterschiedliche Befugnisse umfasst; nämlich die Beschlagnahme von Vermögengegenständen und den Arrest in das Vermögen als solches.

Im Gegensatz zu den Vorschriften der StPO – und auch etwa der des § 324 AO – sieht § 6 Abs. 13 WpHG keine genaue Regelung vor, unter welchen Voraussetzungen diese Maßnahmen jeweils erfolgen sollen. Auch eine Regelung über Art und Weise der Durchführung, etwa dinglichen Arrest oder Beschlagnahme, sucht man vergebens. Die Kompetenz ist unzweifelhaft gegeben – wie sie ausgeübt werden soll, lässt das Gesetz offen. Eine entsprechende Anwendung der §§ 111b ff. StPO zur Schließung dieser Lücken wäre zwar thematisch denkbar, allerdings verweist das Gesetz nicht auf diese Vorschriften, anders als auf die Beschwerdevorschriften der §§ 306 bis 310 und § 311a StPO, die § 6 Abs. 13 S. 4 WpHG explizit nennt. E contrario könnte man hieraus folgern, dass eine analoge Übernahme der StPO-Vorschriften vom Gesetzgeber an dieser Stelle gerade nicht vorgesehen ist. Die Möglichkeit einer Lückenausfüllung durch Analogie wird später im Rahmen des Versuchs der verfassungskonformen Auslegung genau erörtert werden.[66]

Festzuhalten bleibt, dass die vorgesehene Rechtsfolge des § 6 Abs. 13 WpHG in einer Vermögensbeschlagnahme besteht, die begrifflich sowohl bestimmte Vermögensgegenstände, als auch Vermögenswerte umfasst, ohne dass das jeweilige Verfahren genau bestimmt wäre.

---

65 KK-StPO/*Spillecke*, § 111b, Rn. 3; SSW-StPO/*Heine*, § 111b, Rn.1 f.

66 S.u. B.III.

Das Wort „beantragen" macht deutlich, dass die BaFin selbst die Maßnahme nicht durchführt, sondern das, gemäß § 6 Abs. 13 S. 3 WpHG zuständige, Amtsgericht Frankfurt a.M.

4. Ergebnis und Problembereiche

Bei der Betrachtung der bisherigen Tatbestandsanalyse fällt auf, dass § 6 Abs. 13 WpHG drei besondere Problembereiche aufweist.

Einmal sind die Verweisungen, durch die sein Anwendungsbereich festgelegt wird, von großer Unübersichtlichkeit und Unklarheit.

Zum Zweiten wurde offenbar, dass der Tatbestand keine klaren Eingriffsvoraussetzungen beinhaltet – abgesehen von der Beachtung des Verhältnismäßigkeitsprinzips.

Drittens werden auch der Charakter der Maßnahmen, deren Durchführung die Norm als Ermächtigungsgrundlage gestattet, und die jeweils dabei geltenden Voraussetzungen nicht geklärt.

Diese Erkenntnisse bestätigen den ersten Eindruck, dass ein Hauptproblem des § 6 Abs. 13 WpHG in seiner extremen Unbestimmtheit liegt. Die Verfassungsmäßigkeit der Norm wird folglich in erster Linie von der Frage abhängen, ob die Vorgaben des Bestimmtheitsgebotes eingehalten werden.

5. Rechtstechnischer Charakter der Norm

Im Rahmen der Verfassungsmäßigkeitsprüfung kann es eine Rolle spielen, welche Charakteristika die zu untersuchende Norm aufweist. So gelten etwa für Verweisungsnormen besondere Bestimmtheitsanforderungen.[67] Auch eine Eigenschaft als Generalklausel kann bei der Bewertung der Bestimmtheit der betreffenden Norm eine Rolle spielen.

---

67 Allgemein müssen die in Bezug genommenen Normen eindeutig bezeichnet werden, vgl. BVerfGE 5, 25, 31; 29, 198, 210; 47, 285, 311; 78, 32, 35; BVerfG NVwZ 2016, 675, 680; Dreier/*Schulze-Fielitz*, GG-Kommentar, Art. 20 (Rechtsstaat), Rn. 143; *Karpen*, Die Verweisung als Mittel der Gesetzgebungstechnik, S. 162 ff.; v. Mangoldt/Klein/Starck/*Sommermann*, GG, Art. 20 Abs. 3, Rn. 290; Maunz/Dürig/*Grzeszick*, Art. 20 VII, Rn. 54.

Für dynamische Verweisungen gelten darüber hinaus zusätzliche Anforderungen, vgl. dazu Dreier/*Schulze-Fielitz*, GG-Kommentar, Art. 20 (Rechtsstaat), Rn. 144; *Guckelberger*, ZG 19 (2004), 62, 74 ff.; *Karpen*, Die Verweisung als Mittel der Gesetzgebungstechnik, S. 161 f. Für die generelle Verfassungswidrigkeit dynamischer Verweisungen, *Ossenbühl*, DVBl. 1967, 401, 408.

Um im weiteren Verlauf die Problematik der Verfassungsmäßigkeit der Regelung erörtern zu können, soll die Tatbestandsgestaltung des § 6 Abs. 13 WpHG im Folgenden rechtstechnisch eingeordnet werden, damit Besonderheiten, die sich hieraus ergeben, hinreichende Beachtung finden können.

§ 6 Abs. 13 WpHG nimmt, wie oben deutlich gemacht, vielfach auf andere Normen Bezug.

Daher wird § 6 Abs. 13 WpHG zum einen als Verweisung genau eingeordnet werden müssen.

Zum anderen muss er auch auf seine Eigenschaft als Generalklausel hin untersucht werden.

Vorangestellt wird zunächst eine Klärung von Begrifflichkeiten, mit denen nachfolgend gearbeitet werden kann.

a.) § 16 Abs. 13 WpHG als Verweisung

aa.) Begriffsbestimmungen

Eine Verweisung ist „jede Form des gesetzlichen Nennens einer anderen Vorschrift desselben oder eines anderen Gesetzes.“ [68] Dabei ist die Norm, welche die Verweisung ausspricht, die Verweisungsnorm, diejenige auf die verwiesen wird, das Verweisungsobjekt bzw. die Hilfsnorm.[69]

Man unterscheidet zunächst zwei Formen der Verweisung: Einmal die Binnenverweisung, bei der Bezug auf eine andere Vorschrift desselben Gesetzes genommen wird.[70] Des Weiteren die Außenverweisung, die auf ein anderes (materielles) Gesetz verweist.[71] Zu trennen sind überdies statische und dynamische Verweisungen: Statische Verweisungen nehmen Bezug auf eine andere Vorschrift in einer bestimmten Fassung, dynamische auf die jeweils gültige Fassung einer anderen Vorschrift.[72]

Verweist eine Norm auf eine andere lediglich der besseren Übersicht halber, handelt es sich um eine deklaratorische oder unechte Verweisung.[73] Die

---

68 *Karpen*, Die Verweisung als Mittel der Gesetzgebungstechnik, S. 19.

69 *Karpen*, Die Verweisung als Mittel der Gesetzgebungstechnik, S. 19.

70 *Enderle*, Blankettstrafgesetze, S. 11; *Karpen*, Die Verweisung als Mittel der Gesetzgebungstechnik, S. 12; *Schneider*, Gesetzgebung, § 12, Rn. 384.

71 *Enderle*, Blankettstrafgesetze, S. 11; *Karpen*, Die Verweisung als Mittel der Gesetzgebungstechnik, S. 13; *Schneider*, Gesetzgebung, § 12, Rn. 384.

72 *Enderle*, Blankettstrafgesetze, S. 11; *Karpen*, Die Verweisung als Mittel der Gesetzgebungstechnik, S. 69; *Schneider*, Gesetzgebung, § 12, Rn. 385.

73 *Enderle*, Blankettstrafgesetze, S. 11 f.; *Karpen*, Die Verweisung als Mittel der Gesetzgebungstechnik, S. 20 f.; *Müller*, Handbuch der Gesetzgebungstechnik, S. 168 f.

Verweisung ist dann „nützlich aber nicht notwendig".[74] Eine echte oder konstitutive Verweisung liegt hingegen vor, wenn die per se unvollständige Verweisungsnorm durch das Verweisungsobjekt vervollständigt wird.[75] (Echte) Verweisungsnormen sind folglich immer unvollständige Rechtssätze.[76]

bb.) Einordnung des § 6 Abs. 13 S. 1 WpHG

§ 6 Abs. 13 S. 1 WpHG nimmt mehrere verschiedene andere Normen in Bezug. Zum einen die Gebote und Verbote der Verordnung (EU) 596/2014, zum anderen verweist er auf die Gebote und Verbote der in § 6 Abs. 6 S. 1 Nr. 3, 4 und 6 WpHG genannten Vorschriften.

Die Inbezugnahme der Verordnung (EU) 596/2014 stellt eine Außenverweisung dar. Durch die Inkorporation der Vorschriften der MAR wird dem § 6 Abs. 13 S. 1 WpHG überhaupt erst ein Tatbestand gegeben, ohne diese Verweisung wäre die Norm völlig inhaltslos.[77] Es liegt also ein unvollständiger Rechtssatz vor, der durch das Verweisungsobjekt die nötigen Ergänzungen erhält. Die Verweisung auf die Gebote und Verbote der MAR ist demnach eine konstitutive (echte) Außenverweisung.

Die Frage, ob die Verweisung dynamischer oder statischer Natur ist, wird vom Gesetzgeber selbst in § 1 Abs. 1 Nr. 8e WpHG beantwortet. Danach wird bezüglich der Aufgaben der BaFin auf die MAR in der „jeweils geltenden Fassung" verwiesen, womit eindeutig eine dynamische Verweisung vorliegt.[78]

Die Verweisungen auf die Nr. 3, 4 und 6 des § 6 Abs. 6 S. 1 WpHG, die sich auf als Ordnungswidrigkeiten ahndbare Gebote und Verbote beziehen (s.o.), sollen hier nicht erörtert werden.

---

74 *Karpen*, Die Verweisung als Mittel der Gesetzgebungstechnik, S. 20.

75 *Debus*, Verweisungen in deutschen Rechtsnormen, S. 42; *Enderle*, Blankettstrafgesetze, S. 11 f.; *Karpen*, Die Verweisung als Mittel der Gesetzgebungstechnik, S. 21 f.

76 *Karpen*, Die Verweisung als Mittel der Gesetzgebungstechnik, S. 22.

77 Zur Inkorporation des Verweisungsobjekts in die Verweisungsnorm vgl. nur BVerfGE 47, 285, 309 f.; *Debus*, Verweisungen in deutschen Rechtsnormen, S. 83 ff.; *Karpen*, Die Verweisung als Mittel der Gesetzgebungstechnik, S. 30 ff.; *Schneider*, Gesetzgebung, § 12, Rn. 378.

78 Vgl. zu dieser Formulierung BMJ, Rechtsförmlichkeit, Rn. 243; *Debus*, Verweisungen in deutschen Rechtsnormen, S. 65; *Karpen*, Die Verweisung als Mittel der Gesetzgebungstechnik, S. 67 ff.

b.) § 6 Abs. 13 WpHG als Generalklausel

aa.) Begriffsbestimmung

Zu dem Begriff der Generalklausel lässt sich eine allgemein anerkannte Definition nicht finden. *Hedemann*, der eine der ersten Arbeiten zu diesem Thema verfasst hat, unterscheidet die Generalklausel von den unbestimmten Rechtsbegriffen, durch ihre größere „Spannweite" und den Willen über den Tatbeständen zu stehen.[79] Generalklauseln seien Normen, denen der „unmittelbare Wille zur Rechtssetzung und Rechtsbeeinflussung" innewohne.[80] Sie sollten das bestehende Recht ergänzen und unablässig erneuern.[81] Allerdings hat er bei seinen Ausführungen vor allem zivilrechtliche Generalklauseln, wie etwa die des § 242 BGB vor Augen.

Naucke definiert Generalklauseln als Normen, die drei Eigenschaften aufweisen: Erstens eine große Unbestimmtheit, sodass das Regelungsziel unklar ist. Zweitens eine große Allgemeinheit, die dazu führt, dass der zu regelnde Bereich unklar bleibt. Und Drittens eine so große „Verschwommenheit", dass das bei der Handhabung einzuhaltende Verfahren unklar ist.[82]

Haubelt sieht die Generalklausel als „eine gesetzliche oder gewohnheitsrechtliche Anordnung, die zwar unmittelbar gilt, aber wertausfüllungsbedürftig ist."[83] Normen, die einen unbestimmten Tatbestand aufweisen, seien jedoch nur Generalklauseln, wenn sie der Behörde kein Ermessen einräumten. Andernfalls spricht er von Koppelungsvorschriften, die nur Generalklauseln seien, wenn für die Ermessensausübung kein Raum bleibe.[84]

Demgegenüber definiert *Wißmann* die Generalklausel als „jede gesetzlich gefaßte Verwaltungsbefugnis, die zur Erfüllung benannter Aufgaben ausdrücklich eine nicht abgeschlossene Mehrzahl von Handlungsmöglichkeiten eröffnet, ohne eine gesetzesunabhängige Gestaltungsverantwortung der Verwaltung zu etablieren."[85] Hier wird also das Ermessen der Behörde gerade vorausgesetzt. Schon diese Beispiele zeigen, dass der Begriff der Generalklausel zwar allgemein vielfach verwendet wird, andererseits aber jeder Verwender eigene Vorstellungen davon hat, welche Bedeutung genau darin liegt.

---

79 *Hedemann*, Die Flucht in die Generalklauseln, S. 53 ff.
80 *Hedemann*, Die Flucht in die Generalklauseln, S. 55.
81 *Hedemann*, Die Flucht in die Generalklauseln, S. 57.
82 *Naucke*, Über Generalklauseln und Rechtsanwendung im Strafrecht, S. 3.
83 *Haubelt*, Die Konkretisierung von Generalklauseln, S. 33.
84 *Haubelt*, Die Konkretisierung von Generalklauseln, S. 24 f.
85 *Wißmann*, Generalklauseln, S. 302.

Für die vorliegende Arbeit soll daher ein eigener Begriff festgelegt werden, mit dem im weiteren Verlauf gearbeitet werden kann. Dabei ist festzustellen, dass die zivilrechtlich orientierten Begriffsbestimmungen für öffentlich-rechtliche Zwecke nicht brauchbar sind. Jene verstehen Generalklauseln als allgemein formulierte Rechtssätze, die – ohne Tatbestand und Rechtsfolge aufzuweisen – Einfluss auf die Auslegung des gesamten Rechtsgebietes nehmen können und dabei insbesondere als „Einfallstore" allgemeiner oder übergeordneter Rechtsgedanken dienen.[86] Im öffentlichen Recht dagegen sind Ermächtigungsgrundlagen für die Verwaltung gemeint, die besonders unbestimmt formuliert sind, sich jedoch auf konkrete Sachverhalte beziehen.[87]

Hauptmerkmal einer Generalklausel ist jedenfalls ihre Unbestimmtheit, die sie vollständig wertausfüllungsbedürftig macht.[88] Die Notwendigkeit eines unbestimmt formulierten Tatbestandes ist auch (soweit ersichtlich) unbestritten.[89] Fraglich ist lediglich, wie die Rechtsfolgenseite aussehen muss. Darf Ermessen eingeräumt werden, müssen dann mehrere Handlungsoptionen offenstehen, oder kann nur eine Handlungsmöglichkeit bestehen? Ein Ermessen der ermächtigten Behörde auszuschließen, erscheint nicht sinnvoll, da der Begriff der Generalklausel dann nur noch sehr eingeschränkt Verwendung finden könnte und eine Vielzahl von Normen, die gemeinhin als Generalklauseln bezeichnet werden, nicht erfasst würde. Schon das Beispiel der polizeilichen Generalklausel, die Ermessen einräumt und ein Paradefall einer öffentlich-rechtlichen Generalklausel ist, macht dies deutlich.[90] Auch eine Beschränkung auf Normen, die eine

---

86 *Hedemann*, Die Flucht in die Generalklauseln, S. 58; MüKo-BGB/*Schubert*, § 242, Rn. 2 f.; *Rüthers/Fischer/Birk*, Rechtstheorie, § 23, Rn. 836 ff.; *Stadler*, BGB-AT, § 26, Rn. 27 ff.

87 *Werner*, Zum Verhältnis von gesetzlichen Generalklauseln und Richterrecht, S. 11; *Wißmann*, Generalklauseln, S. 17.

88 *Dubischar*, Grundbegriffe des Rechts, S. 81 ff.; *Haubelt*, Die Konkretisierung von Generalklauseln, S. 5; *Werner*, Zum Verhältnis von gesetzlichen Generalklauseln und Richterrecht, S. 5 f.; *Wißmann*, Generalklauseln, S. 2.

89 *Haubelt*, Die Konkretisierung von Generalklauseln, S. 22; *Herrmann*, JZ 1955, 183; *Werner*, Zum Verhältnis von gesetzlichen Generalklauseln und Richterrecht, S. 6 f.; *Wißmann*, Generalklauseln, S. 2.

90 §§ 1, 3 bwPolG; Art. 11 I bayPAG; § 10 I bbgPolG; § 17 I berlASOG; § 10 I bremPolG; § 3 hambSOG; § 11 hessSOG; § 13 mvSOG; § 11 ndsSOG; § 8 I nwPolG; § 9 I rpPOG; § 8 I saarlPolG; § 3 I sächsPolG; § 13 saSOG; § 174 shLVwG; § 12 I thürPAG; § 14 I BPolG; zur häufigen Koppelung von Unbestimmtheit und Ermessen vgl. auch *Rösgen*, DÖV 1966, 528, 531.

unbestimmte Vielzahl von Handlungsoptionen in das Ermessen der Verwaltung stellen, würde den Begriff stark verengen. Damit wären nur noch Normen erfasst, die – sowohl auf Tatbestands- als auch auf Rechtsfolgenseite – vollkommen unbestimmt sind. Diese sind mit Sicherheit Generalklauseln, allerdings wird auch in diesen Fällen häufig nur eine bestimmte Eingriffsmaßnahme überhaupt in Frage kommen, sodass im Ergebnis kein wesentlicher Unterschied zu den Normen besteht, die von vorneherein nur eine Maßnahme erlauben, jedoch im Tatbestand gleich unbestimmt sind.[91] Folglich ist auch diese Einschränkung abzulehnen.

Formuliert werden soll hier vielmehr ein weiter Begriff der Generalklausel. Eine Generalklausel ist danach eine unpräzise formulierte Rechtsnorm, deren Tatbestand vollkommen unbestimmt und wertausfüllungsbedürftig ist, und die als Rechtsfolge eine bestimmte Handlungsweise vorsieht, oder der Behörde ein Ermessen einräumt, ob sie eine oder mehrere mögliche Maßnahmen ergreift.

bb.) Einordnung des § 6 Abs. 13 S. 1 WpHG

§ 6 Abs. 13 S. 1 WpHG besteht – neben den Verweisungen auf EU-Verordnungen – aus dem Tatbestandsmerkmal der Gebotenheit zur Durchsetzung der in Bezug genommenen Vorschriften und der Ermächtigung zur Beschlagnahme von Vermögenswerten. Damit liegt ein einziges sehr unbestimmtes Tatbestandsmerkmal vor, dessen Inhalt nur durch Wertausfüllung bestimmbar gemacht werden kann. Hinzu kommt im Anschluss die Einräumung von Ermessen an die BaFin, eine Beschlagnahme zu beantragen, deren genaue Ausgestaltung ebenfalls unklar bleibt.

Es liegt also sowohl auf Tatbestands- als auch auf Rechtsfolgenseite eine ausfüllungsbedürftige Unbestimmtheit vor, die mit Ermessen gepaart ist. Nach den obigen Betrachtungen kann demnach festgestellt werden, dass es sich bei § 6 Abs. 13 S. 1 WpHG nicht nur um eine Verweisungsnorm, sondern auch um eine Generalklausel handelt.

---

91 Etwa wenn nur eine Maßnahme praktisch überhaupt erfolgversprechend, oder das Ermessen reduziert ist, vgl. dazu *Bull/Mehde*, Allgemeines Verwaltungsrecht, § 16, Rn. 588 f.; *Erbguth/Guckelberger*, Allgemeines Verwaltungsrecht, § 14, Rn. 50, 53; *Maurer*, Allgemeines Verwaltungsrecht, § 7, Rn. 48 f.

II. Grundgesetz als zulässiger Maßstab

Die Untersuchung der Norm selbst ist damit abgeschlossen. Bevor nun aber ihre Verfassungsmäßigkeit geprüft werden kann, muss als erstes grundsätzliches Problem die Frage geklärt werden, ob § 6 Abs. 13 WpHG überhaupt am Maßstab des Grundgesetzes gemessen werden darf. Denn § 6 Abs. 13 WpHG dient der Umsetzung europäischen Rechts, des Art. 23 Abs. 2i MAR.[92] Damit handelt es sich zwar um eine deutsche Norm, ihre Inhalte sind aber zumindest teilweise unionsrechtlich determiniert. Hierdurch könnte es dazu kommen, dass eine Überprüfung des § 6 Abs. 13 WpHG am Maßstab des Grundgesetzes eigentlich eine Prüfung der Verfassungsmäßigkeit des zugrundeliegenden Unionsrechts darstellt.

Nach der Rechtsprechung des Bundesverfassungsgerichts ist eine Überprüfung von Unionsrecht an den deutschen Grundrechten oder den Anforderungen des Grundgesetzes insgesamt nur in bestimmten Fällen zulässig. Seit der „Solange II-Entscheidung“ geht das Bundesverfassungsgericht davon aus, dass in der EU ein hinreichender Grundrechtsschutz besteht, und somit eine Kontrolle anhand der Grundrechte des Grundgesetzes nicht mehr ausgeübt werden muss, solange ein solches Schutzniveau gegeben ist.[93]

In zwei neuen Entscheidungen („Recht auf Vergessen I und II“) [94] hat das Bundesverfassungsgericht nunmehr hinsichtlich der Überprüfung von unionsrechtlich determinierten deutschen Vorschriften neue Maßstäbe aufgestellt. Danach prüft das Bundesverfassungsgericht deutsche Normen, die der Umsetzung von EU-Recht dienen, aber durch dieses nicht vollständig determiniert sind, vorrangig am Maßstab der Grundrechte des Grundgesetzes.[95] Lediglich subsidiär kann auch eine Prüfung anhand der Grundrechte der EU-Grundrechtecharta (GRCh)[96] erfolgen.[97] Hingegen überprüft das Bundesverfassungsgericht selbst die innerstaatliche Anwendung vom europäischen Recht vollständig determinierter deutscher Vorschriften am Maßstab der Grundrechte der GRCh.[98]

---

92 BT-Drs. 18/7482 S. 59; BT-Drs. 18/10936, S. 226.

93 BVerfGE 73, 339, 387.

94 BVerfGE 152, 152; 152, 216.

95 BVerfGE 152, 152, 169 ff.

96 Charta der Grundrechte der Europäischen Union vom 12. Dezember 2007, ABl. C 303, S. 1.

97 BVerfGE 152, 152, 179 ff.

98 BVerfGE 152, 216, 236 ff.

Aus dem „Recht auf Vergessen I"- Beschluss[99] folgt, dass das Bundesverfassungsgericht die bis dahin vertretene „Trennungsthese" zwischen GRCh und GG nicht mehr aufrechterhält.[100] Vielmehr sollen im Bereich der deutschen Normen, die zwar der Umsetzung unionsrechtlicher Vorgaben dienen, dabei aber einen Umsetzungsspielraum lassen, beide Grundrechtssysteme prinzipiell anwendbar sein. Das Grundgesetz soll allerdings den Vorrang beanspruchen, weil die widerlegbare Vermutung bestehe, dass die deutschen Grundrechte den Schutzstandard der Unionsgrundrechte mitumfassen.[101] Das Bundesverfassungsgericht nähert sich so der Rechtsprechung des Europäischen Gerichtshof in gewisser Weise an, der die Anwendbarkeit der Unionsgrundrechte nach Art. 51 Abs. 1 GRCh in allen Anwendungsfällen des Unionsrechts für gegeben sieht, aber auch die Anwendung nationaler Grundrechtsstandards auf nationale Durchführungsmaßnahmen gestattet, sofern dadurch weder das Schutzniveau der GRCh noch der Vorrang und die Wirksamkeit des Unionsrechts beeinträchtigt werden.[102]

Im „Recht auf Vergessen II"- Beschluss[103] hingegen hat das Bundesverfassungsgericht seine Kompetenzen insofern ausgedehnt, als es nunmehr die Anwendung vollständig unionsrechtlich determinierten Rechts durch deutsche Stellen am Maßstab der Grundrechte der GRCh prüft; damit hat es den Anwendungsbereich der Verfassungsbeschwerde nach Art. 93 Abs. 1 Nr. 4a GG erweitert.[104] Auf diese Weise legt das Bundesverfassungsgericht selbst die Unionsgrundrechte aus, wenngleich es betont, bei Zweifeln über dessen richtige Auslegung eine Vorlage an den Europäischen Gerichtshof gemäß Art. 267 Abs. 3 AEUV durchführen zu wollen.[105]

---

99 BVerfGE 152, 152.

100 *Kühling*, NJW 2020, 275, 278; *Pracht*, Residualkompetenzen des Bundesverfassungsgerichts, S. 203; *Thym*, NVwZ 2013, 889, 892; *Toros/Weiß*, ZJS 2020, 100, 101.

101 BVerfGE 152, 152, 171 ff. legt auch die Voraussetzungen für die Widerlegung der Vermutung dar; *Hoffmann*, NVwZ 2020, 33, 35 f.; *Kämmerer/Kotzur*, NVwZ 2020, 177, 178; *Pracht*, Residualkompetenzen des Bundesverfassungsgerichts, S. 203 f.

102 EuGH NVwZ 2013, 561, 561 f. – Åkerberg Fransson; EuGH NJW 2013, 1215, 1219 – Melloni; *Pracht*, Residualkompetenzen des Bundesverfassungsgerichts, S. 204; *Toros/Weiß*, ZJS 2020, 100, 105.

103 BVerfGE 152, 216.

104 *Kämmerer/Kotzur*, NVwZ 2020, 177, 180; *Kühling*, NJW 2020, 275, 277; *Pracht*, Residualkompetenzen des Bundesverfassungsgerichts, S. 205 ff.

105 BVerfGE 152, 216, 244 f.; *Britz*, NJW 2021, 1489, 1495 sieht durch die nunmehr häufigere Notwendigkeit einer Vorlage nach Art. 267 Abs. 3 AEUV eine Veränderung

Über die Grundrechtsprüfung hinaus zulässig ist außerdem zum einen die Ultra-vires-Kontrolle, also eine Prüfung, ob sich der EU-Normgeber noch innerhalb seiner, ihm von den Mitgliedsstaaten zugewiesenen, Kompetenzen gehalten hat.[106] Dabei geht das Bundesverfassungsgericht davon aus, dass das Unionsrecht nur dann Wirkung in der deutschen Rechtsordnung enfalten kann, wenn sich die Europäische Union innerhalb der ihr von den Mitgliedsstaaten gesteckten Kompetenzgrenzen bewegt.[107] Allerdings beschränkt es seine Prüfung auf „hinreichend qualifizierte Kompetenzverstöße", die sich durch Offensichtlichkeit der Kompetenzüberschreitung und das Vorliegen „einer strukturell bedeutsamen Verschiebung zulasten der Mitgliedstaaten [im Kompetenzgefüge zwischen Union und Mitgliedsstaaten]" auszeichnen.[108]

Folge einer derartigen Kompetenzüberschreitung ist die Unanwendbarkeit des betreffenden europäischen Rechtssatzes durch deutsche Stellen.[109] Erstmals hat das Bundesverfassungsgericht einen solchen Ultra-vires-Akt in seinem Urteil vom 05.05.2020 zum Public Sector Purchase Programme (PSPP) angenommen.[110]

Zum anderen ist auch eine sogenannte Identitätskontrolle möglich, das heißt eine Prüfung, ob eine Maßnahme der Europäischen Union Grundsätze der deutschen Verfassungsordnung, die in Art. 79 Abs. 3 GG für unantastbar erklärt werden, berührt.[111] Der Anwendungsvorrang des Unionsrechts wird insoweit durch die „in Art. 23 Abs. 1 Satz 3 in Verbindung mit Art. 79 Abs. 3 GG verfassungsänderungs- und integrationsfest ausgestaltete Verfassungsidentität des Grundgesetzes begrenzt."[112] Maßnahmen der Union, die die über Art. 79 Abs. 3 GG geschützten Grundsätze der deutschen Verfassungsidentität aus Art. 1 und 20 GG verletzen, sind danach unanwendbar.[113]

---

des Charakters der Kooperation zwischen EuGH und BVerfG; *Kühling*, NJW 2020, 275, 277.

106 BVerfGE 58, 1, 30 f.; 75, 223, 242; 89, 155, 188; 123, 267, 353 ff.; 126, 286, 302 ff.; 134, 366, 382 ff.; 140, 317, 337.

107 BVerfGE 89, 155, 188; 123, 267, 353 f.; 126, 286, 302.

108 BVerfGE 126, 286, 304; 154, 17, 90.

109 BVerfGE 89, 155, 188; 126, 286, 302 ff.; 154, 17, 151; *Ludwigs*, NVwZ 2015, 537, 538; *Pegatzky*, NVwZ 2022, 761, 764.

110 BVerfGE 154, 17.

111 BVerfGE 123, 267, 354 f.; 126, 286, 302; 129, 78, 100; 134, 366, 384 f.; 140, 317, 337 ff.

112 BVerfGE 123, 267, 353; 140, 317, 336.

113 BVerfGE 123, 267, 354 f.; 140, 317, 337.

Deutsche Vorschriften, die der Umsetzung von Unionsrecht dienen, können daher auch nur in den vorstehend genannten Fällen am Maßstab des Grundgesetzes gemessen werden, sofern der Gesetzgeber keinen Spielraum bei der Umsetzung hatte.[114] Denn fehlt dem Gesetzgeber jede Möglichkeit eigenständiger Rechtssetzung bei der Umsetzung des Unionsrechts, entschiede die Prüfung der Verfassungsmäßigkeit der deutschen Umsetzungsnorm gleichzeitig auch über die Verfassungsmäßigkeit der unionsrechtlichen Grundlage. Somit fände durch die Hintertür doch eine vollumfängliche Prüfung von Unionsrecht am Maßstab des Grundgesetzes statt, was einer möglichst einheitlichen Anwendung und Geltung von Unionsrecht im gesamten Bereich der EU nicht dienlich wäre. Anders ist dies jedoch bei Vorschriften, bei deren Erlass der deutsche Gesetzgeber einen eigenständigen Entscheidungsspielraum hatte. Diese können vollumfänglich kontrolliert werden.[115]

Die entscheidende Frage ist also, ob § 6 Abs. 13 WpHG vollständig unionsrechtlich determiniert ist, oder ob es sich um eine Umsetzung von EU-Vorgaben handelt, bei der dem deutschen Gesetzgeber ein eigenständiger Entscheidungsspielraum blieb. Diese Unterscheidung erfolgt anhand einer Auslegung des jeweils betroffenen europäischen Fachrechts.[116] Maßgeblich ist diesbezüglich die jeweils konkret anzuwendende Vorschrift, nicht der Gesamtregelungsbereich; im vorliegenden Fall also Art. 23 Abs. 1, 2 MAR.[117]

Die Rechtsform der europäischen Norm ist dabei prinzipiell nicht ausschlaggebend, entscheidend ist vielmehr, ob der deutsche Gesetzgeber einen Gestaltungsspielraum hatte.[118] Die Ausgestaltung der unionsrechtlichen Vorschrift als Verordnung oder als Richtlinie kann jedoch durchaus eine Indizwirkung hinsichtlich des Grades der Determination entfalten.[119]

Zu beachten ist hier, dass es sich bei der MAR um eine EU-Verordnung handelt. Verordnungen wirken gemäß Art. 288 Abs. 2 AEUV allgemein und

114 BVerfGE 118, 79, 95; 121, 1, 15; 122, 1, 20; 125, 260, 306.

115 BVerfGE 118, 79, 95; 121, 1, 15; 122, 1, 20 f.; 125, 260, 306 f.; 140, 317, 335 f.; 143, 38, 52.

116 BVerfGE 152, 216, 246 ff.

117 Vgl. etwa BVerfGE 152, 216, 247. In diesem Sinne auch der EuGH, vgl. EuGH Urteil v. 29.07.2019 (Funke Medien) C-469/17, EU:C:2019:623, Rn. 40; EuGH Urteil v. 29.07.2019 (Spiegel Online) C-516/17, EU:C:2019:625, Rn. 28 ff.

118 BVerfGE 152, 216, 247 f.

119 BVerfGE 152, 216, 247.

unmittelbar in den Mitgliedsstaaten.[120] Eine Umsetzung in den Mitgliedsstaaten ist hier regelmäßig unnötig und auch unzulässig.[121] Eine Ausnahme hiervon stellen allerdings solche Verordnungen dar, die selbst voraussetzen, dass die Mitgliedsstaaten Durchführungsmaßnahmen ergreifen, die ihre Anwendbarkeit erst herstellen.[122] Hier müssen die nationalen Gesetzgeber entsprechende Maßnahmen ergreifen, was auch den Erlass von Gesetzen bedeuten kann.[123] Diese sind dann als nationales Recht zu qualifizieren.[124] Wenn dem deutschen Gesetzgeber bei der Umsetzung dieser Verordnungsvorgaben ein Spielraum für selbstständige Entscheidungen überlassen wurde, können auch solche Durchführungsgesetze am Maßstab des Grundgesetzes gemessen werden.[125] Der Verordnungscharakter der zugrundeliegenden EU-Vorschrift spielt also letztendlich keine Rolle, sofern ein Entscheidungsspielraum gegeben ist.

Die MAR schreibt in Art. 23 Abs. 2i vor, dass die für die Zwecke der Verordnung zuständige Behörde (in Deutschland die BaFin) die Möglichkeit haben muss, das Einfrieren oder die Beschlagnahme von Vermögenswerten oder beides zu beantragen. Art. 23 Abs. 1 MAR räumt ausdrücklich ein Wahlrecht ein, das den nationalen Gesetzgebern verschiedene Möglichkeiten eröffnet, die Wahrnehmung der Aufgaben der zuständigen Behörde zu gestalten. So kann die Behörde die Aufgaben beispielsweise selbst unmittelbar (Art. 23 Abs. 1a MAR), oder durch Antrag bei den zuständigen Justizbehörden (Art. 23 Abs. 1d MAR) erfüllen.

Daraus folgt, dass die Regelung des § 6 Abs. 13 WpHG nicht zwingend durch die MAR vorgeschrieben ist. Der BaFin eine eigene Vermögensbeschlagnahmekompetenz zu verleihen, erfüllt zwar die Anforderungen des Art. 23 MAR, genauso wäre es aber auch denkbar gewesen, etwa eine Kooperation mit den Staatsanwaltschaften mit Blick auf deren Sicherstellungsmöglichkeiten nach §§ 111b ff. StPO zu regeln. Auch die konkrete Ausgestaltung der Befugnisnorm bei eigenständiger Beschlagnahmekompetenz, für die sich der deutsche

---

120 *Haltern*, Europarecht I, § 4, Rn. 863 ff.; Schwarze/*Biervert*, EU-Kommentar, Art. 288 AEUV, Rn. 18 ff.; *Streinz*, Europarecht, § 5, Rn. 475 ff.

121 EuGH, Rs. 34/73 (Variola), ECLI:EU:C:1973:101, Slg. 1973, 981, Rn. 10 f.; *Haltern*, Europarecht I, § 4, Rn. 865 ff.; *Streinz*, Europarecht, § 5, Rn. 480.

122 Sogenannte „hinkende Verordnungen", vgl. *Constantinesco*, Das Recht der EG I, S. 562 ff.

123 *Constantinesco*, Das Recht der EG I, S. 563.

124 *Adam/Winter*, in: Winter (Hrsg.), Sources and Categories of European Union Law, S. 507, 516 f.

125 BVerfGE 143, 38, 52.

Gesetzgeber entschieden hat, ist durch die MAR nicht vorgegeben. Der deutsche Gesetzgeber hatte demnach bei Erlass des § 6 Abs. 13 WpHG einen erheblichen Entscheidungsspielraum, sodass eine Überprüfung der Verfassungsmäßigkeit am Maßstab des Grundgesetzes zulässig ist.

Für die nach den Grundsätzen des „Recht auf Vergessen I"-Beschlusses[126] prinzipiell ebenfalls denkbare Heranziehung der Unionsgrundrechte besteht kein Bedarf. Wie zu sehen sein wird, spielen die Grundrechte nur hinsichtlich des Schweregehalts der möglichen Eingriffe durch die vorläufige Vermögenssicherstellung eine Rolle – und sind damit maßgeblich für die Strenge des anzulegenden Maßstabs der rechtsstaatlichen Grundprinzipien.[127] Die Grundrechte der GRCh führen hier nicht zu einem weitergehenden Schutzniveau als die deutschen oder zu einer abweichenden Bewertung, was die Annahme, dass die Schutzstandards der GRCh vom Grundgesetz mitgewährleistet werden, widerlegen könnte.[128] Auf ihre Einbeziehung kann demnach verzichtet werden.

III. Das rechtsstaatliche Bestimmtheitsgebot

Die Analyse des § 6 Abs. 13 WpHG hat gezeigt, dass dieser in vielerlei Hinsicht – insbesondere in Bezug auf die Eingriffsvoraussetzungen – sehr unklar bleibt. Der erste Eindruck, dass § 6 Abs. 13 WpHG sehr unbestimmt formuliert ist, hat sich damit bestätigt. Gerade diese große Unbestimmtheit könnte sich hinsichtlich der Verfassungsmäßigkeit der Norm als ausschlaggebend erweisen. Die Bestimmtheitsproblematik des § 6 Abs. 13 WpHG wird daher über die Frage seiner Verfassungsmäßigkeit entscheiden.

Der Klarstellung bedarf zunächst, aus welcher Bestimmung des Grundgesetzes sich eine Verfassungswidrigkeit wegen mangelnder Bestimmtheit überhaupt ergäbe. Anders gewendet ist zu fragen, welches Bestimmtheitserfordernis des Grundgesetzes im konkreten Fall des § 6 Abs. 13 WpHG zur Geltung kommt. In Frage kommen dazu zwei verschiedene Bestimmtheitsgebote, die sich im Grundgesetz finden.

Zuerst angesprochen werden muss das ausdrücklich in Art. 103 Abs. 2 GG statuierte Gebot, das vorschreibt, dass die „Strafbarkeit gesetzlich bestimmt" gewesen sein muss, „bevor die Tat begangen wurde." Darin ist ein

126 BVerfGE 152, 152.
127 S.u. A.IV.
128 BVerfGE 152, 152, 181 ff.

Bestimmtheitsgebot (*nulla poena sine lege certa*) für Strafgesetze zu sehen.[129] Dieses strafrechtliche Bestimmtheitsgebot hat jedoch nur einen begrenzten Anwendungsbereich. Nach Ansicht der Rechtsprechung und auch der herrschenden Lehre in der Literatur erstreckt sich seine Geltung nicht auf Vorschriften des Strafverfahrensrechts.[130]

Dieser Ansicht soll hier gefolgt werden, weil schon der Wortlaut des Art. 103 Abs. 2 GG, der von der „Strafbarkeit" spricht, eine Anwendung auf prozessuale Maßnahmen fernliegend erscheinen lässt.[131] Auch die Entstehungsgeschichte spricht für diese Ansicht.[132] § 6 Abs. 13 WpHG ist nach den oben getroffenen Feststellungen eine Vorschrift, die strafprozessualen Zwecken dienen soll, indem möglicherweise inkriminiertes Vermögen frühzeitig sichergestellt wird. Art. 103 Abs. 2 GG kann daher für § 6 Abs. 13 WpHG keine Geltung beanspruchen.

Somit bleibt nur das allgemeine rechtsstaatliche Bestimmtheitsgebot, um einen Mindestbestimmtheitsmaßstab zu finden, der an § 6 Abs. 13 WpHG angelegt werden kann, um ihn auf seine Vereinbarkeit mit dem Grundgesetz zu prüfen.

---

129 Dreier/*Schulze-Fielitz*, GG-Kommentar, Art. 103 II, Rn. 14; v. Mangoldt/Klein/Starck/*Nolte/Aust*, GG, Art. 103, Rn. 96; Maunz/Dürig/*Remmert*, Art. 103 Abs. 2, Rn. 2.

130 BVerfGE 25, 269, 286 f.; 63, 343, 359; 112, 304, 315; 113, 273, 308; Dreier/*Schulze-Fielitz*, GG-Kommentar, Art. 103 II, Rn. 25; *Krey*, ZStW 101 (1989), 838, 854; LK-StGB/*Dannecker/Schuhr*, § 1, Rn. 104 ff.; Maunz/Dürig/*Remmert*, Art. 103 Abs. 2, Rn. 75; *Möstl*, in: Isensee/Kirchhof (Hrsg.), HStR VIII, § 179, Rn. 56; MüKO-StPO/*Kudlich*, Einl., Rn. 98 f.; v. Münch/Kunig/*Kunig*, GG-Kommentar, Art. 103, Rn. 20; SK-StPO/*Wohlers*, Einl., Rn. 46 ff., m.w.N. Es gibt hierzu allerdings auch kritische Stimmen, die die ausschließliche Geltung des Art. 103 Abs. 2 GG für das materielle Strafrecht ablehnen, oder jedenfalls gewisse Elemente auch im Strafprozessrecht angewendet sehen wollen, so etwa *Baumann/Weber/Mitsch*, Strafrecht AT, § 9, Rn. 32; *Dannecker*, Das intertemporale Strafrecht, S. 323 ff., der dabei vor allem auf das Rückwirkungsverbot eingeht; *Jäger*, GA 2006, 615, 619; *Jakobs*, Strafrecht AT, 4. Abschn., Rn. 9; NK-StGB/*Hassemer/Kargl*, § 1, Rn. 60a ff., allerdings nur auf das Rückwirkungsverbot bezogen.

131 So auch *Krey*, ZStW 101 (1989), 838, 854. Kritisch dazu *Jäger*, GA 2006, 615, 618. Zumal, wie sich später herausstellen wird, die inhaltlichen Unterschiede zwischen beiden Bestimmtheitsgeboten aufgrund deren Flexibilität ohnehin marginal sind, s. A.V.2.a.

132 BVerfGE 25, 269, 287 ff. schildert diese ausführlich mit vielen weiteren Nachweisen.

1. Herkunft des Grundsatzes

Dass eine Verpflichtung des Gesetzgebers besteht, Gesetze in hinreichender Bestimmtheit zu formulieren, entspricht allgemeiner Überzeugung.[133] Auch außerhalb des Anwendungsbereiches des strafrechtlichen Bestimmtheitsgebotes des Art. 103 Abs. 2 GG existiert ein allgemeines Bestimmtheitsgebot, das dem Gesetzgeber vorschreibt, welche Voraussetzungen seine Gesetze erfüllen müssen, um nicht wegen ihrer Unbestimmtheit verfassungswidrig zu sein.

Aus welchen Vorschriften des Grundgesetzes sich dieser allgemein für richtig erachtete Grundsatz herleiten lässt, ist allerdings umstritten, weil keine ausdrückliche Regelung im Grundgesetz vorhanden ist.

Überwiegend wird dieses allgemeine Bestimmtheitsgebot als ein Unterprinzip des Rechtsstaatsprinzips angesehen, wobei dessen Lozierung im Grundgesetz wiederum auf unterschiedliche Weise begründet wird.[134]

Das Bundesverfassungsgericht verortet das Rechtsstaatsprinzip – und damit auch das daraus folgende Bestimmtheitsgebot – zunächst im Grundsatz der Gesetzmäßigkeit der Verwaltung (Art. 20 Abs. 3 GG), zusätzlich jedoch auch in der Gewaltenteilung (Art. 20 Abs. 2 GG) und der Rechtsschutzgarantie des Art. 19 Abs. 4 GG.[135] In anderen Urteilen wird das Rechtsstaatsprinzip als solches – ohne genauere Bestimmung seines Standorts im Grundgesetz – zur Begründung des Bestimmtheitsgebotes herangezogen, oder sogar (in neueren Entscheidungen) nur dieses als selbstständiges Prinzip angeführt.[136] Diese Rechtsprechung hat dem Bundesverfassungsgericht den Vorwurf einer „außerordentlichen dogmatischen Unbekümmertheit“ im Hinblick auf das Rechtsstaatsprinzip eingetragen.[137]

---

133 BVerfGE 8, 274, 325 f.; 120, 378, 407 f.; *Beaucamp*, Rechtstheorie 42 (2011), 21, 34 ff.; Dreier/*Schulze-Fielitz*, GG-Kommentar, Art. 20 (Rechtsstaat), Rn. 129; *Gassner*, ZG 1996, 37, 38; *Kunig*, Jura 1990, 495, 496; v. Mangoldt/Klein/Starck/*Sommermann*, GG, Art. 20 Abs. 3, Rn. 289; Maunz/Dürig/*Grzeszick*, Art. 20 VII, Rn. 58; *Papier/Möller*, AöR 122 (1997), 177, 178; *Schmidt-Aßmann*, in: Isensee/Kirchhof (Hrsg.), HStR II, § 26, Rn. 60.

134 Dreier/*Schulze-Fielitz*, GG-Kommentar, Art. 20 (Rechtstaat), Rn. 129; v. Mangoldt/Klein/Starck/*Sommermann*, GG, Art. 20 Abs. 3, Rn. 287 ff.; Maunz/Dürig/*Grzeszick*, Art. 20 VII, Rn. 50 ff.; *Papier/Möller*, AöR 122 (1997), 177, 178.

135 BVerfGE 8, 274, 325 f.; 13, 153, 160 f.; 21, 73, 79 f.; 48, 210, 221 f.; 62, 169, 182 f.; 86, 288, 311.

136 BVerfGE 9, 137, 149; 17, 306, 313 f.; 21, 312, 324; 37, 132, 142; 49, 168, 181; 56, 1, 12 f.; 59, 104, 114 f.; 93, 213, 238; 113, 273, 315 f.; 120, 378, 407 f.; 131, 88, 123; 133, 277, 336 f.; 134, 141, 184 f.

137 *Kunig*, Das Rechtsstaatsprinzip, S. 114.

In der Literatur wird das Rechtsstaatsprinzip teilweise aus Art. 28 Abs. 1 GG hergeleitet, der als einziger das Wort „Rechtsstaat" verwendet (abgesehen von den adjektivischen Bezugnahmen in Art. 16 Abs. 2 S. 2 und 23 Abs. 1 S. 1 GG), allerdings dessen Inhalt in keiner Weise beschreibt und lediglich eine Verweisungsnorm darstellt.[138]

Vielfach und wohl überwiegend wird das grundgesetzliche Bekenntnis zum Rechtsstaatsprinzip dagegen in Art. 20 GG, vor allem in Art. 20 Abs. 3 GG gesehen, der zentrale Bestandteile des Rechtsstaatsprinzips enthält, wiewohl das Prinzip auch hier keine vollständige Regelung findet.[139]

Andere Stimmen lehnen Art. 20 GG, der selbst das Rechtsstaatsprinzip nicht erwähnt, als sedes materiae ab, und sehen es im Grundgesetz in Form der Normierung seiner jeweiligen Unterprinzipien – gleichsam verstreut über das Grundgesetz – verankert.[140]

Noch weitergehend streitet *Kunig* die Existenz „des" Rechtsstaatsprinzips ab, das dem Grundgesetz durch Auslegung nicht zu entnehmen sei.[141] Er sieht den Begriff des Rechtsstaatsprinzips nur als „klassifizierenden Oberbegriff" für eine Vielzahl von Prinzipien des Grundgesetzes.[142] Das Bestimmtheitsgebot leitet er konsequenterweise nicht aus dem Rechtsstaatsprinzip her, sondern aus Demokratieprinzip, Gewaltenteilungsgrundsatz und den jeweils einschlägigen Grundrechten, die selbst die Anforderungen an die Bestimmtheit ihrer Schranken definierten.[143]

---

138 *Schlochauer*, Öffentliches Recht, S. 15, der allerdings weitere Bestimmungen anführt, die dem Prinzip einen Inhalt verleihen; *Ule*, GS Jellinek, S. 328. Zum Charakter als Verweisung *v. Arnauld*, in: Depenheuer/Grabenwarter (Hrsg.), Verfassungstheorie, § 21, Rn. 1; *Kunig*, Das Rechtsstaatsprinzip, S. 69.

139 *Benda*, in: Benda/Maihofer/Vogel (Hrsg.), HVR I, § 17, Rn. 1; BK/*Robbers*, Art. 20 Abs. 1, Rn. 1720; Dreier/*Schulze-Fielitz*, GG-Kommentar, Art. 20 (Rechtsstaat), Rn. 38 ff., der betont, dass hier nur „Teilelemente des Rechtsstaats normativ verankert" seien; *Ipsen*, Staatsrecht I, Rn. 749; Maunz/Dürig/*Grzeszick*, Art. 20 VII, Rn. 33; Sachs/*Sachs*, GG, Art. 20, Rn. 76; *Schmidt-Aßmann*, in: Isensee/Kirchhof (Hrsg.), HStR II, § 26, Rn. 3 (zusammen mit Art. 28 GG); *Stern*, Staatsrecht I, S. 779 ff.

140 v. Mangoldt/Klein/Starck/*Sommermann*, GG, Art. 20 Abs. 3, Rn. 227; v. Münch/Kunig/*Schnapp*, GG-Kommentar, Art. 20, Rn. 32 ff., der freilich feststellt, „das" Rechtsstaatsprinzip sei nicht mehr als die Summe seiner Einzelelemente.

141 *Kunig*, Das Rechtsstaatsprinzip, S. 109 f.

142 *Kunig*, a.a.O., S. 483.

143 *Kunig*, a.a.O., S. 396 ff.

Bei allem Dissens, der in Bezug auf die Verankerung im Grundgesetz besteht, lässt sich insgesamt feststellen, dass damit in Bezug auf das Bestimmtheitsgebot keine inhaltlichen Unterschiede einhergehen. Es würde daher an dieser Stelle nicht weiterführen, den Streit zu entscheiden. Gesichert ist jedenfalls, dass sich aus dem Grundgesetz ein allgemeines Bestimmtheitsgebot ergibt.[144]

Vom Rechtsstaatsprinzip abgesehen, ergibt sich die Notwendigkeit hinreichender Bestimmtheit gesetzlicher Regelungen auch aus dem Demokratieprinzip (Art. 20 Abs. 1, 2 GG).

Dieses sieht unter anderem vor, dass Akte der staatlichen Gewalt immer demokratisch legitimiert, also direkt oder mittelbar auf den Volkswillen rückführbar sein müssen.[145] Dabei ist die Legitimation der Legislative die stärkste, da sie als einzige der drei Gewalten direkt vom Volk gewählt werden kann.[146] Aus dieser erhöhten demokratischen Legitimation des parlamentarischen Gesetzgebers schließt das Bundesverfassungsgericht in seiner Wesentlichkeitstheorie die Verpflichtung desselben, alle wesentlichen Entscheidungen selbst zu treffen.[147] Insbesondere bei Eingriffen in Grundrechte des Bürgers ist folglich ein Parlamentsgesetz nötig, um höchstmögliche demokratische Legitimation sicherzustellen.[148] Formuliert der Gesetzgeber diese notwendige Ermächtigungsgrundlage jedoch zu unbestimmt, so delegiert er in Wahrheit die Festlegung der Eingriffsvoraussetzungen an die zuständige Behörde – im Falle des § 6 Abs. 13 WpHG also an die BaFin. Im Ergebnis wird der Norm dadurch die demokratisch nötige Legitimation entzogen.[149] Dementsprechend ist hinreichende Bestimmtheit von Ermächtigungsnormen auch ein Bedürfnis des Demokratieprinzips.

---

144 So auch *Beaucamp*, Rechtstheorie 42 (2011), 21, 43.

145 *Böckenförde*, in: Isensee/Kirchhof (Hrsg.), HStR II, § 24, Rn. 11; Dreier/*Dreier*, GG-Kommentar, Art. 20 (Demokratie), Rn. 87; v. Mangoldt/Klein/Starck/*Sommermann*, GG, Art. 20 Abs. 2, Rn. 163; Maunz/Dürig/*Grzeszick*, Art. 20 II, Rn. 117.

146 Dreier/*Dreier*, GG-Kommentar, Art. 20 (Demokratie), Rn. 119; v. Mangoldt/Klein/Starck/*Sommermann*, GG, Art. 20 Abs. 2, Rn. 186; Maunz/Dürig/*Grzeszick*, Art. 20 II, Rn. 134.

147 BVerfGE 33, 125, 159 ff.; 33, 303, 346; 40, 237, 249; 98, 218, 251 f.; Dreier/*Dreier*, GG-Kommentar, Art. 20 (Demokratie), Rn. 120; v. Mangoldt/Klein/Starck/*Sommermann*, GG, Art. 20 Abs. 2, Rn. 186; Maunz/Dürig/*Grzeszick*, Art. 20 II, Rn. 135.

148 BVerfGE 33, 303, 346; 34, 165, 192 f.; 49, 89, 126; v. Mangoldt/Klein/Starck/*Sommermann*, GG, Art. 20 Abs. 3, Rn. 276; v. Münch/Kunig/*Schnapp*, GG-Kommentar, Art. 20, Rn. 76 f.

149 BVerfGE 34, 59, 60; *Beaucamp*, Rechtstheorie 42 (2011), 21, 42 f.; *Papier/Möller*, AöR 122 (1997), 177, 180; *Towfigh*, Der Staat 48 (2009), 29, 64.

2. Inhalt des Bestimmtheitsgrundsatzes

Aus dem allgemeinen Bestimmtheitsgrundsatz ergibt sich, dass der Gesetzgeber bei der Formulierung von Gesetzestexten gewisse Anforderungen erfüllen muss. Aus dem Gesetzestext muss sich für die Normunterworfenen ergeben, welches Verhalten von ihnen erwartet wird, sodass sie ihr Verhalten darauf einstellen können.[150] Ermächtigungen der Verwaltung zum Eingriff in Grundrechte müssen hinreichend klar erkennen lassen, wozu die Behörde befugt ist – Gegenstand, Ausmaß, Inhalt und Zweck der Ermächtigung müssen sich aus dieser klar ergeben.[151]

Dabei sind allerdings unbestimmte Rechtsbegriffe keineswegs unzulässig; vielmehr ist ihre Verwendung unumgänglich, wenn der Gesetzgeber nicht in eine starre Kasuistik verfallen soll, die für die Erfassung der Lebenswirklichkeit zu unflexibel wäre.[152] Auch der Gebrauch von Generalklauseln ist gestattet; Auslegungsbedürftigkeit ist kein Zeichen mangelnder Bestimmtheit, allerdings muss die Norm noch auslegungsfähig sein.[153]

Die Grenze des Zulässigen ist erst dann erreicht, wenn die Bestimmung so unklar gehalten ist, dass die notwendigen Erkenntnisse sich dem Gesetzestext auch durch Auslegung nach den gängigen Auslegungsmethoden nicht mehr entnehmen lassen und der Gesetzgeber die wesentlichen Entscheidungen bezüglich des Grundrechtseingriffs daher nicht mehr selbst trifft.[154] Dabei sind umso

---

150 BVerfGE 17, 306, 314; 110, 33, 53; 131, 88, 123; Dreier/*Schulze-Fielitz*, GG-Kommentar, Art. 20 (Rechtsstaat), Rn. 133; v. Mangoldt/Klein/Starck/*Sommermann*, GG, Art. 20 Abs. 3, Rn. 289; Maunz/Dürig/*Grzeszick*, Art. 20 VII, Rn. 58; a.A. *Towfigh*, Der Staat 48 (2009), 29, 50, der diese Anforderung für „völlig an der Realität vorbeigehend" hält.

151 BVerfGE 8, 274, 325; 9, 137, 147; 13, 153, 160; Dreier/*Schulze-Fielitz*, GG-Kommentar, Art. 20 (Rechtsstaat), Rn. 136; v. Mangoldt/Klein/Starck/*Sommermann*, GG, Art. 20 Abs. 3, Rn. 291; *Papier/Möller*, AöR 122 (1997), 177, 188.

152 BVerfGE 13, 153, 161; 21, 73, 79; *Beaucamp*, Rechtstheorie 42 (2011), 21, 29 f.; Dreier/*Schulze-Fielitz*, GG-Kommentar, Art. 20 (Rechtsstaat), Rn. 133; *Jesch*, AöR 82 (1957), 163, 240 f.; *Kunig*, Jura 1990, 495, 497; v. Mangoldt/Klein/Starck/*Sommermann*, GG, Art. 20 Abs. 3, Rn. 289; Maunz/Dürig/*Grzeszick*, Art. 20 VII, Rn. 62.

153 BVerfGE 8, 274, 326; 49, 168, 181; 110, 33, 56 f.; 131, 88, 125; *Beaucamp*, Rechtstheorie 42 (2011), 21, 49; Dreier/*Schulze-Fielitz*, GG-Kommentar, Art. 20 (Rechtsstaat), Rn. 133; v. Mangoldt/Klein/Starck/*Sommermann*, GG, Art. 20 Abs. 3, Rn. 289; Maunz/Dürig/*Grzeszick*, Art. 20 VII, Rn. 62; *Stern*, Staatsrecht I, S. 829.

154 BVerfGE 8, 274, 325; 9, 83, 87; 17, 306, 314; 120, 378, 407; *Beaucamp*, Rechtsstheorie 42 (2011), 21, 49 ff.; Dreier/*Schulze-Fielitz*, GG-Kommentar, Art. 20 (Rechtsstaat), Rn. 133; v. Mangoldt/Klein/Starck/*Sommermann*, GG, Art. 20 Abs. 3, Rn. 289; *Sobota*, Das Prinzip Rechtsstaat, S. 133; *Towfigh*, Der Staat 48 (2009), 29, 63 ff; *ders.*, JA 2015,

strengere Anforderungen an die Normbestimmtheit zu stellen, je intensiver in Grundrechte des Bürgers eingegriffen werden kann.[155] Allerdings können die Eigenarten der jeweils zu regelnden Materie – etwa aufgrund deren Komplexität oder Dynamik – das Maß der erforderlichen Bestimmtheit senken.[156]

Festzuhalten ist insgesamt, dass sich kein allgemeingültiger, feststehender Maßstab finden lässt, der auf alle Fälle anwendbar wäre, vielmehr kann das Mindestmaß der erforderlichen Bestimmtheit immer nur im konkreten Bezug auf die Eingriffsintensität einerseits, und die Komplexität und Eigenarten des zu regelnden Bereiches andererseits, festgelegt werden.[157]

Dabei muss der Gesetzgeber nicht die optimale Bestimmtheit der Norm erreichen, lediglich eine hinreichende Bestimmtheit kann ihm abverlangt werden.[158] Verweisungen auf andere Normen sind auch im Hinblick auf das Bestimmtheitsgebot grundsätzlich zulässig, sofern sich aus der Verweisung klar ergibt, worauf verwiesen wird.[159] Statische Verweisungen begegnen in dieser Hinsicht keinen

---

81, 85, der auf die Vollziehbarkeit abstellt. Kritisch zur Rechtsprechung des BVerfG *Papier/Möller*, AöR 122 (1997), 177, 196 ff.

155 BVerfGE 33, 125, 160; 56, 1, 13; 59, 104, 114; 83, 130, 145; 86, 288, 311; 87, 287, 317; 93, 213, 238; 131, 88, 123; *Beaucamp*, Rechtstheorie 42 (2011), 21, 53; *Felix*, Einheit der Rechtsordnung, S. 193; *Geitmann*, Bundesverfassungsgericht und offene Normen, S. 145; *Gusy*, StV 2002, 153, 157; *Kunig*, FS 50 Jahre BVerfG II, S. 421, 440; *Papier/Möller*, AöR 122 (1997), 177, 187; *Towfigh*, JA 2015, 81, 84; a.A. *Wißmann*, Generalklauseln, S. 210 f.

156 BVerfGE 83, 130, 145; 110, 33, 53; 113, 348, 376; 131, 88, 123; Dreier/*Schulze-Fielitz*, GG-Kommentar, Art. 20 (Rechtsstaat), Rn. 135; v. Mangoldt/Klein/Starck/*Sommermann*, GG, Art. 20 Abs. 3, Rn. 291; Maunz/Dürig/*Grzeszick*, Art. 20 VII, Rn. 60; *Papier/Möller*, AöR 122 (1997), 177, 187 f.; *Schmidt-Aßmann*, in: Isensee/Kirchhof (Hrsg.), HStR II, § 26, Rn. 60.

157 BVerfGE 48, 210, 221 f.; 49, 168, 181; 56, 1, 13; *Beaucamp*, Rechtstheorie 42 (2011), 21, 36 f.; *Detterbeck*, Jura 2002, 235, 237; Dreier/*Schulze-Fielitz*, GG-Kommentar, Art. 20 (Rechtsstaat), Rn. 129; *Gassner*, ZG 1996, 37, 39; *Hoffmann-Riem*, AöR 130 (2005), 5, 40 ff.; *Kunig*, Jura 1990, 495, 497; Maunz/Dürig/*Grzeszick*, Art. 20 VII, Rn. 59; *Rottmann*, EuGRZ 1985, 277, 289; *Sobota*, Das Prinzip Rechtsstaat, S. 134 spricht von einer „relativen Größe".

158 *Beaucamp*, Rechtstheorie 42 (2011), 21, 44 f.; *Gassner*, ZG 1996, 37, 56; *Geitmann*, Bundesverfassungsgericht und offene Normen, S. 116 ff.; *Kunig*, Jura 1990, 495, 495; Maunz/Dürig/*Grzeszick*, Art. 20 VII, Rn. 61; *Schmidt-Aßmann*, in: Isensee/Kirchhof (Hrsg.), HStR II, § 26, Rn. 60.

159 BVerfGE 5, 25, 31; 29, 198, 210; 47, 285, 311; 78, 32, 35; BVerfG NVwZ 2016, 675, 680; Dreier/*Schulze-Fielitz*, GG-Kommentar, Art. 20 (Rechtsstaat), Rn. 143; *Karpen*, Die Verweisung als Mittel der Gesetzgebungstechnik, S. 162 ff.; v. Mangoldt/Klein/

Bedenken.[160] Auch dynamische Verweisungen sind nach der Rechtsprechung des Bundesverfassungsgerichts zulässig, allerdings nur dann, wenn Inhalt und Reichweite der Verweisung klar umgrenzt werden, und sie sich in dem durch die Prinzipien der Rechtsstaatlichkeit, Demokratie und Bundesstaatlichkeit gesetzten Rahmen halten.[161]

IV. Betroffene Rechte und Intensität möglicher Maßnahmen nach § 6 Abs. 13 WpHG

Es existiert also kein allgemeingültiger Maßstab für den nötigen Grad an Bestimmtheit, den eine Norm aufweisen muss, um den Anforderungen des rechtsstaatlichen Bestimmtheitsgebotes zu entsprechen. Vielmehr hängt der Grad der erforderlichen Bestimmtheit immer davon ab, ob die jeweilige Norm überhaupt Eingriffe in Grundrechte von Bürgern ermöglicht, welche Rechte durch mögliche Eingriffe aufgrund der fraglichen Norm beschränkt werden können, und wie intensiv in diese Rechte eingegriffen wird. Daraus folgt, dass zunächst zu untersuchen ist, in welche Rechte des Betroffenen durch eine Maßnahme nach § 6 Abs. 13 WpHG eventuell eingegriffen wird, und wie intensiv solche Eingriffe sein können.

1. Eingriff in Art. 14 GG

§ 6 Abs. 13 WpHG dient dem Zweck, der BaFin zu ermöglichen, Vermögensgegenstände zu beschlagnahmen oder Teile des Vermögens – bis hin zum gesamten Vermögen – vorläufig sicherzustellen. Durch eine Maßnahme nach § 6 Abs. 13 WpHG wird also dem Betroffenen der Zugriff auf sein Vermögen oder zumindest auf Teile davon jedenfalls für die Dauer der Sicherstellung entzogen.

Starck/*Sommermann*, GG, Art. 20 Abs. 3, Rn. 290; Maunz/Dürig/*Grzeszick*, Art. 20 VII, Rn. 54.

160 BVerfGE 47, 285, 312; 78, 32, 36; BVerfG NVwZ 2016, 675, 680; Dreier/*Schulze-Fielitz*, GG-Kommentar, Art. 20 (Rechtsstaat), Rn. 143; v. Mangoldt/Klein/Starck/*Sommermann*, GG, Art. 20 Abs. 3, Rn. 290; Maunz/Dürig/*Grzeszick*, Art. 20 VII, Rn. 54.

161 BVerfGE 47, 285, 312; 78, 32, 36; 141, 143, 176 f.; 143, 38, 56; BVerfG NVwZ 2016, 675, 680; so auch Dreier/*Schulze-Fielitz*, GG-Kommentar, Art. 20 (Rechtsstaat), Rn. 144; *Karpen*, Die Verweisung als Mittel der Gesetzgebungstechnik, S. 161 f.; Maunz/Dürig/*Grzeszick*, Art. 20 VII, Rn. 55; a.A. *Ossenbühl*, DVBl. 1967, 401, 408, der dynamische Verweisungen auf Gesetze anderer Normgeber prinzipiell für verfassungswidrig erklärt.

Eine endgültige Entziehung hingegen erfolgt erst durch die Verurteilung nach §§ 73 ff. StGB.

Sehr naheliegend ist es daher, in der Ermächtigung des § 6 Abs. 13 WpHG eine Ermächtigungsgrundlage für Eingriffe in das Eigentumsgrundrecht aus Art. 14 GG zu sehen. Als Erstes soll deswegen ein Eingriff in dieses Grundrecht untersucht werden.

a.) Schutzbereich

Vom Schutzbereich des Art. 14 GG wird zunächst nur das Eigentum erfasst, nicht hingegen das Vermögen als solches.[162] Bei bestimmten, bereits vorhandenen Vermögensbestandteilen handelt es sich jedoch um Eigentum im Sinne des Art. 14 GG.[163]

Durch die Vermögensbeschlagnahme kann dem Betroffenen ein Teil seines Vermögens, bis hin zu dessen Gesamtheit, zumindest vorübergehend entzogen werden, indem entweder ein bestimmter Vermögensgegenstand beschlagnahmt, oder Vermögenswerte in einer bestimmten Höhe arrestiert werden.[164] Damit entziehen Sicherstellungsmaßnahmen nach § 6 Abs. 13 WpHG bestimmte Bestandteile des Vermögens, selbst wenn das gesamte Vermögen sichergestellt werden sollte. Es wird also in das Eigentum des von der Sicherstellung Betroffenen eingegriffen.

Durch die vorläufige Sicherstellung wird dem Betroffenen sein Eigentum allerdings nicht endgültig entzogen, er verliert nur vorübergehend die Nutzungsmöglichkeit. Die Entziehung der Nutzungsmöglichkeit und des Zugriffs auf das Vermögen für einen unter Umständen nicht unerheblichen Zeitraum steht jedoch in ihrer Wirkung einer Totalentziehung nicht nach. Eigentum, auf das nicht zugegriffen werden kann, verliert eine der wesentlichen Ausprägungen des Eigentumsbegriffs des Art. 14 GG, nämlich die umfassende Verfügungs- und Nutzungsbefugnis.[165] Die Nutzung des Eigentums ist durch Art. 14 GG genauso

---

162 BVerfGE 4, 7, 17; st. Rspr.; v. Mangoldt/Klein/Starck/*Depenheuer/Froese*, GG, Art. 14, Rn. 163; Maunz/Dürig/*Papier/Shirvani*, Art. 14, Rn. 277; v. Münch/Kunig/*Bryde*, Art. 14, Rn. 23.

163 BVerfGE 75, 108, 154; st. Rspr.; Dreier/*Wieland*, GG-Kommentar, Art. 14, Rn. 65; *Kingreen/Poscher*, Grundrechte, § 23, Rn. 1036.

164 S.o. A.I.3.

165 BVerfGE 37, 132, 140; 78, 58, 71; st. Rspr.; *Depenheuer*, in: Merten/Papier (Hrsg.), HGR V, § 111, Rn. 53 ff.; v. Mangoldt/Klein/Starck/*Depenheuer/Froese*, GG, Art. 14, Rn. 65 f.; Maunz/Dürig/*Papier/Shirvani*, Art. 14, Rn. 146.

geschützt, wie sein Bestand.[166] Infolgedessen greift auch die nur vorläufige Sicherstellung der Vermögenswerte durch die völlige Entziehung des Zugriffs und der Nutzungsbefugnis in das Eigentumsgrundrecht aus Art. 14 GG ein.[167]

Der – vor allem in der älteren strafrechtlichen Literatur zum Verfall (§§ 73 ff. StGB a.F.) vertretene – Gedanke, die Eigentumsentziehung durch Strafurteil greife schon deshalb nicht in Art. 14 GG ein, weil der Täter durch sein schuldhaftes Handeln sein Eigentumsrecht verwirkt habe,[168] ist auf die prozessuale vorläufige Sicherstellung von vornherein nicht übertragbar, da eine Schuld des Betroffenen noch nicht festgestellt worden ist. Eine solche Annahme verstieße hier eindeutig gegen die Unschuldsvermutung.[169]

Ein Eingriff in den Schutzbereich des Grundrechts auf Eigentum nach Art. 14 GG liegt in der Vermögensbeschlagnahme nach § 6 Abs. 13 WpHG demnach genauso vor, wie das auch im Falle der §§ 111b ff. StPO anerkannt ist.[170]

b.) Eingriff

Eingriffe in das Grundrecht aus Art. 14 GG sind durch zwei verschiedene Instrumente möglich: Zum einen die Enteignung, in Form der Legislativ- oder Administrativenteignung nach Art. 14 Abs. 3 GG; zum anderen durch eine Inhalts- und Schrankenbestimmung gemäß Art. 14 Abs. 1 S. 2 GG. Auf den ersten Blick kommen für die vorläufige Sicherstellung nach § 6 Abs. 13 WpHG beide Eingriffsvarianten in Betracht.

aa.) Enteignung

Eine Enteignung im Sinne des Art. 14 Abs. 3 GG ist eine vollständige oder teilweise Entziehung konkreter subjektiver Eigentumspositionen zur Erfüllung

---

166 BVerfGE 52, 1, 30; 88, 366, 377; 101, 54, 75; BVerfG StV 2004, 409, 410.

167 Zu den in ihrer Wirkung identischen §§ 111b ff. StPO a.F. BVerfG StV 2004, 409, 410; *Bach*, StraFo 2005, 485, 487; *Greeve*, NJW 2007, 14, 15; *Kempf/Schilling*, StraFo 2006, 180, 185; *Lohse*, AnwBl 2006, 603, 604; MüKo-StPO/*Bittmann*, Vor §§ 111b-111p, Rn. 4; *Müller*, Die Rückgewinnungshilfe und der staatliche Auffangrechtserwerb, S. 150; *Odenthal*, FS Dahs, S. 405, 409 f.; *Rönnau*, ZRP 2004, 191, 195; SK-StPO/*Rogall*, Vor §§ 111b-111p, Rn. 25; *Theile*, StV 2009, 161, 161; *Wehnert/Mosieck*, StV 2005, 568, 569.

168 *Eser*, Die strafrechtlichen Sanktionen gegen das Eigentum, S. 191 ff.; *Hösch*, Eigentum und Freiheit, S. 164; *Stree*, Deliktsfolgen und Grundgesetz, S. 93; krit. dazu *Julius*, ZStW 109 (1997), 58, 60 ff.; MüKo-StGB/*Joecks*, Vor § 73, Rn. 30 ff.

169 So im Ergebnis auch *Faust*, Das strafprozessuale Vermögensabschöpfungsrecht, S. 60 f.

170 (Fn. 167).

bestimmter öffentlicher Aufgaben, die durch einen Hoheitsträger erfolgt und der Güterbeschaffung dient.[171] Die vorläufige Vermögensbeschlagnahme gemäß § 6 Abs. 13 WpHG ist aus zwei Gründen keine solche Enteignung:

Zum einen setzt der nach dem aktuellen Enteignungsbegriff (wieder) konstitutive Zweck der Güterbeschaffung voraus, dass Güter zur Erfüllung einer konkreten hoheitlichen Aufgabe beschafft werden.[172] Bei der Vermögenssicherstellung werden zwar die hoheitlichen Aufgaben der Sicherung der späteren Einziehung und auch der Prävention verfolgt.[173] Allerdings nimmt die Maßnahme nicht das Vermögensgut als solches in Blick, sondern den Eigentümer, der unter Verdacht steht, eine strafbare Handlung begangen zu haben. Mit anderen Worten wird das Eigentum nur deshalb vorübergehend entzogen, weil es einer bestimmten Person zusteht, nicht weil der Staat genau diesen Gegenstand benötigte.[174] Hier werden nur generelle Staatsaufgaben – mithilfe letztendlich beliebigen Eigentums – erfüllt, nicht bestimmte Güter zur Erfüllung eines konkreten Gemeinwohlzwecks zwangsweise entzogen.

Zum anderen schränkt der Staat (in Gestalt der BaFin) durch die vorläufige Sicherstellung lediglich vorübergehend die Nutzungs- und Verfügungsbefugnis ein, die eigentumsrechtliche Zuordnung ändert sich nicht. Es fehlt also an der für eine Enteignung nötigen, vollständigen oder teilweisen Entziehung, die zum Rechts- und Vermögensverlust führt.[175]

---

171 BVerfGE 102, 1, 15 f.; 104, 1, 9 f.; BVerfG NJW 2017, 217, 224; *Depenheuer*, in: Merten/Papier (Hrsg.), HGR V, § 111, Rn. 84; Dreier/*Wieland*, GG-Kommentar, Art. 14, Rn. 93; Maunz/Dürig/*Papier/Shirvani*, Art. 14, Rn. 638 ff.; *Kingreen/Poscher*, Grundrechte, § 23, Rn. 1058.

172 BVerfGE 102, 1, 15 f.; 104, 1, 9 f.; BVerfG NJW 2017, 217, 224; v. Mangoldt/Klein/Starck/*Depenheuer/Froese*, GG, Art. 14, Rn. 418; Maunz/Dürig/*Papier/Shirvani*, Art. 14, Rn. 644.

173 BT-Drs. 18/7482, S. 59. Zur abschreckenden Präventivwirkung von Vermögensicherstellungen *Barreto da Rosa*, ZRP 2012, 39, 42; *Hassemer*, WM 1995 Sonderbeilage Nr. 3, 3, 5; *Herzog*, JR 2004, 494, 495; aus ökonomischer Sicht *Faure*, FS Eser, S. 1311, 1319.

174 Im Hinblick auf die insoweit nicht anders zu beurteilende strafrechtliche Einziehung nach Verurteilung BVerfG NJW 2017, 217, 225; v. Mangoldt/Klein/Starck/*Depenheuer/Froese*, GG, Art. 14, Rn. 475; Maunz/Dürig/*Papier/Shirvani*, Art. 14, Rn. 646.

175 BVerfG NJW 2017, 217, 224, m.w.N.

bb.) Inhalts- und Schrankenbestimmung

Eine Inhalts- und Schrankenbestimmung nach Art. 14 Abs. 1 S. 2 GG liegt vor, wenn abstrakt und generell Pflichten des Eigentümers festgelegt werden.[176] § 6 Abs. 13 WpHG regelt die Befugnis der BaFin, eine Vermögensbeschlagnahme zu beantragen, wenn ein Verstoß gegen eine der in Bezug genommenen Vorschriften im Raum steht. Somit wird abstrakt generell festgelegt, unter welchen Bedingungen eine solche Vermögenssicherstellung erfolgen soll, und damit die Verfügungs- und Nutzungsbefugnis des Eigentümers beschränkt werden kann.

Gleichzeitig liegt darin eine Verpflichtung des Eigentümers begründet, diesen Eingriff zu dulden und sich die Verfügungs- und Nutzungsbefugnis auch tatsächlich entziehen zu lassen.

Mithin liegt in der Ermächtigung des § 6 Abs. 13 WpHG, Vermögen sicherstellen zu dürfen, eine Inhalts- und Schrankenbestimmung nach Art. 14 Abs. 1 S. 2 GG, genau wie im Falle der insoweit vergleichbaren §§ 111b ff. StPO.[177]

c.) Intensität des Eingriffs

Für die Festlegung eines Bestimmtheitsmaßstabes, an dem sich eine Eingriffsermächtigung messen lassen muss, ist die mögliche Intensität der erlaubten Eingriffe von erheblicher Bedeutung, weil das zu fordernde Bestimmtheitsniveau maßgeblich auch von der Eingriffsschärfe abhängt.[178] Wie intensiv wirkt also eine vorläufige Vermögenssicherstellung nach § 6 Abs. 13 WpHG in das Eigentumsgrundrecht des Betroffenen ein?

Dabei ist zu beachten, dass § 6 Abs. 13 WpHG keine Begrenzung der Höhe der Sicherstellung vorsieht, es ist also möglich, das gesamte Vermögen des Betroffenen „einzufrieren". Dies kann bereits in einem sehr frühen Verfahrensstadium – noch vor Einleitung des eigentlichen Ermittlungsverfahrens (vgl. § 11 WpHG) – geschehen; dem Betroffenen wird zumindest für die Dauer des

---

176 *Depenheuer*, in: Merten/Papier (Hrsg.), HGR V, § 111, Rn. 80; Dreier/*Wieland*, GG-Kommentar, Art. 14, Rn. 90; *Kingreen/Poscher*, Grundrechte, § 23, Rn. 1066.

177 BVerfG StV 2004, 409, 410; *Faust*, Das strafprozessuale Vermögensabschöpfungsrecht, S. 63, Fn. 233.

178 BVerfGE 33, 125, 160; 56, 1, 13; 59, 104, 114; 83, 130, 145; 86, 288, 311; 87, 287, 317; 93, 213, 238; 131, 88, 123; *Beaucamp*, Rechtstheorie 42 (2011), 21, 53; *Felix*, Einheit der Rechtsordnung, S. 193; *Geitmann*, Bundesverfassungsgericht und offene Normen, S. 145; *Gusy*, StV 2002, 153, 157; *Kunig*, FS 50 Jahre BVerfG II, S. 421, 440; *Papier/Möller*, AöR 122 (1997), 177, 187; *Towfigh*, JA 2015, 81, 84; a.A. *Wißmann*, Generalklauseln, S. 210 f.

Verfahrens der Zugriff auf Teile seines Vermögens oder dessen Gesamtheit entzogen. Dies kann dazu führen, dass die persönliche Lebensführung des Betroffenen erheblich leidet, wenn etwa Wohnungsmieten nicht mehr bezahlt werden können, eventuelle Darlehensrückzahlungen nicht mehr möglich sind, oder ähnliche Verbindlichkeiten zu bedienen unmöglich wird. Auch die Kreditwürdigkeit des Betroffenen leidet unter einer solchen Maßnahme schwer. Er wird unter Umständen zu Notverkäufen von Immobilien und anderen Vermögenswerten gezwungen, um andere Verpflichtungen erfüllen zu können, wobei in solchen Situationen selten die eigentlichen Marktpreise erzielt werden, sodass gravierende finanzielle Verluste die Folge sein können. Hierbei entstehende Schädigungen des Betroffenen haben, selbst wenn am Ende der Tatverdacht ausgeräumt werden sollte und die vorläufige Sicherstellung infolgedessen aufgehoben werden müsste, bereits endgültigen Charakter.

Durch die Vermögensbeschlagnahme kann daher – schon zu einem Zeitpunkt, in dem der Sachverhalt regelmäßig noch sehr unklar sein wird – die persönliche wirtschaftliche Existenz des Betroffenen vernichtet werden.[179]

Die vorläufige Sicherstellung nach §§ 111b ff. StPO wurde in der Schwere des Eingriffs bereits mit der Untersuchungshaft verglichen.[180] Zwar werde die körperliche Fortbewegungsfreiheit dem Beschuldigten nicht entzogen, aber die Beeinträchtigungen seiner Handlungsfreiheit durch den Vermögensentzug wirkten sowohl in privater wie in beruflicher Hinsicht in ähnlich schwerer, potentiell existenzvernichtender Weise. Die gesamte Lebensführung sei betroffen und trotz des nur vorläufigen Charakters der Sicherstellung könnten die

---

179 *Backes*, StV 2006, 712, 717; *Borggräfe/Schütt*, StraFo 2006, 133, 133; *Greeve*, NJW 2007, 14, 15 f.; *Faust*, Das strafprozessuale Vermögensabschöpfungsrecht, S. 32 f.; *Kempf/Schilling*, StraFo 2006, 180, 185 ff.; *Odenthal*, FS Dahs, S. 405, 407 f.; *Schlachetzki*, wistra 2011, 41, 44; *Schubert*, ZRP 2008, 55, 56; *Strate*, StV 2006, 368, 369 mit praktischen Beispielen S. 370 ff.; *Wehnert/Mosiek*, StV 2005, 568, 569.

180 *Faust*, Das strafprozessuale Vermögensabschöpfungsrecht, S. 138 beschränkt die Gleichsetzung auf Fälle der vollständigen oder annähernd vollständigen Sicherstellung des Vermögens; *Odenthal*, FS Dahs, S. 405, 410; *Schlachetzki*, wistra 2011, 41, 44 f.; SK-StPO/*Rogall*, Vor §§ 111b-111p, Rn. 25; *Theile*, StV 2009, 161, 161 spricht von „wirtschaftliche[r] Freiheitsberaubung an einem Unschuldigen"; *Thode*, in: Nelles (Hrsg.), Money, Money, Money..., S. 65, 90, beschreibt, dass die Sicherstellung der StA – ähnlich wie die U-Haft – als Druckmittel gegen den Beschuldigten dienen kann, um ein Geständnis oder sonstige Kooperationsbereitschaft zu erreichen; *Wehnert/Mosiek*, StV 2005, 568, 570.

entstehenden Schäden durchaus endgültig sein – man denke nur an Wohnungsverlust, Arbeitsplatzverlust, Insolvenz etc.[181]

Für den in seiner Wirkungsweise ähnlichen § 6 Abs. 13 WpHG kann insofern nichts anderes gelten. Es handelt sich um einen äußerst schweren Eingriff in die Eigentumsfreiheit gemäß Art. 14 GG, der in seiner Schwere der Freiheitsentziehung durch die Untersuchungshaft zumindest nahekommt.[182]

2. Eingriff in Art. 12 GG

Wenn Vermögen sichergestellt und damit dem Zugriff des Eigentümers entzogen wird, kann dieser es auch nicht mehr für seine beruflichen Zwecke nutzen. Wer also beispielsweise berufsmäßig am Kapitalmarkt agiert, kann sein Vermögen nicht mehr für die hierzu nötigen Investitionen verwenden. Neben dem Eigentumsgrundrecht könnte daher auch die Berufsfreiheit aus Art. 12 GG durch Vermögensbeschlagnahmen nach § 6 Abs. 13 WpHG betroffen sein.

a.) Schutzbereich

Das Grundrecht der Berufsfreiheit schützt als einheitliches Grundrecht sowohl die Freiheit der Berufswahl als auch die der Berufsausübung.[183]

aa.) Sachlicher Schutzbereich

Als Beruf im Sinne des Art. 12 GG gilt jede auf Dauer berechnete und nicht nur vorübergehende, der Schaffung und Erhaltung einer Lebensgrundlage dienende Betätigung.[184] Hiervon erfasst sind jedenfalls auch professionelle Tätigkeiten im Bereich des Kapitalmarkts, wie sie im Regelungsbereich des WpHG denkbar erscheinen, so etwa Börsenmakler und ähnliche Berufsgruppen.

---

181 *Backes*, StV 2006, 712, 717; *Borggräfe/Schütt*, StraFo 2006, 133, 133; *Greeve*, NJW 2007, 14, 15 f.; *Faust*, Das strafprozessuale Vermögensabschöpfungsrecht, S. 32 f.; *Kempf/Schilling*, StraFo 2006, 180, 185 ff.; *Odenthal*, FS Dahs, S. 405, 407 f.; *Schlachetzki*, wistra 2011, 41, 44; *Schubert*, ZRP 2008, 55, 56; *Strate*, StV 2006, 368, 369 mit praktischen Beispielen S. 370 ff.; *Wehnert/Mosiek*, StV 2005, 568, 569.

182 Genauer dazu s. B.III.5.a.aa.

183 BVerfGE 7, 377, 402; v. Mangoldt/Klein/Starck/*Manssen*, GG, Art. 12 Abs. 1, Rn. 2; Maunz/Dürig/*Scholz*, Art. 12, Rn. 25; v. Münch/Kunig/*Kämmerer*, GG-Kommentar, Art. 12, Rn. 24.

184 BVerfGE 7, 377, 397; v. Mangoldt/Klein/Starck/*Manssen*, GG, Art. 12 Abs. 1, Rn. 37; Maunz/Dürig/*Scholz*, Art. 12, Rn. 29; v. Münch/Kunig/*Kämmerer*, GG-Kommentar, Art. 12, Rn. 15.

Nicht vom sachlichen Schutzbereich des Art. 12 GG umfasst sind dagegen Tätigkeiten, die lediglich der privaten Kapitalmehrung dienen, wie etwa das Kaufen von Wertpapieren durch nicht professionelle Anleger, die durch ihre Aktivität nicht ihren Lebensunterhalt verdienen wollen.

Zu beachten ist, dass nach herrschender Auffassung nicht mehr nur erlaubte Tätigkeiten unter den sachlichen Schutz des Art. 12 GG fallen, sondern lediglich solche Tätigkeiten keinen Schutz genießen, die schlechthin gemeinschaftsschädlich sind, wie etwa ein Berufsverbrechertum.[185] Dies ergibt sich daraus, dass der Staat anderenfalls durch einfache Verbote den Schutz des Art. 12 GG leicht völlig unterlaufen könnte. Ein Grenzfall dürfte hier vorliegen, wenn etwa ein am Kapitalmarkt tätiger Unternehmer regelmäßig und ausschließlich in einer durch das WpHG verbotenen Weise handelte.[186] Nicht jede unter Strafe gestellte Betätigung ist im gleichen Maße absolut gemeinschaftsschädlich, wie das etwa im Falle der oft bemühten Beispiele des Berufsdiebes oder Berufsmörders offensichtlich ist.[187] So wurde beispielsweise der Insiderhandel erst 1994 mit Einführung des WpHG überhaupt unter Strafe gestellt.[188] Ob insofern schlechthin von einer Gemeinschädlichkeit ausgegangen werden kann, erscheint – im Vergleich zu kernstrafrechtlichen Verboten, wie denen des Diebstahls, Betrugs oder Mordes – fraglich.[189]

---

185 Dreier/*Wieland*, GG-Kommentar, Art. 12, Rn. 43; v. Mangoldt/Klein/Starck/*Manssen*, Art. 12 Abs. 1, Rn. 43; Maunz/Dürig/*Scholz*, Art. 12, Rn. 35 ff.; a.A. v. Münch/Kunig/*Kämmerer*, GG-Kommentar, Art. 12, Rn. 17, der jegliche Beschränkung in diesem Sinne ablehnt.

186 Vgl. das plakative Beispiel einer „Kapitalanlagebetrugs-GmbH" bei *Podolsky/Brenner*, Vermögensabschöpfung im Straf- und Ordnungswidrigkeitenverfahren, Fall 34, S. 76.

187 Maunz/Dürig/*Scholz*, Art. 12, Rn. 38 f.

188 Gesetz über den Wertpapierhandel vom 26.07.1994, BGBl. I, S. 1749.

189 Ob Insiderhandel überhaupt strafwürdig ist, wird kontrovers beurteilt. Dagegen etwa *Haouache*, Börsenaufsicht durch Strafrecht, S. 73; *Hild*, Grenzen einer strafrechtlichen Regulierung des Kapitalmarktes, S. 153; *Leipold*, in: Kempf/Lüderssen/Volk (Hrsg.), Die Finanzkrise, das Wirtschaftsstrafrecht und die Moral, S. 327, 330 ff.; *Manne*, Insider Trading and the Stock Market, S. 77 ff., der Insiderhandel für ökonomisch positiv erachtet; Park/*Hilgendorf/Kusche*, Kap. 7.1., Rn. 19 ff.; *Trüg*, Konzeption und Struktur des Insiderstrafrechts, S. 120 ff. Für eine Strafwürdigkeit *Dingeldey*, Insider-Handel und Strafrecht, S. 61 ff., 154; GJW/*Diversy/Köpferl*, § 38 WpHG, Rn. 4 ff.; KK-WpHG/*Hirte/Heinrich*, Einl., Rn. 28, m.w.N.; KK-WpHG/*Altenhain*, § 38, Rn. 2 ff.; *Mennicke*, Sanktionen gegen den Insiderhandel, S. 516 f.; *Schröder*, Handbuch Kapitalmarktstrafrecht, Rn. 109, m.w.N.; *Victoria Villeda*, Prävention und Repression von Insiderhandel, S. 386 f.

Angesichts der Tatsache, dass bei Maßnahmen im Rahmen des § 6 Abs. 13 WpHG eine Verurteilung des Betroffenen noch nicht erfolgt ist, diesem mithin die Unschuldsvermutung zugutekommt, wäre eine Herausnahme aus dem Schutzbereich des Art. 12 GG ohnehin unzulässig. Damit könnten selbst in solchen Fällen Maßnahmen der Vermögensbeschlagnahme in das Grundrecht der Berufsfreiheit eingreifen.

Vom sachlichen Schutzbereich des Art. 12 GG sind also alle diejenigen Betroffenen einer Vermögenssicherstellung nach § 6 Abs. 13 WpHG erfasst, die einer Erwerbstätigkeit nachgehen, die im Bereich der in § 6 Abs. 13 WpHG genannten Vorschriften liegt. Die Begehung einer Straftat nach § 119 WpHG wird in der Regel ein vergleichsweise tiefgreifendes Verständnis der Mechanismen der Kapitalmärkte und einen guten Zugang zu für die Tatbegehung notwendigen Informationen voraussetzen. Insofern ist davon auszugehen, dass der Großteil der für Maßnahmen gemäß § 6 Abs. 13 WpHG infrage kommenden Personen zu diesem Kreis gehört.

bb.) Persönlicher Schutzbereich

In den persönlichen Schutzbereich des Art. 12 GG fallen Deutsche und auch inländische juristische Personen gemäß Art. 19 Abs. 3 GG.[190]

b.) Eingriff

Eingriffe in die Berufsfreiheit sind zum einen solche, die, dem klassischen Eingriffsbegriff entsprechend, final darauf abzielen, die Ausübung eines Berufes zu reglementieren oder seine Ergreifung zu beschränken.[191] Die Vermögensbeschlagnahmeermächtigung des § 6 Abs. 13 WpHG fällt nicht in diese Kategorie. Ziel des Gesetzgebers waren keine Berufsbeschränkungen, sondern die Sicherung von später einzuziehendem Vermögen, um das Beiseiteschaffen der Tatbeute durch den mutmaßlichen Täter eines Delikts des WpHG zu verhindern.[192]

Zum anderen werden als Eingriffe in die Berufsfreiheit auch solche Maßnahmen gewertet, die sich zwar nur mittelbar auf dieses Grundrecht auswirken, jedoch in einem engen Zusammenhang mit der Berufsausübung stehen

---

190 v. Mangoldt/Klein/Starck/*Manssen*, GG, Art. 12 Abs. 1, Rn. 266, 268; Maunz/Dürig/*Scholz*, Art. 12, Rn. 103, 106.

191 BVerfGE 13, 181, 185 f.; v. Mangoldt/Klein/Starck/*Manssen*, GG, Art. 12 Abs. 1, Rn. 74; Maunz/Dürig/*Scholz*, Art. 12, Rn. 300; v. Münch/Kunig/*Kämmerer*, GG-Kommentar, Art. 12, Rn. 46.

192 BT-Drs. 18/7482, S. 59

und eine objektiv berufsregelnde Tendenz erkennen lassen.[193] Die Vermögensabschöpfung wirkt zunächst nicht direkt auf die Berufstätigkeit ein. Allerdings kann ein Betroffener für seine Berufsausübung darauf angewiesen sein, über hinreichende finanzielle Mittel zu verfügen, um seine berufliche Tätigkeit fortzusetzen. So müssen etwa Mitarbeiter entlohnt, Sozialabgaben abgeführt und Gewerberäume gemietet werden.[194] Wurde das gesamte oder ein erheblicher Teil des Vermögens sichergestellt, kann dies unmöglich werden. Außerdem kann – je nach Art der Berufstätigkeit – gerade der Einsatz des Vermögens nötig sein, um den Beruf überhaupt ausüben zu können. Dies trifft im Bereich des Kapitalmarktes in besonderer Weise zu, in dem mit Finanzinstrumenten gehandelt wird. Wer hier etwa keine Ankäufe mehr tätigen, oder wer auf Wertpapiere nicht mehr zugreifen kann, die er zum Handeltreiben benötigt, kann seinen Beruf am Kapitalmarkt möglicherweise nicht mehr ausüben. Damit greift eine Vermögenssicherstellung gemäß § 6 Abs. 13 WpHG unter Umständen mittelbar in die Berufsfreiheit des Betroffenen ein, indem sie die Berufsausübung erschwert oder ganz unmöglich macht, und somit objektiv eine berufsregelnde Tendenz aufweist.[195]

c.) Intensität des Eingriffs

Zur Eingriffsintensität gilt das zu Art. 14 GG Gesagte entsprechend. Je nach Umfang der Vermögensbeschlagnahme kann dem Betroffenen seine berufliche Tätigkeit für die Dauer der Sicherstellung unmöglich gemacht werden, sodass der berufliche Ruin schon eintreten kann, bevor überhaupt eine strafrechtliche Verurteilung erfolgt ist. Die berufliche Existenz des Betroffenen ist also durch Maßnahmen nach § 6 Abs. 13 WpHG stark bedroht, der Eingriff in die Berufsfreiheit – zumindest bei Sicherstellung eines erheblichen Vermögensanteils – ausgesprochen schwer.

---

193 BVerfGE 13, 181, 185 f.; 97, 228, 254; Dreier/*Wieland*, GG-Kommentar, Art. 12, Rn. 71; Maunz/Dürig/*Scholz*, Art. 12, Rn. 300 f.; v. Münch/Kunig/*Kämmerer*, GG-Kommentar, Art. 12, Rn. 46.

194 Beispiele gibt etwa *Strate*, StV 2006, 368, 370 ff. Zum Potential der beruflichen Existenzvernichtung s.a. *Rönnau*, ZRP 2004, 191, 194; *Schlachetzki*, wistra 2011, 41, 44.

195 Im Falle der §§ 111b ff. StPO a.F. wird ein Eingriff in die Berufsfreiheit allgemein ebenfalls bejaht, wobei dort dieser Eingriff angesichts der vielfältigen denkbaren Deliktstypen weniger ausgeprägt sein dürfte, als im Falle des § 6 Abs. 13 WpHG, vgl. dazu *Faust*, Das strafprozessuale Vermögensabschöpfungsrecht, S. 65; MüKo-StPO/*Bittmann*, Vor §§ 111b-111p, Rn. 4; SK-StPO/*Rogall*, Vor §§ 111b-111p, Rn. 25.

3. Eingriff in die Unschuldsvermutung

Da die Vermögensbeschlagnahme vor Verurteilung des möglichen Täters in dessen Grundrechte eingreift (s.o.), könnte auch die Unschuldsvermutung von Maßnahmen nach § 6 Abs. 13 WpHG betroffen sein. Der genaue Inhalt der Unschuldsvermutung ist nach wie vor weitgehend ungeklärt.[196] Bevor eine inhaltliche Zusammenfassung der hier relevanten Punkte erfolgen kann, muss zunächst allerdings die Stellung der Unschuldsvermutung im deutschen (Verfassungs-)Recht erörtert werden.

a.) Stellung der Unschuldsvermutung im deutschen Recht

Eine schriftliche Verankerung der Unschuldsvermutung findet sich im Grundgesetz nicht. Dagegen ist sie in Art. 6 Abs. 2 EMRK festgelegt. Die EMRK wurde durch die Bundesrepublik am 07.08.1952 ratifiziert und in deutsches Recht transformiert.[197] Die EMRK genießt in Deutschland damit allerdings keinen verfassungsrechtlichen Status.[198] Sie ist lediglich als einfaches Bundesrecht anzuwenden.[199]

Aufgrund ihres menschenrechtlichen Gehalts und im Hinblick auf die völkerrechtliche Bindung Deutschlands misst das Bundesverfassungsgericht ihr jedoch große Bedeutung bei.

Daher zieht es die EMRK und die Rechtsprechung des Europäischen Gerichtshofes für Menschenrechte für die Auslegung des Grundgesetzes unterstützend heran.[200] Außerdem sind deutsche Gesetze im Einklang mit der EMRK und der Rechtsprechung des Europäischen Gerichtshofes für Menschenrechte auszulegen.[201]

Davon abgesehen wird die Unschuldsvermutung – von der EMRK unabhängig – auch als (ungeschriebener) deutscher Verfassungsgrundsatz aufgefasst. Dadurch

---

196 *Roxin/Schünemann*, StPO, § 11, Rn. 1.

197 Gesetz über die Konvention zum Schutze der Menschenrechte und Grundfreiheiten vom 07. August 1952, BGBl. II 1952, S. 686.

198 LR-StPO[26]/Esser, EMRK Einf., Rn. 86.

199 BVerfGE 74, 358, 370; 82, 106, 114; 111, 307, 315; IK-EMRK/*Fastenrath*, Art. 1, Rn. 161; LR-StPO[26]/*Esser*, EMRK Einf., Rn. 85; SK-StPO/*Meyer*, Einleitung EMRK, Rn. 122.

200 Erstmals BVerfGE 35, 311, 320; 74, 358, 370; 82, 106, 115, 120; LR-StPO[26]/*Esser*, EMRK Einf., Rn. 90.

201 IK-EMRK/*Fastenrath*, Art. 1, Rn. 170; LR-StPO[26]/*Esser*, EMRK Einf., Rn. 95; SK-StPO/*Meyer*, Einleitung EMRK, Rn. 126.

wird ihr ein – überwiegend aus Art. 20 Abs. 3 oder Art. 1 GG abgeleiteter – grundrechtlicher Gehalt verliehen.[202]

Das Bundesverfassungsgericht sieht die Unschuldsvermutung als Ausprägung des Rechtsstaatsprinzips aus Art. 20 Abs. 3 GG und gibt ihr damit Verfassungsrang.[203] Zur Definition der Unschuldsvermutung des Grundgesetzes greift das Bundesverfassungsgericht auf die Regelung des Art. 6 Abs. 2 EMRK zurück, sodass sich inhaltliche Unterschiede hier nicht ergeben.[204]

Festzuhalten bleibt, dass die Unschuldsvermutung im deutschen Recht zum einen durch die einfachgesetzliche Regelung des Art. 6 Abs. 2 EMRK und zum anderen auch als eigenständiges Prinzip des Rechtsstaats nach Art. 20 Abs. 3 GG verankert ist.

b.) Sachlicher Gehalt der Unschuldsvermutung

Die Unschuldsvermutung verbietet gegenüber dem Beschuldigten Maßnahmen zu verhängen, die in ihrer Wirkung einer Strafe gleichkämen oder ihn als schuldig zu behandeln, ohne dass ein gesetzlicher, prozessordnungsgemäßer Schuldnachweis erfolgt wäre.[205] Strafprozessuale Zwangsmaßnahmen, die sich auf einen Tatverdacht gründen, sind grundsätzlich mit der Unschuldsvermutung vereinbar, da sie für die Durchführung eines Strafverfahrens unerlässlich sind.[206] Dies kann lediglich dann anders sein, wenn die prozessuale Maßnahme bereits eine strafähnliche Wirkung zeitigt.

Um von Strafähnlichkeit sprechen zu können, muss zum einen die Wirkung der Maßnahme einer Strafe gleichkommen, wie etwa eine Entziehung der Fortbewegungsfreiheit oder die Entziehung von Vermögensbestandteilen. Nähme man allerdings nur diese äußere Wirkung als Klassifizierungsmerkmal, würde der Strafbegriff

---

202 LR-StPO[26]/*Esser*, Art. 6 EMRK, Rn. 448; *Niemöller/Schuppert*, AöR 107 (1982), 387, 470; SK-StPO/*Meyer*, Art. 6 EMRK, Rn. 307; *Stuckenberg*, Untersuchungen zur Unschuldsvermutung, S. 546 ff.

203 BVerfGE 19, 342, 347; 22, 254, 265; 74, 358, 370; 82, 106, 114; st. Rspr.

204 BVerfGE 35, 311, 320; 74, 358, 370; SK-StPO/*Meyer*, Art. 6 EMRK, Rn. 307.

205 BVerfGE 19, 342, 347; 35, 311, 320; 74, 358, 37.

206 BVerfGE 82, 106, 115; IK-EMRK/*Kühne*, Art. 6, Rn. 469; *Kühl*, Unschuldsvermutung, Freispruch und Einstellung, S. 13; LR-StPO[26]/*Esser*, Art. 6 EMRK, Rn. 449; *Roxin/Schünemann*, StPO, § 11, Rn. 3; *Stuckenberg*, Untersuchungen zur Unschuldsvermutung, S. 557. *Frister*, Schuldprinzip, Verbot der Verdachtsstrafe und Unschuldsvermutung als materielle Grundprinzipien des Strafrechts, S. 89 ff. sieht solche Maßnahmen als legitim an, sofern sie nicht strafrechtlich (mit der Schuld des Beschuldigten), sondern durch öffentliches Interesse (Sicherung des Verfahrens) gerechtfertigt werden können.

in unermesslicher Weise ausgedehnt. Viele Maßnahmen, zum Beispiel des Polizeirechts, haben eine strafähnliche Wirkung, sind jedoch auf Grund ihrer Zielrichtung eindeutig keine Strafen und auch nicht als strafähnliche Maßnahmen zu werten.[207]

Deshalb muss zum anderen auch ein anderes Merkmal gegeben sein, das exklusiv im Bereich der Strafe zu finden ist: Das sozialethische Unwerturteil, welches mit der Verhängung einer Strafe einhergeht.[208] Nur dieses Merkmal grenzt die Strafe eindeutig von anderen staatlichen Maßnahmen ab.

c. *Vermögensbeschlagnahme und Unschuldsvermutung*

Eine vorläufige Vermögenssicherstellung – gleichgültig, ob sie auf §§ 111b ff. StPO oder § 6 Abs. 13 WpHG beruht – ist in ihrer prinzipiellen Wirkung, der Vermögensentziehung, einer Vermögens- oder Geldstrafe durchaus sehr ähnlich. Hierbei ist freilich zu berücksichtigen, dass es sich nur um eine vorläufige Entziehung des Vermögens handelt.

Hingegen wird mit der vorläufigen Vermögenssicherstellung kein sozialethisches Unwerturteil über den Betroffenen ausgesprochen. Vielmehr dient sie ausschließlich der Sicherung der späteren Einziehung des Vermögens und damit der Sicherung eines ordnungsgemäßen Ablaufs des Strafverfahrens.[209] Ihr Einsatz beruht damit gerade nicht auf der mutmaßlichen Schuld des Beschuldigten, sie knüpft nur an den Tatverdacht an, um daraufhin schuldunabhängige Zwecke zu verfolgen.[210] Sie weist dem Betroffenen damit keine Schuld vor seiner

---

207 Man denke etwa nur an den Polizeigewahrsam (z. B. nach § 33 bwPolG).

208 BVerfGE 82, 106, 119; *Kühl*, Unschuldsvermutung, Freispruch und Einstellung, S. 13 ff.; *Meyer*, FS Tröndle, S. 61, 70; *Stuckenberg*, Untersuchungen zur Unschuldsvermutung, S. 537 ff.

209 *Achenbach*, FS Blau, S. 10; *Bittmann*, NZWiSt 2016, 131, 132; *Bittmann/Kühn*, wistra 2002, 248, 249; *Dittmann/Reichhart*, JA 2011, 540, 541; *Herzog*, KJ 1987, 321, 325; *Köhler*, NStZ 2017, 497, 501; *Köhler/Burkhard*, NStZ 2017, 665, 676; *Korte*, wistra 2018, 1, 10 f.; *Lenhard*, Kriminalistik 1989, 612, 613; LR-StPO/*Johann*, Vor §§ 111b ff., Rn. 24.; *Meyer*, ZStW 127 (2015), 241, 247; *Müller*, Die Rückgewinnungshilfe und der staatliche Auffangrechtserwerb, S. 45.; *Neuefeind*, JA 2004, 155, 164; *Rönnau/Begemeier*, JZ 2016, 441, 443; SK-StPO/*Rogall*, § 111b, Rn. 1; *Walter*, JA 2011, 481, 483; *Wilk/Stewen*, wistra 2013, 409, 410.

210 Die vorläufige Vermögenssicherstellung entspricht damit den Anforderungen, die das BVerfG im Hinblick auf die Unschuldsvermutung für die Untersuchungshaft aufgestellt hat, die sich aber insoweit generalisieren lassen, vgl. BVerfGE 19, 342, 347f. Auch die EuKMR hat eine Verletzung der Unschuldsvermutung durch §§ 111b ff. StPO a.F. abgelehnt, EuKMR 5263/71 CD 42, 97, 98.

Verurteilung zu und nimmt die Strafe auch nicht vorweg. Die vorläufige Vermögenssicherstellung ist daher nicht strafähnlich, auch wenn sie erhebliche Grundrechtseingriffe ermöglicht, die an den Tatverdacht als Auslöser anknüpfen.

Diese rein formale Begründung der mangelnden sozialethischen Deklassierung durch die Vermögensbeschlagnahme wird durch ihre faktische Außenwirkung auf die Bevölkerung gestützt, insbesondere, wenn man sie mit der Untersuchungshaft vergleicht. Denn eine Vermögensbeschlagnahme setzt den Betroffenen keinem sozialen Makel aus, der einer Vorverurteilung in seinem Umfeld gleichkäme.

Dies unterscheidet sie von der Untersuchungshaft, die nach außen durchaus strafähnlich wirkt und nur deshalb zulässig ist, weil mit ihr vom Gesetzgeber der legitime Zweck verfolgt wird, den ordnungsgemäßen Ablauf eines Strafverfahrens zu sichern.[211] Im Falle der Untersuchungshaft ist die soziale Außenwirkung eine ganz andere: In extremen Fällen wird über eine Verhaftung in den Medien ausführlich berichtet.[212] Aber auch wenn dies nicht stattfindet, ist der Ablauf einer Verhaftung sehr öffentlich erkennbar. Polizeikräfte treffen am Wohnort oder Arbeitsplatz des Beschuldigten ein und nehmen diesen mit. Spätestens wenn der Beschuldigte danach nicht zurückkehrt, wird das Umfeld die Verhaftung erahnen.

Eine Vermögenssicherstellung läuft dagegen sehr viel diskreter ab und ist von außen nicht in gleichem Maße erkennbar. Dazu kommt noch, dass selbst bei Bekanntwerden eines Vermögensarrests dieser nicht ohne weiteres mit der Begehung einer Straftat assoziiert werden muss, wohingegen eine Verhaftung von der Bevölkerung im Allgemeinen als eine Art Vorverurteilung angesehen wird.[213] Ein Vermögensarrest ist schließlich auch aus zivilrechtlichen Gründen möglich und üblich (§§ 916 ff. ZPO), weshalb die Maßnahme nicht im selben Umfang eine strafrechtliche Konnotation aufweist.[214]

Allgemein zu Vermögensbeschlagnahmen so auch *Stuckenberg*, Untersuchungen zur Unschuldsvermutung, S. 416 f.

211 So deutlich BVerfGE 19, 342, 347 f.

212 Man denke etwa an die Verhaftung des Vorstandsvorsitzenden der Audi-AG *Rupert Stadler*, die in den Medien weite Verbreitung fand, beispielhaft genannt sei nur FAZ, vom 18.06.2018, S. 1.

213 *Haberstroh*, NStZ 1984, 290, 291 f.; *Hentschel*, Untersuchungshaft – eine bedingte Strafe?, S. 70 ff.; *Lindner*, AöR 113 (2008), 235, 249 f.; *Paeffgen*, Vorüberlegungen zu einer Dogmatik des Untersuchungshaft-Rechts, S. 53, Fn. 194; a.A. *Morgenstern*, Die Untersuchungshaft, S. 619, die meint, der Öffentlichkeit sei die Vorläufigkeit als Charakteristikum der U-Haft bekannt.

214 *Stuckenberg*, Untersuchungen zur Unschuldsvermutung, S. 539.

d.) Ergebnis

§ 6 Abs. 13 WpHG ermöglicht die vorläufige Sicherstellung von Vermögen eines einer Straftat nach § 119 WpHG Verdächtigen. Damit wird zwar erheblich in Grundrechte eingegriffen (s.o.), allerdings wird über den Verdacht hinaus keine Schuld des Betroffenen unterstellt. Die Maßnahme kann einschneidend sein, hat aber keine sozial desavouierende Wirkung, die sie einer vorweggenommenen Strafe gleichkommen ließe und ist überdies auch nur eine vorläufige. Die Unschuldsvermutung wird durch diese Maßnahme daher nicht verletzt.[215]

V. Konkrete Bestimmtheitsanforderungen an § 6 Abs. 13 WpHG

Im Folgenden sollen die konkreten Bestimmtheitsanforderungen festgelegt werden, die für § 6 Abs. 13 WpHG gelten. Die potentielle Eingriffsintensität des § 6 Abs. 13 WpHG wurde bereits als sehr hoch erkannt. Wie bereits ausgeführt, müssen zur Festlegung eines Mindestbestimmtheitsniveaus die Eingriffsintensität und die Schwierigkeit der zu regelnden Materie in gleichem Maße Beachtung finden.[216] Im Folgenden muss daher auch die Letztere untersucht werden.

1. Komplexität der zu regelnden Materie

Es gleicht einem Allgemeinplatz, dass das Wirtschaftsstrafrecht – bedingt durch die schnelle (Weiter-)Entwicklung der wirtschaftlichen Verhaltensweisen und deren geringe Vorhersehbarkeit für den Gesetzgeber – eine ausgesprochen dynamische Materie ist, deren der Gesetzgeber nur durch möglichst weitgefasste, generalklauselartige Strafvorschriften (oft auch in Blankettform) Herr werden kann.[217] Dies soll für das Kapitalmarktstrafrecht in besonderer Weise gelten, da die Komplexität hier besonders hoch sei und die Entwicklung neuer Verhaltensweisen durch die Marktteilnehmer viel zu schnell von Statten gehe, als dass eine

---

215 Zu Vermögensbeschlagnahmen allgemein in diesem Sinne *Stuckenberg*, Untersuchungen zur Unschuldsvermutung, S. 416 f.

216 S.o. A.II.2.

217 Esser/Rübenstahl/Saliger/Tsambikakis/*Esser*, Wirtschaftsstrafrecht, § 1, Rn. 17; GJW/*Wittig*, Einführung, Rn. 19 ff.; Müller-Gugenberger/*Heitmann*, Wirtschaftsstrafrecht, § 3, Rn. 3; Müller-Gugenberger/*Müller-Gugenberger*, Wirtschaftsstrafrecht, § 1, Rn. 14; *Tiedemann*, Wirtschaftsstrafrecht, § 5, Rn. 238, 253; Volk/*Grunst/Volk*, MAH Wirtschafts- und Steuerstrafsachen, § 1, Rn. 102 f.

strafrechtliche Regelung anders als durch größtmögliche Flexibilität und Anpassungsfähigkeit möglich wäre.[218]

Die besondere Dynamik des Rechtsgebietes ergibt sich in erster Linie durch die Tätigkeiten der Marktteilnehmer, die immer wieder neue Möglichkeiten des Wertpapierhandels ersinnen. An den Finanzmärkten werden immer neue Finanzprodukte entwickelt, die neuartige Formen des Handels ermöglichen, zur Risikoabsicherung dienen, oder neue Spekulationsmöglichkeiten eröffnen sollen.[219] Ein Beispiel für solch innovative Finanzprodukte sind etwa die *Asset Backed Securities* (ABS), die im Rahmen der Finanzkrise zu trauriger Berühmtheit gelangten.[220] Die Tendenz an den Kapitalmärkten geht dabei nicht nur zu immer neuen Produkten, sondern auch dahin, dass diese immer komplizierter und undurchschaubarer werden.[221] Somit wird auch die ohnehin schon große Komplexität des Kapitalmarktes immer weiter gesteigert.

Aber nicht nur die ausgesprochene Dynamik trägt zur Komplexität des Kapitalmarktstrafrechts bei. Auch die Materie selbst stellt hohe Anforderungen an die Überwachungs- und Strafverfolgungsbehörden.[222] Staatsanwälte müssen,

---

218 Park[4]/*Hilgendorf/Kusche*, Kap. 5.1., Rn. 22 ff.; *Schmolke*, AG 2016, 434, 435 f.; *Victoria Villeda*, Prävention und Repression von Insiderhandel, S. 380. Für die Regelungen zur Marktmanipulation ist Anpassungsfähigkeit erklärtes Ziel der MAR, vgl. Erwägungsgrund 38, MAR.

219 Zur ständigen Weiterentwicklung auf dem Kapitalmarkt *Anabtawi/Schwarcz*, 86 Notre Dame L. Rev. (2011), 1349, 1368; *Awrey*, 2 Harv. Bus. L. Rev. (2012), 236, 238, 248, 260 ff.; *Gubler*, 36 Del. J. Corp. L. (2011), 55, 62; *Klingenbrunn*, Produktverbote zur Gewährleistung von Finanzmarktstabilität, S. 74 ff.; *Möslein*, ZBB 2013, 1, 3; *Omarova*, 90 Wash. U. L. Rev. (2012), 62, 69 ff.; *Schröder*, Kriminalistik 2009, 12, 13; *ders.*, ZBB 2010, 280; *ders.*, Handbuch Kapitalmarktstrafrecht, Rn. 1082 f.; *Tufano*, in: Constantinides/Harris/Stulz (Hrsg.), Handbook of the Economics of Finance, S. 309 ff.

220 Zu den ABS *Klingenbrunn*, Produktverbote zur Gewährleistung von Finanzmarktstabilität, S. 75 ff.; *Möslein*, ZBB 2013, 1, 7 f., m.w.N.; zu ABS als krisen(mit)auslösender Faktor *Anabtawi/Schwarcz*, 86 Notre Dame L. Rev. (2011), 1349, 1359 f.; *Schröder*, ZBB 2010, 280, 284 ff.; *ders.*, Handbuch Kapitalmarktstrafrecht, Rn. 1085 ff.

221 *Anabtawi/Schwarcz*, 86 Notre Dame L. Rev. (2011), 1349, 1368, 1376 f.; *Awrey*, 2 Harv. Bus. L. Rev. (2012), 236, 248 ff., 264 ff.; *Gubler*, 36 Del. J. Corp. L. (2011), 55, 59, 72 f.; *Klingenbrunn*, Produktverbote zur Gewährleistung von Finanzmarktstabilität, S. 78 f.; *Omarova*, 90 Wash. U. L. Rev. (2012), 62, 69 ff.; *Schröder*, Kriminalistik 2009, 12, 13; *ders.*, ZBB 2010, 280, 282.

222 Allgemein zur Verfolgung von Wirtschaftskriminalität *Emrich-Katzin*, Schwerpunktstaatsanwaltschaften im Wirtschaftsstrafrecht und die Stellung der Wirtschaftsreferenten, S. 31 f.; *Kramer*, Ermittlungen bei Wirtschaftsdelikten, S. 3; *Poerting*, in: Poerting (Hrsg.), Wirtschaftskriminalität 1, S. 36 ff.; *Zirpins/Terstegen*, Wirtschaftskriminalität,

wenn sie mit kapitalmarktstrafrechtlichen Sachverhalten konfrontiert werden, überblicken können, welche Handlungsabläufe im Detail überhaupt vorliegen. Dies erfordert zum einen eine Sachverhaltsaufklärung, die große Datenmengen zusammenträgt und analysiert, um ein zutreffendes Gesamtbild der in Frage stehenden Handlungen zu erlangen.[223] Zum anderen wird ein tiefgreifendes Verständnis der entsprechenden Vorgänge am Kapitalmarkt benötigt, um die festgestellten Sachverhalte auch inhaltlich nachvollziehen zu können. Schließlich ist auch die rechtliche Bewertung unter Umständen äußerst schwierig – gerade auch in neuartigen Fallkonstellationen. Um hier eine zutreffende rechtliche Erfassung zu ermöglichen, ist der Gesetzgeber zu einer gewissen Unbestimmtheit seiner Vorschriften geradezu gezwungen.[224]

Um die Komplexität der Materie, die § 6 Abs. 13 WpHG regelt, zu erfassen, reicht es jedoch nicht aus, pauschal auf seinen Standort im WpHG zu verweisen. Denn § 6 Abs. 13 WpHG selbst regelt nur eine prozessuale Eingriffsbefugnis, nicht aber kapitalmarktstrafrechtliche Details materieller Art.

Vielmehr muss innerhalb des § 6 Abs. 13 WpHG differenziert werden:

Auf der einen Seite stehen die Verweisungen auf die Vorschriften der MAR und die Gebote und Verbote, der in § 6 Abs. 6 S. 1 Nr. 3, 4 und 6 WpHG zitierten Vorschriften. Diese sind als Tatbestandsvoraussetzungen in der Tat kapitalmarktrechtlicher Natur.

Auf der anderen Seite gilt es jedoch auch zu beachten, dass die prozessualen Eingriffsvoraussetzungen – die der Gesetzestext durch den Ausdruck „soweit dies zur Durchsetzung der Verbote und Gebote [...] geboten ist." andeutet – selbst keinen kapitalmarktstrafrechtlichen Hintergrund haben. Nur jene in Bezug genommenen Vorschriften stellen überhaupt eine Verbindung zu besonderen kapitalmarktstrafrechtlichen Regelungen her, und erklären gleichsam den Standort der Regelung.

S. 110 ff., die den Sachverhalt bei Wirtschaftsstraftaten mit einem „Schlingpflanzendickicht" (S. 114) vergleichen. Zur Ermittlung bei Insiderdelikten exemplarisch *Beck/Kappler/Bayer*, in: Poerting (Hrsg.), Wirtschaftskriminalität 2, S. 63 ff.

223 Knierim/Rübenstahl/Tsambikakis/*Gnädigk*, Internal Investigations, 19. Kap., Rn. 10 ff., die darlegt, dass schriftlichen Beweismitteln – die meist im Rahmen von Durchsuchungen sichergestellt werden – in Wirtschaftsstrafverfahren wesentliche Bedeutung zukommt, so auch *Krieglsteiner*, in: Poerting (Hrsg.), Wirtschaftskriminalität 1, S. 173 ff.

224 *Victoria Villeda*, Prävention und Repression von Insiderhandel, S. 380 f. Zur Problematik bei der Regulierung von Finanzinnovationen *Möslein*, ZBB 2013, 1, 12.

Der eigentliche Kern der Vorschrift – die Ermächtigung zu Vermögensbeschlagnahme – hingegen ist losgelöst von der Natur der in Frage kommenden Verstöße zu beurteilen. Infolgedessen muss die Frage nach der Komplexität der Regelungsmaterie differenziert betrachtet werden. Zunächst soll dies bezüglich der Verweisungsnorm geschehen, im Anschluss daran in Bezug auf die prozessualen Eingriffsvoraussetzungen.

Dagegen mag man einwenden können, dass die Strafvorschriften im Zusammenspiel mit der Vermögenssicherstellungsbefugnis erst den Grundrechtseingriff in seiner Gesamtheit konstituieren; also den Bezugsrahmen für die Bestimmtheit der auf sie abgestimmten Vermögenssicherstellungsvorschrift bilden. Insofern wären die in Bezug genommenen Strafvorschriften und ihr konkreter Gehalt ein Teilelement des durch § 6 Abs. 13 WpHG ermöglichten Eingriffs und ihr Inhalt somit für die Bestimmtheitsanforderungen an die Eingriffsbefugnis mitentscheidend. Daraus folgte, dass ein unterschiedliches Bestimmtheitsniveau innerhalb der Norm nicht zulässig wäre.

Zutreffend daran ist sicherlich, dass ein Grundrechtseingriff durch Vermögenssicherstellung nur bei solchen Strafvorschriften in Betracht kommt, die ein Verhalten unter Strafe stellen, das zu Vermögensvorteilen des Täters führt. In dem – freilich abwegigen – Fall, dass § 119 WpHG etwa ausschließlich solche Delikte unter Strafe stellte, die sich nicht auf Erlangung von Vermögensvorteilen richteten, wäre ein Grundrechtseingriff durch Sicherstellung von Taterträgen nach § 6 Abs. 13 WpHG in der Tat nicht vorstellbar und die Bestimmtheitsanforderungen an letzteren würden entsprechend sinken. Demzufolge kann ein direkter Zusammenhang zwischen Bezugsnormen und Eingriffsbefugnis nicht abgestritten werden; ohne entsprechende Strafvorschriften fehlte § 6 Abs. 13 WpHG ein wesentliches Element.

Im kapitalmarktstrafrechtlichen Bereich ist jedoch stets ein Vermögensbezug in Frage kommender Strafvorschriften zu erwarten, sodass der konkrete Gehalt der Strafvorschriften insofern unerheblich für das notwendige Maß der zu verlangenden Bestimmtheit ist, als der eigentliche Grundrechtseingriff durch die Vermögenssicherstellung erfolgt und seine Schwere und Reichweite ausschließlich durch die konkrete Gestaltung der Sicherstellungsbefugnis determiniert werden. Welche Art der Vorteilserlangung genau unter Strafe gestellt wird, spielt für die Sicherstellung des Vermögensvorteils keine Rolle.

Vor allem aber würde durch ein solches einheitliches Maß an Bestimmtheit unberücksichtigt gelassen, dass der Charakter und die mögliche Bestimmtheit der unterschiedlichen Normteile zu disparat sind, als dass auf diese Weise ein angemessener Gesamtbestimmtheitsmaßstab gefunden werden könnte: Die dynamischen Bezugnahmen auf die Strafvorschriften können notwendigerweise nur ein relativ geringes Bestimmtheitsniveau aufweisen. Die eigentliche Eingriffsbefugnis muss hingegen aufgrund des Potentials für schwerwiegende Grundrechtseingriffe einem tendenziell sehr hohen Bestimmtheitserfordernis entsprechen. Hierfür ein einheitliches Maß an Bestimmtheit festzusetzen, käme einer Quadratur des Kreises gleich und führte für beide Elemente zu nicht sachgerechten Anforderungen. Daraus folgt, dass hier die vorgenannte Differenzierung erforderlich ist, um an die einzelnen Bestandteile des § 6 Abs. 13 WpHG passende Bestimmtheitsmaßstäbe anlegen zu können.

a.) Verweisungen auf MAR und § 6 Abs. 6 S. 1 Nr. 3, 4, 6 WpHG

Kernstück der Verweisungen des § 6 Abs. 13 WpHG sind zunächst Vorschriften der MAR, welche Insiderhandel und Marktmanipulationen verbieten, das heißt die Art. 14 und 15 MAR.

Dazu kommen die Verweise auf alle sonstigen Gebote und Verbote dieser Verordnung, sowie die in § 6 Abs. 6 S. 1 Nr. 3, 4, 6 WpHG zitierten Vorschriften, also die Abschnitte 9 bis 11 des WpHG und die Verordnungen (EU) Nr. 600/2014 und (EU) 2016/1011 nebst der dazu erlassenen Durchführungsordnungen beziehungsweise delegierten Rechtsakte und Durchführungsrechtsakte.

Es handelt sich bei diesen Anknüpfungspunkten für das Eingreifen der BaFin nach § 6 Abs. 13 WpHG um ausgesprochen vielgestaltige Vorschriften, die von ganz grundsätzlichen Verboten bestimmter Marktpraktiken bis hin zu speziellen Belehrungs- und Dokumentationspflichten gehen. Offensichtliches Ziel dieser pauschalen Verweisung ist, die Zuständigkeit der BaFin für Vermögensbeschlagnahmen auf alle denkbaren Fälle von straf- oder ordnungswidrigkeitenrechtlichen Verstößen im Bereich des WpHG und der MAR sicherzustellen. Sie legitimiert also gleichsam die Zuständigkeit gerade dieser Behörde.

Ohne all diese Vorschriften im Einzelnen zu analysieren, kann gesagt werden, dass die in Bezug genommene Materie insgesamt eine sehr hohe Komplexität aufweist. Allein schon die hohe Zahl ganz unterschiedlicher Pflichten und Verbote, die mit der Verweisung erfasst werden sollen, schließt es aus, diese anders als durch einen Blanketttatbestand in den § 6 Abs. 13 WpHG zu inkorporieren.

Die Komplexität ergibt sich in diesem Teil der Vermögensbeschlagnahmevorschrift also bereits aus der Zahl und Vielfalt der denkbaren Anwendungsfälle dieses Instruments; eine detailliertere Verweisung würde die Übersichtlichkeit eher noch vermindern und den Tatbestand bis zur Unleserlichkeit aufblähen. Für diesen Teil des Tatbestandes liegt demnach eine sehr große Schwierigkeit der Regelung der Materie vor, sodass die Anforderungen an die Tatbestandsbestimmtheit diesbezüglich nicht zu hoch sein dürfen.

b.) Eingriffsvoraussetzungen

Abgesehen von den oben behandelten Anknüpfungspunkten für ein Eingreifen der BaFin handelt es sich bei der Regelungsmaterie des § 6 Abs. 13 WpHG um die Frage, welche Maßnahmen genau unter welchen Voraussetzungen getroffen werden sollen.

Regelungsgegenstand ist daher erstens, welche Eingriffsvoraussetzungen gegeben sein müssen, um eine solche Vermögensbeschlagnahme durchführen zu dürfen. Zu denken ist hier insbesondere an die Forderung nach einem bestimmten Grad des Verdachts, der ein Eingreifen rechtfertigen könnte.[225]

Zweitens muss der Gesetzgeber die zu ergreifenden Maßnahmen definieren. Er muss die Eingriffsmöglichkeit der Behörde rechtstechnisch so gestalten, dass sie in jedem der denkbaren Anwendungsfälle einsetzbar wird. Im Falle des § 6 Abs. 13 WpHG bedeutet dies, dass ein Mechanismus für die Durchführung der erstrebten Vermögensbeschlagnahme zu finden ist.

Zu bedenken ist hierbei insbesondere die notwendige Unterscheidung zwischen den Fällen, in denen das Erlangte noch als bestimmte Sache vorhanden ist, und jenen, in welchen das Erlangte nur noch wertmäßig im Vermögen existiert. Beide Fälle lassen sich rechtstechnisch nicht auf dieselbe Art lösen – im ersten Fall muss mit einer Beschlagahme gearbeitet werden, im zweiten mit einer Form des dinglichen Arrests.[226] Zusammengefasst bedeutet dies, dass der Gesetzgeber einen zweigeteilten Auftrag erfüllen muss, der aus der Festlegung der Maßnahme selbst und aus den Eingriffsvoraussetzungen für diese besteht.

Diese Regelungsmaterie ist vor allem technisch anspruchsvoll und komplex: Der Gesetzgeber hat sinnvolle Eingriffsvoraussetzungen vorzugeben, die eine jederzeit verhältnismäßige Anwendung der Maßnahme sicherstellen können. Außerdem muss er die Vermögensbeschlagnahme so gestalten, dass sie auch praktisch handhabbar ist. Schließlich muss die Maßnahme in ihrer konkreten Gestaltung auch in der Lage sein, den mit ihr verfolgten Zweck zu erfüllen. Es dürfen also keine Hindernisse entstehen, die letztlich den Zweck der Vermögensbeschlagnahme konterkarieren.[227]

---

225 Vgl. dazu die §§ 111b ff. StPO, die eine begründete Annahme des Vorliegens der Voraussetzungen für eine Einziehung verlangen.

226 Vgl. die Gesetzesbegründung in BT-Drs. 18/7482, S. 59, die deutlich macht, beides erfassen zu wollen.

227 Man denke als abschreckendes Beispiel etwa an den oft als „Totengräber des Verfalls" bezeichneten § 73 Abs. 1 S. 2 StGB a.F. (Ursprünglich von *Eberbach*, NStZ 1987, 486, 491).

Dafür sind jedoch Änderungen der materiellen Strafvorschriften des WpHG in diesem Bereich ohne Belang. Vielmehr ist ein einmal eingerichtetes System der Vermögensbeschlagnahme statisch, solange es in der Lage ist, in jedem denkbaren Anwendungsfall einzugreifen. Der genaue Inhalt der jeweiligen Strafvorschrift ändert nichts an der Vermögensbeschlagnahme.

Das bedeutet, dass hier keine so große Flexibilität nötig ist, wie es allgemein bei kapitalmarktstrafrechtlichen Normen der Fall ist.[228] Dem Gesetzgeber begegnet in diesem zweiten Teil der Vorschrift folglich eine hohe technische Komplexität der Regelung, vereint mit großer Änderungsunempfindlichkeit der Materie.

c.) Gesamtbetrachtung

Nimmt man zusammenfassend den gesamten § 6 Abs. 13 WpHG in Blick, so kann konstatiert werden, dass die Verweisung auf die Vorschriften der MAR und des § 6 Abs. 6 S. 1 Nr. 3, 4, 6 WpHG eine hohe materielle Komplexität durch die Vielfalt der erfassten Vorschriften aufweisen; die Regelungsmaterie der eigentlichen Vermögensbeschlagnahme hingegen eher technisch komplex ist.

Für die vorliegende Arbeit ist dabei hauptsächlich der letztere Anteil der Regelung von Interesse, der die eigentlichen Eingriffsvoraussetzungen enthält. Für die Festsetzung des notwendigen Bestimmtheitsgrades bedeutet dies, dass vor allem auf die Komplexität hinsichtlich der Eingriffsvoraussetzungen abzustellen ist. Diese erfordern keine große Flexibilität, sondern vor allem Genauigkeit und Anwendungssicherheit.

2. Festlegung des Bestimmtheitsmaßstabes für § 6 Abs. 13 WpHG

Nachdem nun die beiden Grundfaktoren für die Beurteilung der Bestimmtheit einer Norm, nämlich die Intensität des damit ermöglichten Grundrechtseingriffs einerseits, und die Eigenarten der Regelungsmaterie andererseits, untersucht worden sind, kann ein Maßstab festgelegt werden, an dem sich § 6 Abs. 13 WpHG messen lassen muss.

Zugleich soll versucht werden, diesen mit einem allgemeinen Mindestmaßstab für die notwendige Bestimmtheit von strafprozessualen Eingriffsermächtigungen

---

228 Park[4]/*Hilgendorf/Kusche*, Kap. 5.1., Rn. 22 ff.; *Schmolke*, AG 2016, 434, 435 f.; *Victoria Villeda*, Prävention und Repression von Insiderhandel, S. 380. Für die Regelungen zur Marktmanipulation ist Anpassungsfähigkeit erklärtes Ziel der MAR, vgl. Erwägungsgrund 38, MAR.

in Zusammenhang zu stellen. Dabei wird nicht verkannt, dass aus dem rechtsstaatlichen Bestimmtheitsgebot kein allgemeingültiger Maßstab hergeleitet werden kann, sondern immer der Einzelfall der zu untersuchenden Norm zu berücksichtigen ist.[229] Denn wenn auch die Anforderungen im Einzelfall gewisse Unterschiede aufweisen mögen, so können doch für eine Gruppe von Vorschriften, die letzten Endes immer ähnliche Zwecke verfolgen – nämlich die Strafverfolgung zu ermöglichen – und auf mehr oder weniger schwere Weise in Grundrechte eingreifen, wenigstens Mindeststandards festgelegt werden, die unabhängig von der konkreten Vorschrift immer Beachtung finden müssen. Dies schließt selbstverständlich höhere Bestimmtheitsanforderungen im Einzelfall nicht aus.

a.) Bestimmtheitsanforderungen an strafprozessuale Eingriffsermächtigungen

Jede strafprozessuale Zwangsmaßnahme greift in Grundrechte des betroffenen Bürgers ein – die eine intensiver, die andere weniger. Grundrechtlich geschützte Positionen sind immer betroffen.[230] Daraus folgt, dass solche Eingriffe nur unter Beachtung des Vorbehalts des Gesetzes stattfinden dürfen – das heißt, dass eine gesetzliche Grundlage für jedweden strafprozessualen Zwangseingriff zwingend notwendig ist.[231]

Das strafrechtliche Bestimmtheitsgebot des Art. 103 Abs. 2 GG kann zwar für prozessuale Vorschriften keine Geltung beanspruchen,[232] jedoch kann dem Vorbehalt des Gesetzes nur eine hinreichend bestimmte Vorschrift genügen,[233] sodass das allgemeine rechtsstaatliche Bestimmtheitsgebot – schon aus diesem Grunde – besondere Beachtung finden muss. Aufgrund der besonders hohen Wahrscheinlichkeit eines erheblichen Grundrechtseingriffs bei strafprozessualen

---

229 BVerfGE 48, 210, 221 f.; 49, 168, 181; 56, 1, 13; *Beaucamp*, Rechtstheorie 42 (2011), 21, 36 f.; *Gassner*, ZG 1996, 37, 39 f.; *Geitmann*, Bundesverfassungsgericht und offene Normen, S. 162; *Kunig*, Jura 1990, 495, 497; *Papier/Möller*, AöR 122 (1997), 177, 185.

230 KK-StPO/*Fischer*, Einl., Rn. 151; LR-StPO/*Kühne*, Einl. B, Rn. 33 ff.; MüKo-StPO/*Kudlich*, Einl., Rn. 45; *Roxin/Schünemann*, Strafverfahrensrecht, § 29, Rn. 3; SK-StPO/*Wohlers*, Einl., Rn. 45 f.

231 *Gusy*, StV 2002, 153, 156; KK-StPO/*Fischer*, Einl., Rn. 151; MüKo-StPO/*Kudlich*, Einl., Rn. 98 f.; SK-StPO/*Wohlers*, Einl., Rn. 46 ff., m.w.N.

232 BVerfGE 112, 304, 315; *Krey*, ZStW 101 (1989), 838, 854; MüKO-StPO/*Kudlich*, Einl., Rn. 96; SK-StPO/*Wohlers*, Einl., Rn. 46.

233 *Towfigh*, Der Staat 48 (2009), 29, 65; ders., JA 2015, 81, 83.

Zwangsmaßnahmen, ist das zu fordernde Bestimmtheitsniveau hoch anzusetzen. Wie überhaupt das Strafprozessrecht durch seinen Zwangscharakter in besonderem Maße durch Verfassungsrecht beeinflusst wird und verfassungsrechtliche Gewährleistungen immer besonders peinliche Beachtung finden müssen.[234]

Angesichts dieser besonderen Schwere der Grundrechtseingriffe, die durch strafprozessuale Zwangsmaßnahmen erfolgen können, stellt sich die Frage, ob das anzusetzende Bestimmtheitsniveau sich inhaltlich von dem des Art. 103 Abs. 2 GG unterscheiden sollte. Namentlich bei besonders schweren Eingriffen, wie etwa der Untersuchungshaft gemäß § 112 StPO oder auch der vorläufigen Vermögenssicherstellung nach den §§ 111b ff. StPO, muss konstatiert werden, dass sie sich von der späteren Strafe kaum unterscheiden. Zwar besteht keine Strafähnlichkeit in dem Sinne, dass dem Beschuldigten ein Schuldvorwurf gemacht würde.[235] Jedoch sind die faktischen Auswirkungen auf die Freiheit des Beschuldigten nahezu identisch. Besonders bei der Untersuchungshaft unterscheidet sich die Freiheitsentziehung des Untersuchungshäftlings nicht von der Freiheitsentziehung in der Strafhaft.[236]

Hier ein niedrigeres Bestimmtheitsniveau anzusetzen, nur weil Art. 103 Abs. 2 GG die strafprozessualen Vorschriften nicht erfasst, wäre ein Formalismus, der am Schutzzweck von Bestimmtheitsgeboten, den Bürger vor unvorhersehbaren und willkürlich angeordneten Grundrechtseingriffen zu bewahren, vorbeiginge.[237] Zumindest für solche strafprozessuale Zwangsmaßnahmen, die in gleicher Weise freiheitsbeschränkend wirken wie die Strafe, muss daher das erforderliche Mindestniveau an Bestimmtheit aus dem rechtsstaatlichen Bestimmtheitsgebot inhaltlich dem des Art. 103 Abs. 2 GG entsprechen. Hierdurch wird auch nicht der Wille des Grundgesetzgebers umgangen, der Art. 103

---

234 LR-StPO/*Kühne*, Einl. H, Rn. 1. Das Strafprozessrecht wird daher auch als „Seismograph der Staatsverfassung" (*Roxin/Schünemann*, Strafverfahrensrecht, § 2, Rn. 1), oder als „angewandtes Verfassungsrecht" (BVerfGE 32, 373, 383; BGHSt 19, 325, 330; *Sax*, in: Bettermann/Nipperdey/Scheuner (Hrsg.), Die Grundrechte III, 2, S. 967) bezeichnet.

235 S.o. A.IV.3.b.

236 Unter Umständen können die Haftbedingungen sogar härter sein, als bei Strafgefangenen – etwa weil regelmäßig für den U-Häftling keine Arbeitsmöglichkeiten gegeben sind und die einzige Aktivität des Tages im Hofgang besteht, vgl. dazu *Morgenstern*, Die Untersuchungshaft, S. 591 ff.

237 Zum Zweck des Bestimmtheitsgebotes Dreier/*Schulze-Fielitz*, GG-Kommentar, Art. 20 (Rechtsstaat), Rn. 133; v. Mangoldt/Klein/Starck/*Sommermann*, GG, Art. 20 Abs. 3, Rn. 289; Maunz/Dürig/*Grzeszick*, Art. 20 VII, Rn. 58.

Abs. 2 GG auf die Strafen beschränkte, da das aus dem allgemeinen Bestimmtheitsgebot folgende Bestimmtheitsniveau ohnehin gleitend ist, und somit flexibel der Schwere des jeweiligen Eingriffs angepasst werden kann und muss.[238]

Für eine strafprozessuale Eingriffsermächtigung gilt generell, dass sie nach Inhalt, Zweck und Ausmaß so bestimmt sein muss, dass Eingriffe nach Art und Ausmaß voraussehbar und berechenbar sind.[239] Um dem Gebot der Voraussehbarkeit Genüge zu tun, muss der Gesetzgeber zunächst die Voraussetzungen für einen Eingriff klar regeln. Es muss sich aus dem Gesetz ergeben, unter welchen Umständen die Strafverfolgungsbehörden eine bestimmte Maßnahme durchführen dürfen.[240] Hierbei wird für die Schärfe der jeweiligen Eingriffsvoraussetzungen immer zu berücksichtigen sein, in welche Grundrechte, und in welcher Intensität in diese eingegriffen werden kann.[241]

Allerdings ist dies keine Frage des Bestimmtheitsgebotes, die unterschiedliche Höhe der einzelnen Eingriffsschranken für Zwangsmaßnahmen verschiedener Schwere ändert nichts an der Deutlichkeit, mit der diese Voraussetzungen im Gesetz festgelegt werden müssen. Wenn für eine Maßnahme etwa ein Anfangsverdacht genügt, während für eine andere ein dringender Tatverdacht bestehen muss, führt dies nicht dazu, dass sich dies im ersteren Falle weniger eindeutig aus dem Gesetz ergeben müsste. Die Eingriffsvoraussetzungen kann und muss der Gesetzgeber in jedem Fall eindeutig bestimmen.

Anders ist dies bei einer weiteren Anforderung an die Bestimmtheit strafprozessualer Zwangsmaßnahmen. Denn es ist nicht nur deutlich zu machen, wann eine Zwangsmaßnahme ergriffen werden darf, sondern auch, worin diese Maßnahme besteht. Der Gesetzgeber muss demnach die Befugnisse der Strafverfolgungsbehörden auch inhaltlich regeln, indem er die möglichen Zwangsmittel

---

238 BVerfGE 110, 33, 54 f.; 113, 348, 376 f.; 128, 282, 317 f.; 134, 141, 184; *Beaucamp*, Rechtstheorie 42 (2011), 21, 41; *Gusy*, StV 2002, 153, 156; *Jesch*, AöR 82 (1957), 163, 240; *Middelschulte*, Unbestimmte Rechtsbegriffe und Bestimmtheitsgebot, S. 142 u. S. 188; SK-StPO/*Wohlers*, Einl., Rn. 48; *Towfigh*, Der Staat 48 (2009), 29, 65; *Ule*, GS Jellinek, S. 309, 328.

239 BVerfGE 56, 1, 12; 110, 33, 54; st. Rspr.; SK-StPO/*Wohlers*, Einl., Rn. 48.

240 BVerfGE 110, 33, 54 f.; 113, 348, 376 f.; 128, 282, 317 f.; 134, 141, 184; *Beaucamp*, Rechtstheorie 42 (2011), 21, 41; *Gusy*, StV 2002, 153, 156; *Jesch*, AöR 82 (1957), 163, 240; *Middelschulte*, Unbestimmte Rechtsbegriffe und Bestimmtheitsgebot, S. 142 u. S. 188; SK-StPO/*Wohlers*, Einl., Rn. 48; *Towfigh*, Der Staat 48 (2009), 29, 65; *Ule*, GS Jellinek, S. 309, 328.

241 SK-StPO/*Wohlers*, Einl., Rn. 48.

konkret ausgestaltet.[242] Hier sind naturgemäß die Grenzen des Möglichen zu beachten. Gewisse Zwangsmittel können sehr konkret, andere, die bei einer Vielzahl unterschiedlicher Fälle eingesetzt werden sollen, nur generell festgelegt werden.

So kann etwa bei der Ermächtigung zur körperlichen Untersuchung (§ 81a StPO) zweifellos nicht jede einzelne zulässige Untersuchungsmethode im Gesetz ihren Niederschlag finden.

Die denkbare Vielfalt notwendiger Untersuchungsmaßnahmen ist hierfür zu groß, zudem könnten etwaige medizinische Fortschritte vom Gesetzgeber nicht vorhergesehen und angemessen erfasst werden. Anders ist dies naturgemäß bei sehr spezifischen Eingriffen, wie etwa der Vermögenssicherstellung nach §§ 111b ff. StPO.

Je intensiver die Maßnahme jedoch in Grundrechte eingreift, desto eher muss ihre Ausgestaltung hohe Bestimmtheitsanforderungen erfüllen, sodass eine generelle Ermächtigung fehl am Platze wäre.[243] Ist es nicht möglich eine denkbare Vielzahl unterschiedlicher Anwendungsfälle konkret zu regeln, muss der Gesetzgeber vielmehr zu mehreren, bestimmten Vorschriften greifen, anstatt sich auf eine Generalklausel zurückzuziehen.[244]

Damit ist deutlich gemacht worden, welche Anforderungen generell an die Bestimmtheit von strafprozessualen Eingriffsermächtigungen zu stellen sind: Jedenfalls bei solchen Ermächtigungen, die zu Maßnahmen berechtigen, die in ihrer Auswirkung auf den Betroffenen einer Strafe nahe kommen oder sonst besonders schwer in Grundrechte eingreifen, entspricht das Maß der erforderlichen Bestimmtheit inhaltlich dem des Art. 103 Abs. 2 GG. Hinsichtlich der eigentlichen Eingriffsschranken muss das Gesetz diese in jedem Fall eindeutig benennen.

---

242 BVerfGE 9, 137, 147 f.; *Middelschulte*, Unbestimmte Rechtsbegriffe und Bestimmtheitsgebot, S. 188; *Papier*, in: Merten (Hrsg.), Gewaltentrennung im Rechtsstaat, S. 95, 103; *Papier/Möller*, AöR 122 (1997), 177, 180; *Roth*, Faktische Eingriffe in Freiheit und Eigentum, S. 614; SK-StPO/*Wohlers*, Einl., Rn. 48.

243 BVerfGE 33, 125, 160; 56, 1, 13; 59, 104, 114; 83, 130, 145; 86, 288, 311; 87, 287, 317; 93, 213, 238; 131, 88, 123; *Beaucamp*, Rechtstheorie 42 (2011), 21, 53; *Felix*, Einheit der Rechtsordnung, S. 193; *Geitmann*, Bundesverfassungsgericht und offene Normen, S. 145; *Gusy*, StV 2002, 153, 156 f.; *Kunig*, FS 50 Jahre BVerfG II, S. 421, 440; MüKo-StPO/*Kudlich*, Einl., Rn. 99; *Papier/Möller*, AöR 122 (1997), 177, 187; *Towfigh*, JA 2015, 81, 84; a.A. *Wißmann*, Generalklauseln, S. 210 f.

244 *Papier/Möller*, AöR 122 (1997), 177, 186.

Dagegen ist das erforderliche Bestimmtheitsniveau für die inhaltliche Ausgestaltung der Vorschriften wesentlich variabler. Auch hier darf der Gesetzgeber sich allerdings nicht auf generalklauselartige Ermächtigungen zurückziehen, wenn die hohe Eingriffsschwere der Maßnahme ein hohes Maß an Bestimmtheit verlangt.

Hinter diese Grundsätze darf der Gesetzgeber nicht zurückfallen, wenn er nicht den Strafverfolgungsbehörden selbst die Festlegung der Eingriffsvoraussetzungen überlassen will – was gerade in diesem grundrechtssensiblen Bereich keinesfalls zulässig wäre.[245] Im Folgenden können nun die speziellen Umstände des § 6 Abs. 13 WpHG Berücksichtigung finden, um an diesen konkrete Bestimmtheitsanforderungen zu stellen.

b.) Bestimmtheitsanforderungen an § 6 Abs. 13 WpHG

Wie bereits festgestellt, greift die Vermögensbeschlagnahme gemäß § 6 Abs. 13 WpHG ganz erheblich in Grundrechte der Betroffenen ein. Das Eigentumsgrundrecht aus Art. 14 GG kann schwer betroffen sein, im Extremfall besteht die Gefahr, dass das gesamte Vermögen dem Zugriff des Betroffenen entzogen wird. Die Berufsfreiheit nach Art. 12 GG kann zumindest mittelbar ebenfalls in großem Umfang eingeschränkt werden.

Die Anforderungen an die Bestimmtheit einer Norm sind desto strenger, je intensiver der durch die Norm ermöglichte Eingriff in Grundrechte ausfällt.[246] Aufgrund der hohen Intensität der durch § 6 Abs. 13 WpHG ermöglichten Eingriffe, die an Schwere nur durch einen Entzug der körperlichen Freiheit möglicherweise noch übertroffen werden können, muss als Ausgangspunkt für die Festlegung des Bestimmtheitsmaßstabes jedenfalls ein sehr strenger Maßstab angelegt werden, der hohe Anforderungen an den Gesetzgeber stellt. Diese

245 BVerfGE 8, 274, 325 f.; 78, 214, 226; 110, 33, 54; 113, 348, 376; BVerwGE 100, 230, 236; *Beaucamp*, Rechtstheorie 42 (2011), 21, 41; *Jesch*, AöR 82 (1957), 163, 239 ff.; *Middelschulte*, Unbestimmte Rechtsbegriffe und Bestimmtheitsgebot, S. 142; *Roth*, Faktische Eingriffe in Freiheit und Eigentum, S. 606; *Papier*, in: Merten (Hrsg.), Gewaltentrennung im Rechtsstaat, S. 103; *Sobota*, Das Prinzip Rechtsstaat, S. 497 f.; *Towfigh*, Der Staat 48 (2009), 29, 64 f.; *ders.*, JA 2015, 82, 83; *Ule*, GS Jellinek, S. 309, 328 f.

246 BVerfGE 33, 125, 160; 56, 1, 13; 59, 104, 114; 83, 130, 145; 86, 288, 311; 87, 287, 317; 93, 213, 238; 131, 88, 123; *Beaucamp*, Rechtstheorie 42 (2011), 21, 53; *Felix*, Einheit der Rechtsordnung, S. 193; *Geitmann*, Bundesverfassungsgericht und offene Normen, S. 145; *Gusy*, StV 2002, 153, 157; *Kunig*, FS 50 Jahre BVerfG II, S. 421, 440; *Papier/Möller*, AöR 122 (1997), 177, 187; *Towfigh*, JA 2015, 81, 84; a.A. *Wißmann*, Generalklauseln, S. 210 f.

Anforderungen sind aufgrund der Schwere des Eingriffs mit denen des Art. 103 Abs. 2 GG inhaltlich identisch.

Auf der anderen Seite ist zu beachten, inwieweit die Regelungsmaterie dem Gesetzgeber überhaupt eine klare und bestimmte Regelung gestattet. Der Gesetzgeber muss Vorschriften nur so bestimmt fassen, „wie dies nach der Eigenart der zu ordnenden Lebenssachverhalte mit Rücksicht auf den Normzweck möglich ist.“[247]

aa.) Anforderungen an die Verweisungen

Wie oben festgestellt, ist hierbei zwischen den Verweisungen auf Vorschriften, an die eine Vermögensbeschlagnahme anknüpfen kann, und den eigentlichen Tatbestandsvoraussetzungen zu unterscheiden.

Erstere nehmen eine solche Vielzahl verschiedener Vorschriften in Bezug, dass es schwierig wäre, sie auf andere Weise als durch eine sehr generelle Verweisung in § 6 Abs. 13 WpHG einzufügen. Zwar wäre eine Aufzählung aller einzelnen Vorschriften für den Leser grundsätzlich einfacher nachzuvollziehen. Jedoch müsste dann eine solch lange Liste in § 6 Abs. 13 WpHG aufgenommen werden, dass dieser vollkommen unübersichtlich würde und die Verständlichkeit unter zu großer Detailgenauigkeit erheblich litte. Außerdem wäre es dem Gesetzgeber auf diese Weise nicht so leicht möglich, eventuelle zukünftige Veränderungen der Bezugsnormen mit zu erfassen, die er selbst nur begrenzt in der Hand hat, weil es sich um europäische Normen handelt. Er müsste bei jeder Änderung reagieren – hier bestünde die erhebliche Gefahr von Regelungslücken, falls die Reaktion des WpHG-Gesetzgebers nicht zügig genug erfolgte. An dieser Stelle kann aufgrund der technischen Schwierigkeiten, vor welche der Gesetzgeber durch die Regelungsmaterie gestellt wurde, von ihm nicht mehr erwartet werden, als eine (dynamische) sehr generelle Verweisung auf die als Anknüpfungspunkte für eine Vermögensbeschlagnahme in Frage kommenden Vorschriften.

bb.) Anforderungen an die Eingriffsvoraussetzungen

Anders stellt sich die Situation bei den eigentlichen Eingriffsvoraussetzungen dar. Hier wird der Gesetzgeber nicht mit einer vergleichbaren Weite der Materie konfrontiert, sondern er muss nur die Voraussetzungen normieren, die für ein Eingreifen der BaFin in jedem Fall einer Vermögenssicherstellung erfüllt sein müssen. Ist es ihm aber möglich, eine Eingriffsermächtigung bestimmt

247 BVerfGE 49, 168, 181; 59, 104, 114; 93, 213, 238; 133, 277, 355 f.; 134, 141, 184; BVerwGE 92, 196, 206; 126, 223, 228.

zu fassen, so darf er sich nicht auf eine Generalklausel zurückziehen,[248] er darf demnach nicht ungerechtfertigt hinter dem gesetzestechnisch möglichen Maß an Bestimmtheit und Klarheit zurückbleiben.[249]

Man wird verlangen müssen, dass der Gesetzgeber bei Eingriffsermächtigungen jedenfalls die Schranken des Eingriffs, wie etwa das Vorliegen bestimmter Verdachtsgrade eindeutig festlegt, soweit ihm das möglich ist.[250] Dies folgt schon daraus, dass der Gesetzgeber nach der Wesentlichkeitstheorie des Bundesverfassungsgerichts verpflichtet ist, alle wesentlichen Entscheidungen selbst zu treffen.[251] Mit dieser Verpflichtung ist es nicht vereinbar, wenn die Verwaltung selbst entscheiden muss, unter welchen Voraussetzungen sie Eingriffe vornehmen darf.[252] Eine solche Situation, widerspräche sowohl dem Rechtsstaatsprinzip, als auch dem Grundsatz der Gewaltenteilung und dem Demokratieprinzip.[253] Auch das Verhältnismäßigkeitsprinzip kann es unumgänglich machen, bestimmte Eingriffe erst ab einer bestimmten Verdachts- oder Gefahrenstufe zu erlauben, weil die Maßnahme ob ihrer Schwere sonst immer unverhältnismäßig wäre.[254]

Angesichts der Schwere des möglichen Eingriffs, der bei einer Sicherstellung von Vermögen vorliegt, ist dies hier in jedem Fall zu beachten. Der Gesetzgeber muss für solche schwerwiegenden Eingriffe zwingend hohe Schranken

---

248 *Roth*, Faktische Eingriffe in Freiheit und Eigentum, S. 614.

249 *Beaucamp*, Rechtstheorie 42 (2011), 21, 55; *Papier/Möller*, AöR 122 (1997), 177, 200 f.; *Towfigh*, Der Staat 48 (2009), 29, 72 f.

250 BVerfGE 110, 33, 54 f.; 113, 348, 376 f.; 128, 282, 317 f.; 134, 141, 184; *Beaucamp*, Rechtstheorie 42 (2011), 21, 41; *Gusy*, StV 2002, 153, 156; *Jesch*, AöR 82 (1957), 163, 240; *Middelschulte*, Unbestimmte Rechtsbegriffe und Bestimmtheitsgebot, S. 142 u. S. 188; *Towfigh*, Der Staat 48 (2009), 29, 65; *Ule*, GS Jellinek, S. 309, 328.

251 Grundlegend BVerfGE 33, 125, 158 f.; 33, 303, 346 f.; 34, 165, 192 f.; 40, 237, 249 f.; 41, 251, 259 f.; 45, 400, 417 f.; 47, 46, 78 ff.; 49, 89, 126 f.; st. Rspr.

252 BVerfGE 8, 274, 325 f.; 78, 214, 226; 110, 33, 54; 113, 348, 376; BVerwGE 100, 230, 236; *Beaucamp*, Rechtstheorie 42 (2011), 21, 41; *Jesch*, AöR 82 (1957), 163, 239 ff.; *Middelschulte*, Unbestimmte Rechtsbegriffe und Bestimmtheitsgebot, S. 142; *Roth*, Faktische Eingriffe in Freiheit und Eigentum, S. 606; *Papier*, in: Merten (Hrsg.), Gewaltentrennung im Rechtsstaat, S. 103; *Sobota*, Das Prinzip Rechtsstaat, S. 497 f.; *Towfigh*, Der Staat 48 (2009), 29, 64 f.; *ders.*, JA 2015, 82, 83; *Ule*, GS Jellinek, S. 309, 328 f.

253 BVerfGE 8, 274, 325 f.; 62, 169, 182 f.; 108, 282, 311; *Beaucamp*, Rechtstheorie 42 (2011), 21, 39 ff.; *Gassner*, ZG 1996, 37, 55 f.; *Middelschulte*, Unbestimmte Rechtsbegriffe und Bestimmtheitsgebot, S. 135 ff.; *Papier*, in: Merten (Hrsg.), Gewaltentrennung im Rechtsstaat, S. 95, 104; *Roth*, Faktische Eingriffe in Freiheit und Eigentum, S. 606; *Towfigh*, Der Staat 48 (2009), 29, 63 ff.

254 BVerfGE 120, 378, 428.

setzen – bei strafprozessualen Maßnahmen bietet sich wie kein anderes Mittel die Forderung nach einem (hohen) Verdachtsgrad an.[255]

Kann der Gesetzgeber bei der Ermächtigung zur Vermögensbeschlagnahme nach § 6 Abs. 13 WpHG solche Eingriffsvoraussetzungen festlegen?

Vor der Beantragung einer Maßnahme nach § 6 Abs. 13 WpHG muss notwendigerweise immer eine Befassung der BaFin mit der Möglichkeit der Begehung einer Straftat nach der MAR stehen. Die Ermittlungen der BaFin zur Kontrolle auf Marktmissbrauchstaten laufen dabei in einem standardisierten Verfahren ab. Am Beginn steht meistens eine Verdachtsmeldung eines Meldepflichtigen (Banken und Wertpapierhandelsunternehmen), der Unregelmäßigkeiten und Auffälligkeiten der BaFin anzeigt.[256] Möglich ist aber auch eine Veranlassung durch interne Kenntnisse, etwa aufgrund der regelmäßigen Überwachung.[257]

Die BaFin führt daraufhin eine Marktmissbrauchsanalyse durch, in der die gemeldeten Vorgänge überprüft werden. Falls sich dabei die Vermutung erhärtet, dass Unregelmäßigkeiten bestehen, wird eine Untersuchung eingeleitet, in der tiefergehende Nachforschungen angestellt werden. So werden etwa Anfragen an Banken gestellt, um deren Unterlagen überprüfen zu können, das bisherige Geschäftsverhalten des Auffälligen untersucht oder sonstige Auffälligkeiten, wie persönliche Beziehungen des Betroffenen zu Mitarbeitern eines Unternehmens und ähnliches, ermittelt. Wenn sich durch diese vertieften Untersuchungen ein Anfangsverdacht einer Straftat ergibt, leitet die BaFin das Verfahren an die zuständige Staatsanwaltschaft weiter (§ 11 WpHG).[258]

Von diesem typischen Verlauf abgesehen erscheint es natürlich auch möglich, dass beispielsweise andere Marktteilnehmer oder auch Whistleblower entsprechende Taten zur Anzeige bringen. In einem solchen Fall mag der Verdacht einer Straftat schneller gegeben sein als bei der regelmäßigen Analyse routinemäßig gemeldeter Transaktionen.[259]

---

255 Vgl. zu § 111b ff. StPO a.F. BVerfG StV 2004, 409, 410.

256 BaFin-Jahresbericht 2018, S. 132.

257 BaFin-Jahresbericht 2019, S. 91.

258 Zum Ablauf BaFin-Jahresbericht 2019, S. 91. Eine ausführlichere Schilderung des Ablaufs der Insideruntersuchung findet sich (allerdings noch zum alten Recht) bei *Himmelreich*, Insiderstrafverfolgung durch die BaFin, S. 73 ff. Vgl. auch *Hienzsch*, Das deutsche Insiderhandelsverbot in der Rechtswirklichkeit, S. 56 ff.; *ders.*, HRRS 2006, 144, 144.

259 *Hienzsch*, Das deutsche Insiderhandelsverbot in der Rechtswirklichkeit, S. 100 ff. schildert, dass solche Anzeigen im Rahmen des Insiderhandels kaum eine Rolle spielten und wenn sie doch vorkämen, meist unbegründet seien. Im Übrigen würden solche

Dennoch bleibt festzuhalten, dass es sich – im Regelfall – um ein sehr geordnetes Verfahren handelt. Durch diese starke Standardisierung ist es dem Gesetzgeber möglich, festzulegen, ab welcher Schwelle innerhalb dieses Verfahrensablaufs eine Vermögensbeschlagnahme zulässig sein soll. Völlig unvorhersehbare Lagen, deren Bewältigung im Bereich des Polizeirechts etwa die polizeiliche Generalklausel ermöglicht,[260] können hier kaum vorkommen. Der Gesetzgeber kann (und muss) die Eingriffsvoraussetzungen für eine Vermögensbeschlagnahme nach § 6 Abs. 13 WpHG infolgedessen klar und eindeutig festlegen.

Dafür spricht auch ein Vergleich mit den eingriffsermächtigenden Vorschriften der StPO.

Diese sehen fast ausnahmslos bestimmte Voraussetzungen vor, die erfüllt sein müssen, um die jeweilige Maßnahme anwenden zu dürfen. Hierbei wird auch deutlich erkennbar nach dem Schweregrad des Eingriffs erheblich differenziert – von dem Erfordernis der Beschuldigtenstellung für eine körperliche Untersuchung nach § 81a StPO auf der einen Seite bis hin zu den strengen Voraussetzungen etwa für akustische Wohnraumüberwachung (§ 100a StPO) oder Untersuchungshaft (§ 112 StPO). Ein bestimmter Verdachtsgrad oder das Vorliegen bestimmter Tatsachen oder Anhaltspunkte, die die Tatbegehung nahelegen, wird immer gefordert. Hinzu kommen dann meist spezielle weitere Anforderungen.

Als Ausnahme hierzu fallen die Sicherstellungs- und Beschlagnahmevorschriften der §§ 94 ff. StPO auf.[261] Diese fordern expressis verbis keine bestimmte Stellung des Betroffenen und keinen bestimmten, gegen ihn vorliegenden Verdacht. Allerdings ist Voraussetzung der Sicherstellung oder Beschlagnahme jedenfalls die Einleitung eines Ermittlungsverfahrens, welches wiederum das Vorliegen eines Anfangsverdachts zwingend erfordert (§ 152 Abs. 2 StPO).[262] Beschlagnahmen „ins Blaue hinein", die erst Anhaltspunkte, welche einen

---

Anzeigen, wenn es sich um strafrechtlich relevante Sachverhalte handelt, eher bei der StA eingehen, als bei der BaFin.

260 *Kingreen/Poscher*, Polizei- und Ordnungsrecht, § 5, Rn. 12; *Schenke*, Polizei- und Ordnungsrecht, § 3, Rn. 49.

261 Abgesehen von der körperlichen Untersuchung von Zeugen nach § 81c StPO, für die denknotwendig kein Tatverdacht gefordert werden kann. Allerdings werden andere Voraussetzungen aufgestellt, wie etwa der Ausschluss der Maßnahme bei Unzumutbarkeit (§ 81c Abs. 4 StPO).

262 LG Köln StV 1983, 275; LR-StPO/*Menges*, § 94, Rn. 20; Meyer-Goßner/Schmitt/*Köhler*, § 94, Rn. 8; SK-StPO/*Wohlers/Greco*, § 94, Rn. 15.

Verdacht begründen könnten, zutage fördern sollen, sind nicht zulässig.[263] Im Übrigen beschränkt sich die Herausgabepflicht auf Gegenstände, die als Beweismittel von Bedeutung sein können, und ist damit von vorneherein relativ eng umgrenzt. Somit liegt in Summe doch eine nicht unerhebliche Zahl von materiellen Voraussetzungen vor, die für Sicherstellungen oder Beschlagnahmen nach § 94 StPO erfüllt sein müssen, sodass auch diese Eingriffsermächtigung sich in das allgemeine Bild der Ermittlungsmaßnahmen der StPO einfügt.

Die Generalklauseln der §§ 161 und 163 StPO, die eine allgemeine Eingriffsbefugnis für Ermittlungen aller Art durch die Staatsanwaltschaft bzw. Polizei regeln, stellen weitere Ausnahmen dar.[264] Allerdings erlauben sie nur subsidiär leichtere Grundrechtseingriffe als die in den speziellen Ermächtigungsnormen geregelten Befugnisse.[265] Außerdem setzen beide Vorschriften voraus, dass ein Ermittlungsverfahren eingeleitet worden ist, womit jedenfalls ein Anfangsverdacht gegeben sein muss.[266] Somit bestehen – trotz des Generalklauselcharakters – durchaus klare Eingriffsvoraussetzungen, die sich direkt aus dem Gesetz, oder aus dem Gesetzeszusammenhang ergeben. Unbestimmt bleiben nur die zu ergreifenden Maßnahmen – diese allerdings nur in ihrer konkreten Ausgestaltung, nicht in ihrem Schweregehalt.

Die inhaltlich mit § 6 Abs. 13 WpHG verwandten §§ 111b ff. StPO machen sogar ausdrücklich das Vorhandensein einer begründeten Annahme für das Vorliegen der Voraussetzungen für eine Einziehung (§ 111b StPO), bzw. die Einziehung von Wertersatz (§ 111e StPO) zur Voraussetzung. Dies verdeutlicht noch einmal, dass eine solche Regelung der Eingriffsvoraussetzungen in der vorliegenden Thematik durchaus praktisch möglich ist, denn die Vielgestaltigkeit denkbarer Anwendungsfälle ist bei einer für das gesamte Strafverfahrensrecht anwendbaren Norm vergleichsweise noch größer als bei dem auf das WpHG beschränkten § 6 Abs. 13 WpHG.

---

263 BGH NStZ 2001, 604, 606; LR-StPO/*Menges*, § 94, Rn. 20; SK-StPO/*Wohlers/Greco*, § 94, Rn. 15.

264 Meyer-Goßner/Schmitt/*Köhler*, § 161, Rn. 1, § 163, Rn. 1; MüKo-StPO/*Kölbel*, § 161, Rn. 6, § 163, Rn. 11; SK-StPO/*Wohlers/Deiters*, § 161, Rn. 3; SK-StPO/*Wohlers/Albrecht*, § 163, Rn. 2.

265 BGHSt 51, 211, 218; LR-StPO/*Erb*, § 161, Rn. 2, § 163, Rn. 6; Meyer-Goßner/Schmitt/*Köhler*, § 161, Rn. 1, § 163, Rn. 1; MüKo-StPO/*Kölbel*, § 161, Rn. 6 f., § 163, Rn. 11; SK-StPO/*Wohlers/Deiters*, § 161, Rn. 7, 12; SK-StPO/*Wohlers/Albrecht*, § 163, Rn. 11.

266 LR-StPO/*Erb*, § 161, Rn. 45, § 163, Rn. 17; MüKo-StPO/*Kölbel*, § 161, Rn. 1, § 163, Rn. 7; SK-StPO/*Wohlers/Albrecht*, § 163, Rn. 1.

cc.) Anforderungen an die inhaltliche Bestimmtheit

Des Weiteren muss vom Gesetzgeber verlangt werden, nicht nur die Voraussetzungen für einen Eingriff klar zu definieren, sondern auch deutlich zu machen, welche Maßnahmen konkret ergriffen werden können.[267] Für den Bürger muss vorhersehbar sein, welcher Eingriff ihm droht, sodass er sich auf die mögliche belastende Maßnahme einstellen kann.[268] Das folgt schon daraus, dass es im Sinne eines effektiven Rechtsschutzes für den Bürger unabdingbar ist, hier möglichst Transparenz walten zu lassen, die die Überprüfung von Eingriffen erleichtert.[269] Selbstverständlich lässt sich auch diese Forderung immer nur in einem bestimmten Maße erfüllen – je vielfältiger die in Frage kommenden Eingriffe sein können, desto weniger bestimmt kann der Gesetzgeber sie regeln.[270]

Vorliegend handelt es sich um zwei verschiedene mögliche Handlungsweisen der BaFin: Zum einen die Beschlagnahme konkreter Vermögensgegenstände, und zum anderen der dingliche Arrest in das Vermögen als solches.[271] Eine unübersehbare Vielfalt von möglichen Maßnahmen liegt demnach nicht vor. Die BaFin kann nur zwei bestimmte Standardmaßnahmen beantragen, die lediglich im Wert des Beschlagnahmten oder Arrestierten, und der Dauer der Sicherstellung von Fall zu Fall differieren können.

Der Gesetzgeber kann (und muss) die zu gewärtigenden Handlungen der BaFin daher so bestimmt niederlegen, dass für den eventuell betroffenen Bürger erkennbar wird, welche Eingriffe ihm drohen.

dd.) Ergebnis

Die konkreten Bestimmtheitsanforderungen, die im Falle des § 6 Abs. 13 WpHG gestellt werden müssen, lassen sich insgesamt, wie folgt zusammenfassen: Die Straf- und Ordnungswidrigkeitentatbestände, aufgrund deren möglicher

---

267 BVerfGE 9, 137, 147 f.; *Middelschulte*, Unbestimmte Rechtsbegriffe und Bestimmtheitsgebot, S. 188; *Papier*, in: Merten (Hrsg.), Gewaltentrennung im Rechtsstaat, S. 95, 103; *Roth*, Faktische Eingriffe in Freiheit und Eigentum, S. 614.

268 BVerfGE 8, 274, 325; 9, 137, 147; 59, 104, 114; 131, 88, 123; 133, 277, 336; st. Rspr.; *Middelschulte*, Unbestimmte Rechtsbegriffe und Bestimmtheitsgebot, S. 188; *Wolff*, Ungeschriebenes Verfassungsrecht unter dem Grundgesetz, S. 258 f.

269 BVerfGE 8, 274, 326; 13, 153, 161; 110, 33, 54 f.; 113, 348, 376 f.; 120, 378, 407; 133, 277, 336; *Beaucamp*, Rechtstheorie 42 (2011), 21, 41; *Kunig*, Das Rechtsstaatsprinzip, S. 397; *Middelschulte*, Unbestimmte Rechtsbegriffe und Bestimmtheitsgebot, S. 150 f.; *Papier/Möller*, AöR 122 (1997), 177, 180 f.; a.A. *Gassner*, ZG 1996, 37, 42.

270 *Roth*, Faktische Eingriffe in Freiheit und Eigentum, S. 614.

271 S.o. A.I.2.

Verwirklichung eine Vermögenssicherstellung erfolgen kann, können nicht im Einzelnen aufgeführt werden, da darunter die Lesbarkeit und Übersichtlichkeit so erheblich leiden würde, dass damit kein Gewinn für die Rechtssicherheit erzielt würde. Hier reicht es aus, wenn der Gesetzgeber durch Verweisung auf die jeweiligen Verordnungen, Richtlinien und Gesetze deutlich macht, welche Verstöße als Anknüpfungspunkt für die Maßnahme in Frage kommen. Dabei hat er jedoch selbstverständlich die verfassungsrechtlichen Grenzen für Verweisungen zu beachten, sodass dem Rechtsunterworfenen noch nachvollziehbar gemacht wird, welche Normen hier im Detail gemeint sind.[272] Des Weiteren müssen Eingriffsvoraussetzungen so konkret festgelegt werden, dass sie sich unmittelbar aus dem Gesetz selbst ergeben. Es darf nicht der Verwaltung überlassen werden, die Eingriffsvoraussetzungen selbst zu bestimmen.

Daher ist es nötig, dass der Gesetzgeber selbst bestimmte Voraussetzungen aufstellt, also Tatbestandsmerkmale, die erfüllt sein müssen, um eine Vermögenssicherstellung einleiten zu dürfen. Dabei muss er so formulieren, dass Vorhersehbarkeit herrscht, unter welchen Umständen diese Bedingungen erfüllt sind. Hierbei darf er sich nicht auf allgemeine Beschränkungen zurückziehen, sondern muss – angesichts der Schwere des Eingriffs – bestimmte Verdachtsstufen, Vorliegen von Tatsachen oder andere detaillierte Eingriffsvoraussetzungen festlegen.

Zu guter Letzt ergibt sich die Anforderung, nicht nur Anlass und Voraussetzungen für ein Eingreifen der BaFin festzulegen, sondern auch die „Beschlagnahme von Vermögensbestandteilen“ so zu regeln, dass klar wird, welche Maßnahmen damit gemeint sind, auf welche Weise die BaFin zu handeln berechtigt wird.

VI. Bestimmtheitsprüfung des § 6 Abs. 13 WpHG

Im folgenden Kapitel wird anhand des oben festgelegten Bestimmtheitsmaßstabes geprüft, ob § 6 Abs. 13 WpHG die an ihn zu stellenden Anforderungen erfüllt. Damit wird der erste Schritt der Verfassungsmäßigkeitsprüfung abgeschlossen werden können. Denn erfüllt § 6 Abs. 13 WpHG die Anforderungen nicht, ist er zunächst verfassungswidrig und höchstens noch durch verfassungskonforme Auslegung wieder in Einklang mit den Grundsätzen des Grundgesetzes zu bringen. Bei der Prüfung wird die oben eingeführte Dreiteilung des

---

272 Zu den Anforderungen an Verweisungen s.o. A.II.2.

Tatbestandes in Anknüpfungsnormen, Eingriffsvoraussetzungen und inhaltliche Bestimmungen beibehalten.

1. Prüfung der Verweisungen

Mit Blick auf die Verweisungen ist noch einmal festzustellen, dass an diese die geringsten Bestimmtheitsanforderungen gestellt werden dürfen. Der Gesetzgeber hat hier eine Vielzahl verschiedener vor allem auch europäischer Vorschriften in Bezug genommen. Da eine genaue Auflistung all dieser einzelnen Normen den Rahmen des Übersichtlichen vollkommen gesprengt hätte, durfte er sich darauf beschränken, sie sehr generell anzuführen.[273] Diese Verweisungen müssen nur die allgemein an Verweisungen zu stellenden Anforderungen erfüllen. Dazu zählt insbesondere, dass durch die gesetzliche Verweisung selbst die jeweiligen Normen zweifelsfrei bezeichnet werden.[274]

Dies ist in § 6 Abs. 13 WpHG gewährleistet. Zwar wird der Gesetzesanwender gezwungen, (gelegentlich über die Umwege der § 6 Abs. 6 S. 1 Nr. 3, 4, 6 WpHG) einige verschiedene Vorschriften aufzufinden und es wird zudem fast immer pauschal auf die gesamte Verordnung verwiesen; jedoch kann er die Vorschriften auf jeden Fall zuverlässig finden. Dieses Vorgehen ist zwar mühevoll und sicherlich nicht für eine schnelle Orientierung über die Rechtslage geeignet. Allerdings kann dies vom Gesetzgeber auch nicht verlangt werden, denn er hat das übersichtlichste denkbare Verfahren gewählt, das ihm im konkreten Fall zur Verfügung stand. Schließlich musste er das gesamte, ohnehin unmittelbar geltende Recht der Verordnungen in Bezug nehmen.

Die Verweisungen auf europäisches Recht, nämlich die Verordnungen 600/2014 und 2016/1011, sowie die MAR sind sämtlich dynamische.[275] Darum müssen auch die Bestimmtheitsanforderungen an dynamische Verweisungen erfüllt sein, die aufgrund ihrer größeren rechtsstaatlichen Bedenklichkeit besonderer Prüfung bedürfen.[276] Inhalt und Reichweite der Verweisung müssen klar

---

273 S.o. A.V.2.b.aa.

274 BVerfGE 5, 25, 31; 29, 198, 210; 47, 285, 311; 78, 32, 35; BVerfG NVwZ 2016, 675, 680; Dreier/*Schulze-Fielitz*, GG-Kommentar, Art. 20 (Rechtsstaat), Rn. 143; *Karpen*, Die Verweisung als Mittel der Gesetzgebungstechnik, S. 162 ff.; v. Mangoldt/Klein/Starck/*Sommermann*, GG, Art. 20 Abs. 3, Rn. 290; Maunz/Dürig/*Grzeszick*, Art. 20 VII, Rn. 54.

275 Vgl. § 1 Abs. 1 Nr. 8 lit. e, f, j WpHG.

276 Dreier/*Schulze-Fielitz*, GG-Kommentar, Art. 20 (Rechtsstaat), Rn. 144; *Guckelberger*, ZG 19 (2004), 62, 74 ff.; *Karpen*, Die Verweisung als Mittel der Gesetzgebungstechnik,

umgrenzt und die Prinzipien von Rechtsstaatlichkeit, Demokratie und Bundesstaatlichkeit eingehalten worden sein.[277] Zwar benennt der Gesetzestext des § 6 Abs. 13 WpHG die Verordnungen eindeutig, jedoch wird auch auf die auf ihrer Grundlage erlassenen delegierten Rechtsakte und Durchführungsrechtsakte der Europäischen Kommission verwiesen (§ 6 Abs. 6 Nr. 4, 6 WpHG). Dies erschwert das Auffinden der zutreffenden Rechtsnormen noch einmal erheblich. Außerdem hat der deutsche Gesetzgeber keine Kontrolle über den Inhalt der EU-Normen, falls diese geändert werden sollten.

Dabei ist aber zu beachten, dass der deutsche Gesetzgeber in jedem Fall gezwungen ist, die EU-Vorschriften so zu übernehmen, wie sie sind. Er muss sie daher dynamisch in Bezug nehmen und kann sie nur möglichst klar bezeichnen. Was die Genauigkeit der Verweisungen auf die auf Grundlage der Verordnungen erlassenen delegierten Rechtsakte und Durchführungsrechtsakte der Europäischen Kommission angeht – bleibt dem Gesetzgeber auch hier kaum eine andere Wahl, denn er kann Änderungen und Neuerlasse der Kommission nur schwer vorhersehen und liefe somit bei genauer Nennung immer Gefahr, fehlerhaft oder gar nicht zu verweisen, sobald sich eine Änderung ergibt. Die Pauschalität der Verweisung ist hier demnach unausweichlich.

Wenn auch dem Gesetzesanwender eine erhebliche Mühe abverlangt wird, um alle geltenden Vorschriften aufzufinden, so ist es doch möglich, alle einschlägigen Normen vollständig ausfindig zu machen. Somit sind die Verweisungen nach Inhalt und Reichweite (noch) hinreichend klar umgrenzt, obwohl man sich hier sicherlich schon an der Grenze des Zumutbaren bewegen dürfte. Bei dieser Bewertung fließt auch die Erkenntnis ein, dass die Adressaten, auf deren Verständnismöglichkeiten es bezüglich der nötigen Bestimmtheit ankommt, nicht gesetzesunkundige Bürger sein können, sondern nur in diesem Rechtsbereich kundige Fachleute als idealtypischer Maßstab.[278]

S. 161 f. Für die generelle Verfassungswidrigkeit dynamischer Verweisungen *Ossenbühl*, DVBl. 1967, 401, 408.

277 BVerfGE 47, 285, 312; 78, 32, 36; 141, 143, 176 f.; 143, 38, 56; BVerfG NVwZ 2016, 675, 680; so auch Dreier/*Schulze-Fielitz*, GG-Kommentar, Art. 20 (Rechtsstaat), Rn. 144; *Karpen*, Die Verweisung als Mittel der Gesetzgebungstechnik, S. 161 f.; Maunz/Dürig/*Grzeszick*, Art. 20 VII, Rn. 55; a.A. *Ossenbühl*, DVBl. 1967, 401, 408, der dynamische Verweisungen auf Gesetze anderer Normgeber prinzipiell für verfassungswidrig erklärt.

278 So dezidiert *Beaucamp*, Rechtstheorie 42 (2011), 21, 51; *Towfigh*, Der Staat 48 (2009), 29, 67 f.; *ders.*, JA 2015, 82, 86. Vgl. auch BVerfGE 110, 33, 64; 131, 88, 123.

Bezüglich der Verweisungen ist § 6 Abs. 13 WpHG folglich bestimmt genug gefasst, um die rechtsstaatlichen Anforderungen zu erfüllen, die man an ihn stellen muss.

2. Prüfung der Eingriffsvoraussetzungen

Bezüglich der Eingriffsvoraussetzungen wurde festgestellt, dass der Gesetzgeber selbst klare Bedingungen vorgeben muss, die für die Durchführung einer Vermögenssicherstellung erfüllt sein müssen.[279] Er muss selbst die Voraussetzungen vorgeben, die die BaFin zur Durchführung der Vermögenssicherstellung ermächtigen.

Eindeutig statuiert wird zunächst ein Richtervorbehalt in § 6 Abs. 13 S. 2 WpHG. Außerdem bestimmt § 6 Abs. 13 S. 1 WpHG, dass die Beschlagnahme von Vermögenswerten beantragt werden kann, soweit dies zur Durchsetzung der in Bezug genommenen Vorschriften „geboten ist." Diese Formulierung macht deutlich, dass gewisse Voraussetzungen erfüllt sein müssen. Welche im Einzelnen gemeint sind, wird aus der Formulierung des Gesetzestextes allerdings nicht deutlich. Das allein wäre jedoch kein Verstoß gegen das Bestimmtheitsgebot, denn solange eine Klärung dieser Frage auf dem Wege der Auslegung erreicht werden könnte, wäre § 6 Abs. 13 WpHG immer noch bestimmt genug.[280]

Die Wortlautauslegung des § 6 Abs. 13 WpHG ist nicht sehr ergiebig. Aus der Formulierung „soweit dies zur Durchsetzung [...] geboten ist" lässt sich keine konkrete Eingriffsvoraussetzung herleiten. Die Gebotenheit lässt sich nur dahingehend interpretieren, dass hiermit eine Verhältnismäßigkeit der Vermögensbeschlagnahme in Bezug auf die möglicherweise verletzten Vorschriften gemeint ist. Man kann daraus den Schluss ziehen, dass die Maßnahme jedenfalls nicht immer geboten ist, sondern diese Voraussetzung besonders erfüllt sein muss. Zu bedenken ist allerdings, dass die Verhältnismäßigkeit der Mittel bei jedwedem staatlichen Eingriff gewahrt sein muss, es sich also um eine ohnehin stets zu beachtende Eingriffsvoraussetzung handelt.[281] Eine wirkliche zusätzliche Eingriffsvoraussetzung liegt damit nicht vor, nur ein besonderer Hinweis

279 A.IV.2.b.bb.

280 BVerfGE 37, 132, 142; 83, 130, 145; 86, 288, 311; 93, 213, 238; 110, 33, 56 f.; 131, 88, 125; 133, 277, 356; 134, 141, 184 f.; st.Rspr.

281 BVerfGE 16, 194, 201 f.; 17, 108, 117 f.; 17, 306, 313 f.; 19, 342, 348 f.; 20, 45, 49 f.; 23, 127, 133; st.Rspr.; *Hirschberg*, Der Grundsatz der Verhältnismäßigkeit, S. 26; *Jakobs*, Der Grundsatz der Verhältnismäßigkeit, S. 153 f.; *v. Krauss*, Der Grundsatz der Verhältnismäßigkeit, S. 21, 25 f.; *Merten*, in: Merten/Papier (Hrsg.), HGR III, § 68, Rn. 25.

auf das ohnehin geltende Verhältnismäßigkeitsprinzip. Ein solcher Hinweis ruft das Erfordernis der Verhältnismäßigkeit verstärkt ins Gedächtnis, fügt aber dem Tatbestand nichts Inhaltliches hinzu. Aus dem Wortlaut lässt sich demnach keine Beschränkung der Eingriffsbefugnis entnehmen, die nicht ohnedies selbstverständlich wäre.

Die historische Auslegung anhand der Gesetzesmaterialien erlaubt es ebenfalls nicht, weitgehende Schlüsse bezüglich irgendwelcher eingriffsbeschränkenden Vorgaben zu ziehen.

Die Gesetzesbegründung zu § 4 Abs. 4b WpHG a.F. (der Vorläufervorschrift des § 6 Abs. 13 WpHG) beschränkt sich darauf, zu erläutern, dass es sich um „eine Kompetenz zur Beschlagnahme von Vermögenswerten" handelt, die der Umsetzung von Art. 23 Abs. 2 i MAR dient.[282] Die Begründung zum 2. FiMaNoG sagt zu § 6 Abs. 13 WpHG nichts weiter, als dass er der alte § 4 Abs. 4b WpHG in angepasster Form ist.[283] Auch die sonstigen Materialien geben zu dieser Frage keine Auskunft. Immerhin aber kann man der Gesamtschau der Gesetzesbegründungen entnehmen, dass die Neuregelungen des WpHG und der Befugnisse der BaFin den Zweck verfolgen, eine effizientere Kontrolle zu ermöglichen und weitreichendere Sanktionsmöglichkeiten zur Verfügung zu stellen.[284] Insgesamt soll also eine Verschärfung der Gesetzeslage herbeigeführt werden. Dies steht auch in vollständigem Einklang mit den Absichten der EU-Rechtssetzung, deren Umsetzung mit den Neuregelungen erfolgt.[285] Daraus kann man grundsätzlich den Schluss ziehen, dass der Gesetzgeber möglichst niedrige Schranken an ein Eingreifen der BaFin anlegen möchte, um sein Ziel größtmöglicher Schärfe und Effizienz der Maßnahmen zu erreichen. Allerdings sagt eine solch generelle Zielrichtung wenig über die Beschränkungen im konkreten Fall des § 6 Abs. 13 WpHG aus. Das Bestehen oder Nichtbestehen besonderer Tatbestandseinschränkungen lässt sich aus den Begründungen nicht herleiten. Diese Zielsetzung kann lediglich herangezogen werden, wenn sich die Zweifelsfrage ergibt, ob von konkret denkbaren Anforderungen die niedrigeren oder die höheren zu stellen sind, um sich dann für die niedrigeren Voraussetzungen zu entscheiden. Die historische Auslegung ergibt demnach nur vage Anhaltspunkte zu Grundrichtung des Gesetzes, aber keine konkreten Aussagen zur bestimmten Tatbestandsmerkmalen des § 6 Abs. 13 WpHG.

---

282 BT-Drs. 18/7482, S. 59.

283 BT-Drs. 18/10936, S. 226.

284 BT-Drs. 18/7482, S. 49; BT-Drs. 18/10936, S. 191, 288.

285 Erwägungsgründe 4, 62, 70, MAR.

Bei der systematischen Auslegung ergeben sich aus der Einbettung des § 6 Abs. 13 WpHG in die Aufzählung der Befugnisse der BaFin interessante Anhaltspunkte. Denn es fällt auf, dass der Gesetzgeber hier in vielen Fällen explizite Voraussetzungen für die Vornahme der jeweiligen Maßnahme aufstellt. Teilweise wird zur Bedingung gemacht, dass Verstöße gegen bestimmte Vorschriften festgestellt werden können.

§ 6 Abs. 8 WpHG setzt einen Verstoß und eine daraufhin erteilte Verwarnung durch die BaFin voraus. § 6 Abs. 11 WpHG verlangt Anhaltspunkte für einen Verstoß und eine Gefahr für die öffentliche Sicherheit und Ordnung. § 6 Abs. 4 WpHG macht das Vorliegen von Anhaltspunkten zur Bedingung. § 6 Abs. 12 WpHG verlangt, dass die Durchsuchung „zur Verfolgung von Verstößen" geboten ist – daraus kann ein gefolgert werden, dass zumindest ein Anfangsverdacht für einen Verstoß bestehen muss, denn sonst wäre eine Verfolgung desselben ausgeschlossen.

§ 7 Abs. 1 WpHG verlangt bestimmte verdachtsbegründende Tatsachen, Abs. 2 zumindest Anhaltspunkte. Maßnahmen nach § 10 WpHG setzen festgestellte Verstöße oder das Nichteinhalten von Vorschriften voraus. § 14 WpHG begrenzt die Möglichkeiten der BaFin zeitlich und § 15 WpHG unterwirft sie den Voraussetzungen des Art. 42 VO (EU) 600/2014. Auch die Generalklausel des § 6 Abs. 1 WpHG schränkt die Befugnisse der BaFin dergestalt ein, dass Anordnungen nur zu treffen sind, soweit sie Missständen entgegenwirken, „welche die ordnungsgemäße Durchführung des Handels mit Finanzinstrumenten oder von Wertpapierdienstleistungen, Wertpapiernebendienstleistungen oder Datenbereitstellungsdienstleistungen beeinträchtigen oder erhebliche Nachteile für den Finanzmarkt bewirken können."

§ 6 Abs. 13 S. 1 WpHG stellt solche Voraussetzungen nicht auf. Aus der Nichterwähnung von Tatbestandsmerkmalen – wie etwa dem Vorliegen von Tatsachen, die einen Verdacht begründen könnten – kann man den Schluss ziehen, dass der Gesetzgeber solche Eingriffsbeschränkungen in diesem Fall nicht unabsichtlich weggelassen hat. Denn in anderen Fällen desselben Paragraphen erwähnt er sie, ebenso wie in den benachbart gelegenen Befugnisnormen. Auch der Vergleich mit den inhaltlich vergleichbaren StPO-Normen §§ 111b ff., die das Vorliegen von verdachtsbegründenden Tatsachen ausdrücklich zur Voraussetzung machen, spricht für diesen Schluss. Die Tatsache, dass § 11 WpHG die unverzügliche Meldung einer möglichen Straftat an die zuständige Staatsanwaltschaft fordert, sobald ein Anfangsverdacht besteht, könnte ebenfalls darauf hindeuten, dass dieser bei § 6 Abs. 13 WpHG nicht zu fordern ist. Anderenfalls entstünde nämlich (zumindest bei Verdacht einer Straftat) automatisch immer eine parallele Zuständigkeit beider Stellen mit übereinstimmenden Befugnissen.

Hiergegen spricht allerdings wiederum § 7 WpHG, der zur Herausgabe von Kommunikationsdaten und ähnlichem das Vorliegen von bestimmten verdachtsbegründenden Tatsachen (§ 7 Abs. 1), bzw. Anhaltspunkten (§ 7 Abs. 2) verlangt. Stünde § 11 WpHG dem Erfordernis eines Anfangsverdachts für Maßnahmen der BaFin entgegen, könnte § 7 WpHG dies nicht ausdrücklich fordern.

Aus dem Gesetzeszusammenhang ergibt sich letzten Endes keine Gewissheit, was die Eingriffsvoraussetzungen des § 6 Abs. 13 WpHG angeht. Jedoch kann aus der Nichterwähnung angesichts der übrigen Vorschriften durchaus mit einiger Sicherheit der Schluss gezogen werden, dass besondere zusätzliche Voraussetzungen – außer der Verhältnismäßigkeit und dem Richtervorbehalt – nicht vorgesehen sind. Angesichts der oben aufgestellten Mindeststandards für die Eingriffsschranken des § 6 Abs. 13 WpHG wäre dieses Ergebnis nicht ausreichend, um einen Eingriff im Einklang mit der Verfassung hinreichend präzise zu beschränken. Eine über die Verhältnismäßigkeitsprüfung hinausgehende Voraussetzung, die das Gericht prüfen könnte, gäbe es dann nicht, was angesichts der Schwere des Eingriffs nicht hinnehmbar wäre.

Die teleologische Auslegung bleibt demnach als einzige übrig, um dem § 6 Abs. 13 WpHG doch noch hinreichend bestimmte Eingriffsvoraussetzungen zuzuerkennen.

Mit der neueingeführten Befugnis werden mehrere Zwecke verfolgt:

Zum Einen soll ein möglichst frühzeitiger Zugriff auf die „Beute" eines mutmaßlichen Täters sicherstellen, dass dieser die durch kriminelle Handlungen erlangten Werte nicht beiseiteschaffen kann, bevor sie ihm durch die Einziehung nach §§ 73 ff. StGB entzogen werden können.[286] Hier wird die Verfolgung des Grundsatzes „crime must not pay" deutlich, der darauf basiert, dass es unerträglich erscheint, einem Straftäter das unrechtmäßig Erlangte gleichsam als „Lohn" seiner Mühen zu belassen.[287] Je früher die Strafverfolgungsorgane dem

---

286 Allgemein zu strafprozessualen Sicherstellungsmaßnahmen *Achenbach*, FS Blau, S. 10; *Bittmann*, NZWiSt 2016, 131, 132; *Bittmann/Kühn*, wistra 2002, 248, 249; *Dittmann/Reichhart*, JA 2011, 540, 541; *Herzog*, KJ 1987, 321, 325; *Köhler*, NStZ 2017, 497, 501; *Köhler/Burkhard*, NStZ 2017, 665, 676; *Korte*, wistra 2018, 1, 10 f.; *Lenhard*, Kriminalistik 1989, 612, 613; LR-StPO/*Johann*, Vor §§ 111b ff., Rn. 24.; *Meyer*, ZStW 127 (2015), 241, 247; *Müller*, Die Rückgewinnungshilfe und der staatliche Auffangrechtserwerb, S. 45.; *Neuefeind*, JA 2004, 155, 164; *Rönnau/Begemeier*, JZ 2016, 441, 443; SK-StPO/*Rogall*, § 111b, Rn. 1; *Walter*, JA 2011, 481, 483; *Wilk/Stewen*, wistra 2013, 409, 410.

287 Allgemein zu diesem Zweck der Vermögensabschöpfung BT-Drs. 18/9525, S. 45; BVerfG wistra 2004, 255, 260; *Barreto da Rosa*, ZRP 2012, 39, 42; *Bittmann/Kühn*,

mutmaßlichen Täter den Zugriff auf sein Vermögen entziehen können, desto weniger besteht die Gefahr des Beiseiteschaffens. Hierbei ist allerdings zu beachten, dass § 76 StGB neuerdings[288] auch eine nachträgliche Einziehung von Wertersatz gestattet, wenn die ursprünglich angeordnete Einziehung nach §§ 73, 73a StGB unzureichend oder nicht ausführbar ist.[289] Das Risiko des rechtzeitigen Beiseiteschaffens der Tatbeute ist damit geringer geworden. Dies allerdings nur, soweit es sich um einen bestimmten Vermögensgegenstand handelt – was bei Insider- und Marktmanipulationsdelikten indes eher selten der Fall sein dürfte.

Zum Anderen verfolgt die Vorschrift auch negativ generalpräventive Zwecke.[290] Je größer die Gefahr für den Täter erscheint, seine Beute gleich wieder zu verlieren, desto weniger attraktiv gestaltet sich die Kosten/Nutzen-Rechnung für ihn. Muss er gewärtigen, außer einer hohen (Freiheits-)Strafe nichts aus der Tat zu erlangen, weil die erworbenen Werte so schnell sichergestellt werden, dass er sie nicht mehr rechtzeitig beiseite schaffen kann, desto unwahrscheinlicher erscheint es, dass ein rational handelnder Täter gleichwohl eine Marktmanipulation oder einen Insiderhandel begeht.[291]

---

wistra 2002, 248, 248; *Eberbach*, NStZ 1987, 486, 489; *Güntert*, Die Gewinnabschöpfung als strafrechtliche Sanktion, S. 11 ff.; *Herzog*, JR 2004, 494, 494; *Hoyer*, GA 1993, 406, 406 f.; *Julius*, ZStW 109 (1997), 58, 90; *Kaiser*, ZRP 1999, 144, 145; *Kiethe/Hohmann*, NStZ 2003, 505, 506; *Köhler*, NStZ 2017, 497, 498; *Mainzer*, DRiZ 2002, 97, 102; *Meyer*, ZStW 127 (2015), 241, 244; *Müller*, Die Rückgewinnungshilfe und der staatliche Auffangrechtserwerb, S. 49 f.; *Neuefeind*, JA 2004, 155, 155; *Schlachetzki*, wistra 2011, 41, 42; *Walter*, JA 2001, 481, 481; *Wilk/Stewen*, wistra 2013, 409, 409 f.

288 Eingeführt durch das Gesetz zur Reform der strafrechtlichen Vermögensabschöpfung vom 13. April 2017, BGBl. I, S. 872.

289 *Fischer*, StGB, § 76, Rn. 1 ff.; SSW-StGB/*Heine*, § 76, Rn. 1 ff.; Schönke/Schröder/*Eser*/*Schuster*, StGB, § 76, Rn. 1 ff.

290 Zur Abschreckungswirkung von Einziehung und Sicherstellung *Barreto da Rosa*, ZRP 2012, 39, 42; *Faure*, FS Eser, S. 1317 ff.; *Hassemer*, WM 1995 Sonderbeilage Nr. 3, 3, 5; *Herzog*, JR 2004, 494, 495 (zum erweiterten Verfall); *Meyer*, ZStW 127 (2015), 241, 243 f.; *Rönnau/Begemeier*, JZ 2016, 441, 442; *Schlachetzki*, wistra 2011, 41, 42.

291 Zur Abwägung von Kosten und Nutzen *Becker*, Journal of Political Economy 1968, 169, 176 ff.; *Faure*, FS-Eser, S. 1315 ff.; *Hassemer*, WM 1995 Sonderbeilage Nr. 3, 3, 5; *Kaiser*, FS Tröndle, S. 689 ff.; *Lenhard*, Kriminalistik 1989, 194, 194.
Es erscheint allerdings zweifelhaft, ob diese intendierte Abschreckung auch praktisch wirksam ist, denn dass Wirtschaftsstraftäter grundsätzlich dem Typus des kühl abwägenden homo oeconomicus angehören ist durchaus nicht sicher. Vgl. dazu *Lüderssen*, in: Hassemer/Lüderssen/Naucke (Hrsg.), Hauptprobleme der Generalprävention, S. 54, 70; *Perron*, JZ 1993, 918, 920 f. m. ausführl. w. N.; *Smettan*, Kriminelle Bereicherung in Abhängigkeit von Gewinnen, Risiken, Strafen und Moral, S. 210 f., der darlegt,

Aus diesen sehr generellen Zwecken, die § 6 Abs. 13 WpHG verfolgt, lässt sich nichts Konkretes über seine Grenzen entnehmen. Immerhin kann man daraus schließen, dass höchstmögliche Effizienz der Aufsicht und der Strafverfolgung angestrebt werden, deren Möglichkeiten durch die Befugnis zur Vermögenssicherstellung erheblich ausgeweitet werden. Dies lässt aber nicht zwingend auch den Schluss zu, dass deswegen keine engen Eingriffsvoraussetzungen gelten sollen; denn die Existenz der Maßnahme im Arsenal der BaFin selbst steigert ja bereits deren Fähigkeiten. Zumal der europäische Gesetzgeber ausdrücklich die Beachtung von Grundrechten bei der Einführung der neuen Kompetenzen betont.[292] Auch die teleologische Auslegung hinterlässt den Rechtsanwender letztendlich in Ungewissheit. Gewisse Effektivitätstendenzen, die gegen zu enge Beschränkungen sprechen, lassen sich zwar erahnen, aber eine wirklich klare Aussage lässt sich daraus nicht gewinnen.

Die obigen Auslegungsversuche führen immerhin zu einem klaren Ergebnis, was die Prüfung der Eingriffsvoraussetzungen angeht. Mit Sicherheit lässt sich § 6 Abs. 13 WpHG nur entnehmen, dass eine Verhältnismäßigkeitsprüfung erfolgen muss und dass ein Richtervorbehalt besteht. Weitere Beschränkungen lassen sich nicht dergestalt entnehmen, dass man von hinreichend bestimmten Eingriffsvoraussetzungen ausgehen dürfte, wie sie der oben entwickelte Maßstab für die Bestimmtheit des § 6 Abs. 13 WpHG verlangt. Insbesondere klare Mindestverdachtsstufen oder ähnliches lassen sich dem Tatbestand nicht entnehmen, obwohl eine solche Beschränkung unbedingt notwendig wäre.[293]

Aus dem Gesetz selbst ergibt also sich keine Möglichkeit, die Voraussetzungen einer Vermögensbeschlagnahme durch die BaFin festzustellen, selbst wenn der Rechtsanwender die Norm sorgfältigst auszulegen versucht. Für die BaFin besteht insgesamt betrachtet daher keine andere Möglichkeit, als die Voraussetzungen ihres Eingreifens selbst zu definieren.

Auch das zuständige Gericht kann folglich im Rahmen seiner Entscheidung nach § 6 Abs. 13 S. 2 WpHG die Zulässigkeit der Vermögensbeschlagnahme nicht nach klaren Kriterien prüfen, die sich aus dem Gesetz ergeben. Es kann

---

dass zwar der zu erwartende Gewinn (Wirtschafts-)Straftäter reize, die drohenden Risiken (Strafe, Gewinnabschöpfung) jedoch kaum Berücksichtigung fänden.

292 Erwägungsgrund 77, MAR.

293 BVerfGE 110, 33, 54 f.; 113, 348, 376 f.; 128, 282, 317 f.; 134, 141, 184; *Beaucamp*, Rechtstheorie 42 (2011), 21, 41; *Gusy*, StV 2002, 153, 156; *Jesch*, AöR 82 (1957), 163, 240; *Middelschulte*, Unbestimmte Rechtsbegriffe und Bestimmtheitsgebot, S. 142 u. S. 188; *Towfigh*, Der Staat 48 (2009), 29, 65; *Ule*, GS Jellinek, S. 309, 328.

lediglich zum einen die Ermessensausübung der BaFin („kann [...] beantragen") in den Grenzen der Ermessenskontrolle überprüfen.[294] Zum anderen ist die Einhaltung der Verhältnismäßigkeit, die dann eine objektive Schranke des Ermessens bildet, gerichtlich voll überprüfbar.[295] Damit wird der Richtervorbehalt jedoch vergleichsweise wertlos, da das Gericht nur eingeschränkt die Ermessenausübung und vollumfänglich die Verhältnismäßigkeit der Sicherstellung überprüfen, sonst aber genausowenig konkrete Maßstäbe anlegen kann, wie das der BaFin selbst möglich ist.[296]

Festzuhalten bleibt, dass § 6 Abs. 13 WpHG die Voraussetzungen für seine Anwendung nicht hinreichend bestimmt normiert, sodass dem rechtsstaatlichen Bestimmtheitsgebot diesbezüglich nicht Genüge getan wird.

3. Prüfung der inhaltlichen Bestimmungen

Wie bereits dargelegt, muss auch der Inhalt einer Eingriffsbefugnis bestimmt genug festgelegt werden, um dem Bürger und dem Rechtsanwender deutlich zu machen, welche Maßnahmen konkret ergriffen werden können.[297]

Im Falle des § 6 Abs. 13 WpHG hat der Gesetzgeber mit der „Beschlagnahme von Vermögenswerten" eine etwas unübliche Formulierung gewählt, die auf den ersten Blick nicht unbedingt genau erkennen lässt, was gemeint ist.[298] In der Gesetzesbegründung (zu § 4 Abs. 4b WpHG a.F.) wird allerdings darauf hingewiesen, dass der Gesetzgeber hierdurch sowohl die Beschlagnahme bestimmter Vermögensgegenstände im Sinn hatte, als auch den Arrest in die Gesamtheit des Vermögens.[299] Beabsichtigt ist das von der MAR geforderte „Einfrieren von Vermögenswerten" auf diese Weise zu ermöglichen, deren Formulierung als

---

294 Vgl. zur eingeschränkten gerichtlichen Ermessensüberprüfung *Erbguth/Guckelberger*, Allgemeines Verwaltungsrecht, § 14, Rn. 42; *Maurer/Waldhoff*, Allgemeines Verwaltungsrecht, § 7, Rn. 6.

295 BVerfG, Beschluss v. 24.07.2017 – 2 BvR 1487/17; *Erbguth/Guckelberger*, Allgemeines Verwaltungsrecht, § 14, Rn. 47, 53.

296 Dazu, dass nur eine hinreichend bestimmte Norm den Gerichten überhaupt eine Prüfung des Verwaltungshandelns ermöglicht und dem Anspruch des Bürgers aus Art. 19 Abs. 4 GG gerecht werden kann, deutlich BVerfGE 8, 274, 326; 110, 33, 54 f.; 113, 348, 376 f.; 120, 378, 407; 133, 277, 336.

297 BVerfGE 9, 137, 147 f.; *Middelschulte*, Unbestimmte Rechtsbegriffe und Bestimmtheitsgebot, S. 188; *Papier*, in: Merten (Hrsg.), Gewaltentrennung im Rechtsstaat, S. 95, 103; *Roth*, Faktische Eingriffe in Freiheit und Eigentum, S. 614.

298 Hierzu äußern sich kritisch *Eggers/Gehrmann/Szesny*, WiJ 2016, 123, 130.

299 S.o. A.I.2.; BT-Drs. 18/7482, S. 59.

„umgangssprachlich" nicht übernommen werden sollte.[300] Somit lässt sich der Begründung eindeutig entnehmen, welche Maßnahmen von der Befugnis des § 6 Abs. 13 WpHG umfasst sein sollen.

Unklar bleibt freilich die konkrete Ausgestaltung der beiden verschiedenen Maßnahmen.

Dazu, wie Beschlagnahme und Vermögensarrest durchgeführt werden sollen, äußern sich weder das Gesetz noch die Gesetzesbegründungen. Also muss auch hier der Versuch unternommen werden, durch Auslegung zu klären, auf welche Weise Beschlagnahme und Vermögenarrest durchgeführt werden sollen. Außerdem ist zu klären, welche Tatbestandsvoraussetzungen für die Durchführung der jeweiligen Maßnahme erfüllt sein müssen.

Der Wortlaut und die Gesetzeshistorie sind in dieser Frage nicht weiterführend. Auch systematisch und hinsichtlich des Telos der Norm wiederholen sich die oben (unter A.V.2.) getroffenen Feststellungen.

Zwar lässt sich aus dem strafprozessualen Charakter der Befugnis möglicherweise schließen, dass die inhaltlich ähnlichen Vorschriften der StPO (§§ 111c f. und 111f ff.) entsprechend angewandt werden sollen. Sicher erscheint dies jedoch nicht, da etwa § 324 AO als ähnliche Eingriffsbefugnis auf die entsprechenden zivilprozessualen Regelungen (§§ 930 bis 932 ZPO) verweist; ein Automatismus dahingehend, dass dem Strafprozessrecht ähnliche Eingriffsbefugnisse immer dessen Regelungen vollständig entsprechen sollen, lässt sich demnach nicht feststellen. Außerdem verweist § 6 Abs. 13 S. 4 WpHG direkt auf die Beschwerdemöglichkeiten der §§ 310 ff. StPO – sollte dies für die §§ 111b und 111f StPO ebenso gelten, hätte der Gesetzgeber hierauf verweisen können.

Insgesamt ergibt sich wiederum das Bild einer Norm, die durch herkömmliche Auslegung nicht bewältigt werden kann. Es bleiben große Unsicherheiten bestehen, die angesichts der Schwere des Eingriffs nicht hinnehmbar sind. Der Gesetzgeber hätte auch bezüglich der konkreten Ausgestaltung des Eingriffs hinreichend bestimmte Vorgaben machen müssen – schon damit der Betroffene sich gegen die Maßnahme auf erfolgversprechende Weise wehren kann.[301] Dass eine solche Regelung technisch möglich gewesen wäre, zeigen die entsprechenden

---

300 BT-Drs. 18/7482, S. 59.

301 Zur Relevanz für den Rechtsschutz vgl. BVerfGE 8, 274, 326; 13, 153, 161; 110, 33, 54 f.; 113, 348, 376 f.; 120, 378, 407; 133, 277, 336; *Beaucamp*, Rechtstheorie 42 (2011), 21, 41; *Kunig*, Das Rechtsstaatsprinzip, S. 397; *Middelschulte*, Unbestimmte Rechtsbegriffe und Bestimmtheitsgebot, S. 150 f.; *Papier/Möller*, AöR 122 (1997), 177, 180 f.; a.A. *Gassner*, ZG 1996, 37, 42.

Vorschriften der StPO. Im Hinblick auf die inhaltliche Ausgestaltung der Vermögenssicherstellungsbefugnis des § 6 Abs. 13 WpHG ist dem rechtsstaatlichen Bestimmtheitsgebot ebenfalls nicht Genüge getan; auch hier bleibt die Norm viel zu unbestimmt.

4. Zusammenfassung

Am Ende der Bestimmtheitsprüfung des § 6 Abs. 13 WpHG steht die Erkenntnis, dass dieser zwar seinen Anwendungsbereich legitimerweise durch sehr generelle Verweisungen erhält, die notwendige Bestimmtheit hinsichtlich der Eingriffsvoraussetzungen und der inhaltlichen Ausgestaltung der Vermögenssicherstellung allerdings nicht erreicht wird.

VII. Ergebnis Teil A

Der erste Teil der Arbeit hat aufgezeigt, dass § 6 Abs. 13 WpHG schwerwiegende Grundrechtseingriffe ermöglicht und dementsprechend hohe Bestimmtheitsanforderungen an ihn zu stellen sind. Diesen Anforderungen wird die Vorschrift in ihrer weitgehenden Unbestimmtheit nicht gerecht; es ist nicht möglich sie so auszulegen, dass sich wirkliche Gewissheit bezüglich der Eingriffsvoraussetzungen oder hinsichtlich der Befugnis selbst ergibt. Damit ist § 6 Abs. 13 WpHG zunächst – wegen Verstoßes gegen das allgemeine rechtsstaatliche Bestimmtheitsgebot – verfassungswidrig.

Im zweiten Teil der Untersuchung wird nunmehr versucht werden, durch verfassungskonforme Auslegung der Norm, dieses Verdikt zu revidieren und dem § 6 Abs. 13 WpHG doch noch eine verfassungsmäßige Gestalt zu verleihen.

B: Verfassungskonforme Auslegung des § 6 Abs. 13 WpHG

Es hat sich herausgestellt, dass § 6 Abs. 13 WpHG nach seiner gesetzlichen Fassung nicht den Anforderungen des Bestimmtheitsgebotes entspricht und mithin verfassungswidrig wäre. Daher soll im Folgenden der Versuch unternommen werden, durch verfassungskonforme Auslegung doch noch eine Vereinbarkeit der Vermögenssicherstellungsnorm mit den verfassungsrechtlichen Vorgaben zu erreichen. Dazu wird an den beiden kritischen Punkten – Eingriffsvoraussetzungen und Inhalt der Beschlagnahmebefugnis – angesetzt werden. Beide Problemfelder sollen hierbei, durch Herausbildung klarer Schranken und Beschlagnahmevoraussetzungen im Wege der Rechtsfortbildung, entschärft werden.

Dieser Versuch unterliegt immer dem Bemühen, sowohl den rechtsstaatlich notwendigen Einschränkungen zum Schutz des Bürgers als auch dem legitimen Wunsch des Gesetzgebers nach effizienten und schlagkräftigen Mitteln im Kampf gegen die Kriminalität am Kapitalmarkt gerecht zu werden.

I. Grundlegendes zur verfassungskonformen Auslegung

An dieser Stelle kann nicht der Versuch unternommen werden, die verfassungskonforme Auslegung an sich methodisch zu untersuchen; dies würde den Rahmen der Arbeit sprengen und das eigentliche Untersuchungsziel verfehlen. Hier soll eine kurze Einführung genügen, die sich vor allem an der praktischen Handhabung durch das Bundesverfassungsgericht und dem Grundkonsens der Literatur orientiert.

Der Vorrang des Grundgesetzes vor dem einfachen Gesetzesrecht gebietet es, dieses immer so auszulegen, dass es mit dem Verfassungsrecht im Einklang steht.[302] Ergeben sich an der Vereinbarkeit einer Vorschrift des einfachen Rechts mit dem Grundgesetz Zweifel, so muss der Versuch unternommen werden, jene durch verfassungskonforme Auslegung derart zu interpretieren, dass sie doch noch verfassungsgemäß ist.[303] Erst wenn die Norm in keiner möglichen

302 *Bogs*, Die verfassungskonforme Auslegung von Gesetzen, S. 17; *Burmeister*, Die Verfassungsorientierung der Auslegung, S. 3; *Larenz*, Methodenlehre der Rechtswissenschaft, S. 339; *Michel*, JuS 1961, 274, 276.

303 BVerfGE 2, 266, 282, st. Rspr.; *Eckardt*, Die verfassungskonforme Gesetzesauslegung, S. 41; *Larenz*, Methodenlehre der Rechtswissenschaft, S. 339. Kritisch zur

Auslegung den Anforderungen des Grundgesetzes entspricht, ist sie verfassungswidrig und ungültig.[304] Die „klassische" Form der verfassungskonformen Auslegung ist dabei gegeben, wenn unter mehreren denkbaren Auslegungen einer Norm nur eine verfassungsgemäß ist; und folglich diese gewählt werden muss.[305]

Für § 6 Abs. 13 WpHG trifft diese Konstellation allerdings nicht zu. § 6 Abs. 13 WpHG erfüllt seinem Wortlaut nach in keiner denkbaren Auslegung die Mindestanforderungen des rechtsstaatlichen Bestimmtheitsgebotes.[306] Im vorliegenden Fall geht es also nicht nur um die Wahl einer bestimmten Auslegung; vielmehr fehlen der Norm bestimmte Tatbestandsvoraussetzungen. Die einzige Möglichkeit diese zu gewinnen, besteht darin, sie in anderen, vergleichbaren Vorschriften zu finden und in § 6 Abs. 13 WpHG zu integrieren, um diesen entsprechend zu ergänzen. Mit anderen Worten, es muss eine im Gesetz bestehende Lücke durch Analogie zu anderen Vorschriften geschlossen werden.[307] Die lückenfüllende Analogie stellt jedoch bereits mehr dar als reine Auslegung – hierbei handelt es sich um gesetzesimmanente Rechtsfortbildung.[308] Man könnte demnach auch von verfassungskonformer Rechtsfortbildung sprechen.[309] Jedoch ist

---

verfassungskonformen Auslegung *Bettermann*, Die verfassungskonforme Auslegung, S. 24 ff. u. passim.

304 BVerfGE 2, 266, 282; 119, 247, 274; *Burmeister*, Die Verfassungsorientierung der Auslegung, S. 20; *Schiffauer*, Wortbedeutung und Rechtserkenntnis, S. 30.

305 BVerfGE 8, 210, 221; 32, 373, 383 ff.; 119, 247, 274; st. Rspr.; *Bleckmann*, JuS 2002, 942, 946; *Bogs*, Die verfassungskonforme Auslegung von Gesetzen, S. 34; *Eckardt*, Die verfassungskonforme Gesetzesauslegung, S. 42; *Geis*, NVwZ 1992, 1025, 1026; *Haak*, Normenkontrolle und verfassungskonforme Gesetzesauslegung des Richters, S. 122 f.; *Larenz*, Methodenlehre der Rechtswissenschaft, S. 339; *Michel*, JuS 1961, 274, 277; *Roth*, NVwZ 1998, 563, 564; *Schiffauer*, Wortbedeutung und Rechtserkenntnis, S. 28; *Seetzen*, NJW 1976, 1997, 1998; *Voßkuhle*, AöR 125 (2000), 177, 180 f.; *Wendt*, FS Würtenberger, S. 124.

306 A.V.4.

307 Zur Lückenfüllung durch Analogie vgl. *Canaris*, Die Feststellung von Lücken im Gesetz, S. 39; *Larenz*, Methodenlehre der Rechtswissenschaft, S. 370 ff.

308 *Canaris*, Die Feststellung von Lücken im Gesetz, S. 25; *Larenz*, Methodenlehre der Rechtswissenschaft, S. 366; *Michel*, JuS 1961, 274, 279; *Wiedemann*, NJW 2014, 2407, 2409.

309 BVerfGE 51, 304, 323 spricht ausdrücklich davon, eine Norm „im Einklang mit dem Grundgesetz fortzubilden". Ausführlich zur verfassungskonformen Rechtsfortbildung *Göldner*, Verfassungsprinzip und Privatrechtsnorm in der verfassungskonformen Auslegung und Rechtsfortbildung, S. 68 ff.; *Prümm*, Verfassung und Methodik, S. 178 ff.; *Roth*, NVwZ 1998, 563, 566; *Schiffauer*, Wortbedeutung und Rechtserkenntnis, S. 31 f.

es terminologisch durchaus üblich, auch solches Vorgehen verfassungskonforme Auslegung zu nennen,[310] sodass diese Bezeichnung im Folgenden ebenfalls verwendet wird, um Verwirrungen zu vermeiden.

In der Sache freilich ist zu betonen, dass der Begriff der verfassungskonformen Auslegung hier nur im weitesten Sinne zutrifft. Die angedachte Ergänzung des § 6 Abs. 13 WpHG stellt eine Auffüllung der Vorschrift um die von Verfassungs wegen notwendigen zusätzlichen Elemente dar. Aufgrund der festgestellten Unbestimmtheit der Norm, die ihr das Verdikt der Verfassungswidrigkeit in ihrer Grundform eingebracht hat, ist Ziel dieser Rechtsfortbildungsoperation die Herstellung der nötigen Bestimmtheit. Diese Rechtsfortbildung hin zur Bestimmtheit muss sich ihrerseits wiederum an den Grenzen der Zulässigkeit der Rechtsfortbildung messen lassen. Die Zulässigkeit der Rechtsfortbildung an sich ist im Allgemeinen weitestgehend unbestritten.[311] Allerdings hat sie naturgemäß Grenzen, weil die Prinzipien der Gewaltenteilung, der Demokratie und des Rechtstaats es nicht erlauben, dass der Rechtsanwender sich an die Stelle des demokratisch legitimierten Gesetzgebers setzt.[312] Im Einzelnen ist hier vieles

---

310 BVerfGE 8, 71, 77 ff.; 9, 83, 87 nennen die erwogenen (und als unzulässig abgelehnten) Ergänzungen der überprüften Verordnungen etwa „verfassungskonforme Auslegung". BVerfGE 2, 336, 340 f.; 8, 210, 221; 35, 263, 277 ff.; 85, 69, 74 ff.; *Beaucamp*, RdJB 2007, 98, 105 f. bezeichnet eine Ergänzung des § 1631b BGB a. F. durch Analogie als „verfassungskonforme Auslegung"; *Bogs*, Die verfassungskonforme Auslegung von Gesetzen, S. 46 f. schildert die verfassungskonforme Gesetzesergänzung als Fallgruppe der verfassungskonformen Auslegung; *Burmeister*, Die Verfassungsorientierung der Auslegung, S. 36 f.; *Eckardt*, Die verfassungskonforme Gesetzesauslegung, S. 42 ff.; *Geis*, NVwZ 1992, 1025, 1026; *Göldner*, Verfassungsprinzip und Privatrechtsnorm in der verfassungskonformen Auslegung und Rechtsfortbildung, S. 68 f.; *Looschelders/Roth*, Juristische Methodik im Prozeß der Rechtsanwendung, S. 243; *Prümm*, Verfassung und Methodik, S. 111 f.; *Roth*, NVwZ 1998, 563, 566; *Schack*, JuS 1961, 269, 272 ff.

Kritisch zur Terminologie der Rspr. *Schiffauer*, Wortbedeutung und Rechtserkenntnis, S. 44. *Geis*, NJW 1992, 2938, 2939 f. und *ders.*, NVwZ 1992, 1025, 1027 hält dagegen die verfassungskonforme Rechtsfortbildung (speziell die Analogie) für schlechthin unzulässig. Ebenso *Lembke*, Einheit aus Erkenntnis?, S. 269; *Stern*, NJW 1958, 1435.

311 BVerGE 3, 225, 242 ff.; 34, 269, 287 f.; 132, 99, 127; *Bender*, MDR 1959, 441, 443; *Michel*, JuS 1961, 274, 279; *Seidl*, ZGR 1988, 296, 297 ff.; *Wenzel*, NJW 2008, 345, 346; *Wiedemann*, NJW 2014, 2407, 2407 ff.

A.A. und die (verfassungskonforme) Rechtsfortbildung wegen mangelnder gesetzlicher Ermächtigung generell ablehnend *Lembke*, Einheit aus Erkenntnis?, S. 269.

312 BVerfGE 1, 97, 100 f., st. Rspr.; Zu den verfassungsrechtlichen Grenzen der Analogie *Beaucamp*, AöR 134 (2009), 83, 94; *Gern*, DÖV 1985, 558, 562 ff.

umstritten, die genauen Grenzen zulässiger Rechtsfortbildung werden durchaus unterschiedlich gezogen und begründet.[313]

Auch die verfassungskonforme Auslegung, die hier eigentlich Rechtsfortbildung darstellt, ist aus diesem Grund nicht grenzenlos zulässig. Ihre Grenzen sollen an dieser Stelle jedoch noch keine Rolle spielen; vielmehr wird das gefundene Ergebnis der verfassungskonformen Auslegung des § 6 Abs. 13 WpHG in Teil C der Arbeit auf ihre Einhaltung überprüft.

II. Lücke

Es ist allgemein anerkannt, dass Voraussetzung für die Ergänzung des Gesetzes durch Analogie das Vorliegen einer Gesetzeslücke ist.[314] Um die angestrebte verfassungskonforme Auslegung durchführen zu können, muss demnach erst einmal festgestellt werden, dass mit der mangelhaften Regelung der Eingriffsvoraussetzungen eine solche Gesetzeslücke vorliegt.

Eine Gesetzeslücke liegt nach *Canaris* vor, wenn „eine planwidrige Unvollständigkeit des positiven Rechts (d. h. des Gesetzes innerhalb der Grenzen seines möglichen Wortsinnes und des Gewohnheitsrechts)“ gegeben ist.[315] Diese Definition wird hier zugrunde gelegt, andere Autoren vertreten leicht unterschiedliche Auffassungen, zu denen hier nicht Stellung genommen werden kann und soll.[316]

Eine Unvollständigkeit des Rechts liegt bei § 6 Abs. 13 WpHG jedenfalls vor. Denn die – aus verfassungsrechtlichen Gründen notwendigen – Regelungen zu den Eingriffsvoraussetzungen und zum Verfahren der Vermögensbeschlagnahme beinhaltet das Gesetz nicht. Es fehlt ihm damit ein entscheidender Bestandteil, der für die Anwendung benötigt würde.

Des Weiteren müsste diese Unvollständigkeit auch planwidrig sein. Das heißt, die Lücke müsste in einem Bereich liegen, in dem der Zusammenhang der Gesamtrechtsordnung eine Regelung erforderte; außerdem dürfte der

---

313 Vgl. eine Übersicht zu den vertretenen Ansätzen bei *Kruse*, Die verfassungsrechtlichen Grenzen richterlicher Rechtsfortbildung, S. 69 ff.

314 *Canaris*, Die Feststellung von Lücken im Gesetz, S. 25; *Langhein*, Das Prinzip der Analogie als juristische Methode, S. 117; *Larenz*, Methodenlehre der Rechtswissenschaft, S. 370 ff.

315 *Canaris*, Die Feststellung von Lücken im Gesetz, S. 30.

316 Vgl. etwa *Elze*, Lücken im Gesetz, S. 53; *Engisch*, Einführung in das juristische Denken, S. 197; *Zitelmann*, Lücken im Recht, S. 24 ff.

Gesetzgeber die Lücke nicht bewusst offengelassen haben, etwa indem er sie Rechtswissenschaft und Rechtsprechung zur Ausfüllung überließ.[317]

Die Gesamtheit der Rechtsordnung erfordert zweifellos, dass Gesetze hinreichend bestimmt gefasst und Eingriffsvoraussetzungen konkret genug formuliert werden. Denn das rechtsstaatliche Bestimmtheitsgebot des Grundgesetzes erfasst die gesamte Rechtsordnung und bildet eines ihrer grundlegenden Prinzipien. Insoweit widerspricht die mangelnde Bestimmtheit des § 6 Abs. 13 WpHG eindeutig dem Gesamtplan der Rechtsordnung unter dem Grundgesetz und ist somit planwidrig.

Dass der Gesetzgeber die Eingriffsvoraussetzungen bewusst offengelassen hätte, lässt sich den Gesetzgebungsmaterialien nicht entnehmen. Überdies wäre ein solches Offenlassen im vorliegenden Falle eindeutig verfassungswidrig, da der Gesetzgeber ja gerade verpflichtet ist, die wesentlichen Voraussetzungen selbst zu bestimmen.[318] Ein bewusst verfassungswidriges Vorgehen kann dem Gesetzgeber nicht unterstellt werden. Naheliegend ist vielmehr, dass er (fälschlich) davon ausging, die notwendigen Regelungen bereits getroffen zu haben.

Die festgestellte Unvollständigkeit des § 6 Abs. 13 WpHG ist demnach auch planwidrig – es besteht also eine Lücke, die zulässigerweise durch Analogie gefüllt werden kann.

III. Ausfüllung der Lücke

Für die Ausfüllung der Lücke in § 6 Abs. 13 WpHG ist es notwendig, geeignete Vorschriften aufzufinden, die genau diejenigen Elemente enthalten, die ihm selbst fehlen. Außerdem muss die gefundene Regelung der des § 6 Abs. 13 WpHG ähnlich genug sein, um analog herangezogen werden zu können. Denn eine

---

317 *Canaris*, Die Feststellung von Lücken im Gesetz, S. 31 ff.; *Larenz*, Methodenlehre der Rechtswissenschaft, S. 373 f.; *Rüthers/Fischer/Birk*, Rechtstheorie, § 23 Rn. 832 ff.

318 Zur Wesentlichkeitstheorie grundlegend BVerfGE 33, 125, 158 f.; 33, 303, 346 f.; 34, 165, 192 f.; 40, 237, 249 f.; 41, 251, 259 f.; 45, 400, 417 f.; 47, 46, 78 ff.; 49, 89, 126 f.; st. Rspr.
Zur Unzulässigkeit, die Festlegung der Voraussetzungen der Verwaltung zu überlassen BVerfGE 8, 274, 325 f.; 78, 214, 226; 110, 33, 54; 113, 348, 376; BVerwGE 100, 230, 236; *Beaucamp*, Rechtstheorie 42 (2011), 21, 41; *Jesch*, AöR 82 (1957), 163, 239 ff.; *Middelschulte*, Unbestimmte Rechtsbegriffe und Bestimmtheitsgebot, S. 142; *Roth*, Faktische Eingriffe in Freiheit und Eigentum, S. 606; *Papier*, in: Merten (Hrsg.), Gewaltentrennung im Rechtsstaat, S. 103; *Sobota*, Das Prinzip Rechtsstaat, S. 497 f.; *Towfigh*, Der Staat 48 (2009), 29, 64 f.; *ders.*, JA 2015, 82, 83; *Ule*, GS Jellinek, S. 309, 328 f.

Lückenfüllung durch Analogie ist nur durch Normen zulässig, die eine wesentliche Ähnlichkeit zu der auszufüllenden Vorschrift aufweisen.[319] Naheliegend ist es natürlich dabei, zunächst die §§ 111b ff. StPO zu untersuchen, die schon auf den ersten Blick ähnliche Befugnisse zur Vermögenssicherstellung regeln. Sie bieten sich daher als Ausgangspunkt für die beabsichtigte Lückenfüllung an.

1. Ausfüllung durch §§ 111b ff. StPO

Die Regelungen der §§ 111b ff. StPO ermöglichen die vorläufige Sicherstellung von Vermögensbestandteilen zum Zwecke der späteren Einziehung gemäß der §§ 73 ff. StGB. Jene kann durch die – in §§ 111b ff. geregelte – Beschlagnahme bestimmter Gegenstände oder durch den – in §§ 111e ff. geregelten – Vermögensarrest als Sicherung der Wertersatzeinziehung erfolgen.[320]

In der praktischen Anwendung spielt hauptsächlich die Variante des Vermögensarrests nach § 111e StPO eine Rolle, auf die der größte Teil der Anwendungsfälle entfällt.[321] Im Anwendungsbereich des § 6 Abs. 13 WpHG dürfte dies noch ausgeprägter der Fall sein, weil die Gewinne aus Insiderhandel oder Marktmanipulation in der Regel nicht aus bestimmten einziehbaren Gegenständen bestehen. Gleichwohl werden beide Varianten der Vermögenssicherstellung der §§ 111b ff. StPO beleuchtet werden, um sie auf ihre Übertragbarkeit auf § 6 Abs. 13 WpHG zu prüfen; zumal auch der Gesetzgeber mit § 4 Abs. 4b WpHG a. F. als Vorgängerfassung des § 6 Abs. 13 WpHG ausdrücklich beide Sicherstellungsvarianten erfasst wissen wollte.[322] Für § 6 Abs. 13 WpHG gilt insoweit nichts anderes.[323] Zunächst werden die Tatbestandsvoraussetzungen der §§ 111b und 111e StPO beleuchtet, im Anschluss daran die Vollziehungsregelungen der §§ 111c, d und 111f, h StPO.

a.) § 111b StPO

§ 111b StPO verlangt als erstes Tatbestandsmerkmal die begründete Annahme, dass die Voraussetzungen für Einziehung oder Unbrauchbarmachung vorliegen,

---

319 BVerfGE 116, 69, 84; *Beaucamp*, AöR 134 (2009), 83, 85; *Geis*, NJW 1992, 2938; *Gern*, DöV 1985, 558, 561; *Rüthers/Fischer/Birk*, Rechtstheorie[9], § 23, Rn. 889; *Wiedemann*, NJW 2014, 2407, 2411.

320 Einen guten Überblick zu den Regelungen bietet *Trüg*, NJW 2017, 1913, 1916 f.

321 HK-StPO/*Gercke*, Vor §§ 111b ff., Rn. 7.

322 BT-Drs. 18/7482, S. 59.

323 Da dieser als inhaltlich (bis auf eine Ergänzung) unveränderte Nachfolgevorschrift gedacht ist, vgl. BT-Drs. 18/10936, S. 226.

die wiederum in den §§ 73 ff. StGB geregelt sind. Die „begründete Annahme" des § 111b StPO wird allgemein mit dem Anfangsverdacht des § 152 Abs. 2 StPO gleichgesetzt.[324] Das heißt, dass die fraglichen Gegenstände mit einer gewissen Wahrscheinlichkeit der Einziehung oder Unbrauchbarmachung unterliegen werden, wobei die bloße Möglichkeit hierzu ausreicht.[325] Durch die Voraussetzung lediglich eines Anfangsverdachts i. S. d. § 152 Abs. 2 StPO wird erreicht, dass die Beschlagnahme gleichzeitig mit der Einleitung eines Ermittlungsverfahrens ermöglicht wird.[326]

Als zweite Tatbestandsvoraussetzung führt § 111b StPO an, dass die Maßnahme „zur Sicherung der Vollstreckung" erfolgen muss. Darin ist die Notwendigkeit eines Sicherungsbedürfnisses zu sehen, das heißt, die Beschlagnahme ist nur dann zulässig, wenn die Vollstreckung der eigentlichen Einziehung oder Unbrauchbarmachung nach §§ 73 ff. StGB ohne die vorläufige Beschlagnahme gefährdet wäre.[327]

Drittens ist Voraussetzung für die Sicherstellung nach § 111b StPO auch die Verhältnismäßigkeit der Maßnahme, was sich ungeschrieben aus dem allgemeinen Verhältnismäßigkeitsprinzip ergibt.[328] Allein die Verhältnismäßigkeit dient in der aktuellen Fassung des § 111b StPO auch als Begrenzung der Dauer der Maßnahme, die in der Vorgängerfassung noch durch eine konkrete Fristenregelung erfolgte.[329]

---

324 *Greeve*, ZWH 2017, 277, 280; HK-StPO/*Gercke*, § 111b, Rn. 10, Meyer-Goßner/Schmitt/*Köhler*, § 111b, Rn. 6; *Trüg*, NJW 2017, 1913, 1916.

325 HK-StPO/*Gercke*, § 111b, Rn. 10, Meyer-Goßner/Schmitt/*Köhler*, § 111b, Rn. 6.

326 HK-StPO/*Gercke*, § 111b, Rn. 11.

327 BT-Drs. 18/9525, S. 75; *Greier*, jurisPR-StrafR 21/2016 Anm. 1; HK-StPO/*Gercke*, § 111b, Rn. 12; Meyer-Goßner/Schmitt/*Köhler*, § 111b, Rn. 8; *Köhler/Burkhard*, NStZ 2017, 665, 677; *Korte*, wistra 2018, 1, 11; *Trüg*, NJW 2017, 1913, 1917, der allerdings kritisch anmerkt, dass die Gesetzesbegründung hierzu undeutlich sei, und eine Reduzierung der Tatbestandsvoraussetzung auf eine reine Verhältnismäßigkeitsprüfung befürchtet. In diese Richtung auch *Greeve*, ZWH 2017, 277, 282; *Meißner*, KriPoZ 2017, 237, 242.

328 HK-StPO/*Gercke*, § 111b, Rn. 13 f.; *Köhler/Burkhard*, NStZ 2017, 665, 677; *Korte*, wistra 2018, 1,11; *Madauß*, NZWiSt 2018, 28, 30; Meyer-Goßner/Schmitt/*Köhler*, § 111b, Rn. 8.

329 BT-Drs. 18/9525, S. 75; *Bittmann*, NZWiSt 2016, 131, 133; *Greier*, jurisPR-StrafR 21/2016 Anm. 1; *Hiéramente/Schwerdtfeger*, BB 2018, 834, 836; HK-StPO/*Gercke*, § 111b, Rn. 13 f.; *Köhler/Burkhard*, NStZ 2017, 665, 677; *Korte*, wistra 2018, 1, 11; Meyer-Goßner/Schmitt/*Köhler*, § 111b, Rn. 8. Kritisch hierzu *Greeve*, ZWH 2017, 277, 282; *Meißner*, KriPoZ 2017, 237, 242.

b.) § 111e StPO

§ 111e StPO fordert als erstes Tatbestandsmerkmal für die Anordnung des Vermögensarrests ebenfalls eine „begründete Annahme“ – allerdings für das Vorliegen der Voraussetzungen für die Einziehung des Wertersatzes. Auch hier ist darunter der Anfangsverdacht gemäß § 152 Abs. 2 StPO zu verstehen.[330] Damit werden die Anforderungen an den Arrestanspruch aufgestellt. Dieser ist gegeben, wenn mit auf Tatsachen gegründeter Wahrscheinlichkeit von der Begehung einer konkretisierbaren Straftat und der späteren Anordnung der Einziehung des Wertersatzes im zukünftigen Urteil auszugehen ist.[331]

Zweitens verlangt § 111e StPO, dass der Vermögenarrest „zur Sicherung der Vollstreckung“ erfolgen muss. Damit entfällt der in § 111d Abs. 2 StPO a. F. enthaltene Verweis auf den Arrestgrund des § 917 ZPO, der die Voraussetzungen des dinglichen Arrests regelt. Ausweislich der Gesetzesbegründung ist hiermit aber keine Absenkung der Anforderungen an den Vermögensarrest beabsichtigt, vielmehr sollte nur die Eigenständigkeit des strafrechtlichen Vermögensarrests gegenüber dem zivilrechtlichen dinglichen Arrest betont werden.[332] Der Vermögensarrest ist damit etwa unzulässig, wenn der Betroffene über ausreichendes Vermögen verfügt.[333] Es handelt sich folglich um einen echten Sicherungsgrund, der eigenständige Voraussetzung jeden Vermögensarrests ist.[334]

Allerdings stellt sich die Frage, inwieweit dieser eigenständige Sicherungsgrund inhaltlich mit dem alten Arrestgrund aus § 917 ZPO übereinstimmt. Insbesondere, ob konkrete Umstände vorliegen müssen, die eine Gefährdung der Einziehung ohne die Durchführung des Arrests befürchten lassen.

Überwiegend wird davon ausgegangen, dass sich die Voraussetzungen des § 917 ZPO auf den neuen Vermögensarrest im Wesentlichen übertragen lassen, und daher eine Gefährdung der Vollstreckung unbedingt gefordert werden muss, um das Vorliegen des Sicherungsgrundes bejahen zu können.[335] Eine

---

330 HK-StPO/*Gercke*, § 111e, Rn. 3 f.

331 HK-StPO/*Gercke*, § 111e, Rn. 4.

332 BT-Drs. 18/9525, S. 49, 76 f.

333 BT-Drs. 18/9525, S. 76.

334 HK-StPO/*Gercke*, § 111e, Rn. 10; Meyer-Goßner/Schmitt/*Köhler*, § 111e, Rn. 6.

335 OLG Nürnberg, wistra 2019, 297, 299 mit zustimmender Anm. *Leppich*; OLG Hamburg, wistra 2019, 248, 251; OLG Schleswig, wistra 2019, 254, 255 mit zustimmender Anm. *Webel*; LG Stuttgart, Beschluss vom 19.02.2019 – 6 Qs 1/19; LG Offenburg, Beschluss vom 08.01.2018 – 3 Qs 118/17; *Figatowski*, jurisPR-SteuerR 17/2019 Anm. 2; *Greeve*, ZWH 2018, 81, 82; *Greier*, jurisPR-StrafR 21/2016 Anm. 1; *Gubitz/Molkentin*, NJW 2017, 3733; HK-StPO/*Gercke*, § 111e, Rn. 11; *Köhler/Burkhard*, NStZ 2017, 665,

solche kann etwa dann vorliegen, wenn eine Verschlechterung der Vermögenslage des Betroffenen, oder eine Erschwerung des Zugriffs auf das Vermögen zu besorgen ist.[336] Dieser Auffassung hat sich nunmehr auch der Bundesgerichtshof angeschlossen.[337]

Bittmann erkennt dagegen zwar grundsätzlich das Erfordernis eines Sicherungsbedürfnisses – im Sinne einer Gefährdung der Vollstreckung – auch für § 111e StPO an, sieht aber für das Strafprozessrecht eine „(etwas) geringere Bedeutung" des Sicherungsbedürfnisses als im Zivilprozessrecht.[338] Damit seien zwar die materiellen Anforderungen an den Arrestgrund nicht abgesenkt, aber das Vorliegen des Sicherungsbedürfnisses sei im Strafprozessrecht der Regelfall; was dazu führe, dass nicht mehr das Vorliegen des Sicherungsbedürfnisses festgestellt werden müsse, sondern dessen eventuelles Fehlen.[339] Im Ergebnis bedeutete dies eine Beweislastumkehr zu Lasten des Betroffenen.

Das OLG Stuttgart geht noch weiter und stellt fest, dass zwar unverändert ein Sicherungsbedürfnis bestehen müsse, dieses allerdings nur noch ein finales Element sei; das heißt die Voraussetzung sei bereits dann erfüllt, wenn der Arrest zum Zwecke der Sicherstellung der Vollstreckung diene.[340] Hingegen sei es – nach dem Wortlaut des Gesetzes – nicht mehr notwendig, dass die Vollstreckung ohne den Arrest gefährdet würde.[341]

Die letztere Ansicht würde dazu führen, dass das Sicherstellungsbedürfnis des § 111e StPO fast immer gegeben wäre. Denn der Vermögensarrest dient seiner Konzeption nach ja gerade dazu, Vermögen zu sichern, um die spätere Vollstreckung durchführen zu können. Bei solcher Auslegung des Tatbestandsmerkmals würde es beinahe völlig sinnentleert und könnte allenfalls den Arrest aufgrund anderweitiger Erwägungen – wie etwa der Förderung der Kooperationsbereitschaft des Beschuldigten – ausschließen. Lediglich das Übermaßverbot zöge

---

677; *Korte*, wistra 2018, 1, 11; *Madauß*, NZWiSt 2018, 28, 30; *von der Meden*, jurisPR-StrafR 11/2019 Anm. 2; Meyer-Goßner/Schmitt/*Köhler*, § 111e, Rn. 5.

336 HK-StPO/*Gercke*, § 111e, Rn. 11.

337 BGH, Beschluss vom 19.01.2021 – StB 46/20.

338 *Bittmann*, ZInsO 2018, 370, 372.

339 *Bittmann*, ZInsO 2018, 370, 372.

340 OLG Stuttgart, Beschluss vom 25.10.2017 – 1 Ws 163/17. Daran anschließend auch LG Hamburg, Beschluss vom 16.05.2018 – 618 Qs 14/18; ausdrücklich bestätigend LG Hamburg, Beschluss vom 02.05.2019 – 618 Qs 9/19.

341 OLG Stuttgart, Beschluss vom 25.10.2017 – 1 Ws 163/17; LG Hamburg, Beschluss vom 16.05.2018 – 618 Qs 14/18; LG Hamburg, Beschluss vom 02.05.2019 – 618 Qs 9/19.

dann noch Schranken. Damit würde aber der ausdrückliche Wille des Gesetzgebers, die Anforderungen an den Arrestgrund nicht zu senken, sondern den Vermögensarrest lediglich ohne Zuhilfenahme der ZPO zu regeln,[342] völlig missachtet. Eine solche Auslegung, die das Sicherungsbedürfnis des § 111e StPO nur als „finales Element" versteht und auf die Voraussetzung einer Gefährdung der Vollstreckung verzichtet, muss daher abgelehnt werden.

Auch gegen eine lediglich prozessuale Änderung, dahingehend, dass das Vorliegen des Sicherungsbedürfnisses nunmehr die Regel sei, lässt sich einwenden, dass hiermit zum einen der gesetzgeberische Wille, den Schutz der Betroffenen nicht zu verringern und die bisherige Rechtsprechung zum Arrestgrund unberührt zu lassen,[343] missachtet wird. Zum anderen würde damit eine – ohnehin schon durch niedrige Eingriffsschwellen wie durch hohe Grundrechtsintensität gekennzeichnete – Maßnahme noch verschärft, weil nur noch das Verhältnismäßigkeitsprinzip Schranken auferlegen würde.[344] Diese Ansicht ist daher ebenfalls abzulehnen, auch wenn es einleuchtend ist, dass in der Praxis regelmäßig die Gefahr einer Vereitelung der Vollstreckung anzunehmen ist.[345]

Dafür sprechen im Übrigen auch Sinn und Zweck des Konzeptes der ZPO zum einstweiligen Rechtsschutz, aus dem das Erfordernis des Arrestgrundes stammt (§ 917 ZPO). Dort gilt es, einen Ausgleich zwischen dem Interesse des Gläubigers, dessen Anspruch nicht im Zeitraum bis zum Urteil durch schädigendes Verhalten des Schuldners oder äußere Einflüsse gefährdet werden soll, und dem Interesse des Schuldners, dessen Verpflichtung noch gar nicht feststeht, und dessen wirtschaftlicher Bewegungsfreiraum nicht übermäßig beeinträchtigt werden darf, zu finden.[346] Die Situation im Strafprozess unterscheidet sich hiervon prinzipiell nicht, denn auch hier hat der Staat ein Interesse, das inkriminierte Vermögen sicherzustellen, bevor es beiseitegeschafft werden kann, während der Beschuldigte – als (noch) Unschuldiger – ein berechtigtes Anliegen daran hat, nicht unverhältnismäßig in seiner Freiheit beschnitten zu werden.

Im Ergebnis bleibt festzuhalten, dass der strafprozessuale Arrest des § 111e StPO auch weiterhin ein Sicherungsbedürfnis voraussetzt, das inhaltlich den Anforderungen des alten Arrestgrundes gemäß § 917 ZPO entspricht.

---

342 BT-Drs. 18/9525, S. 49, 76 f.

343 BT-Drs. 18/9525, S. 49.

344 Zu den Gefahren einer solchen Entwicklung kritisch *Greeve*, ZWH 2017, 277, 282; *Meißner*, KripoZ 2017, 237, 242.

345 So *Bittmann*, ZInsO 2018, 370, 372.

346 *Gaul/Schilken/Becker-Eberhard*, Zwangsvollstreckungsrecht, § 74, Rn. 2.

Namentlich müssen Anhaltspunkte dafür vorliegen, dass ein Unterlassen des Vermögensarrestes die spätere Vollstreckung erschweren könnte.

Dritte Tatbestandsvoraussetzung ist, wie bei § 111b StPO, die Verhältnismäßigkeit des Vermögensarrests.[347] Auch hier dient lediglich die Verhältnismäßigkeit zur Begrenzung der Dauer der Maßnahme.[348]

c.) §§ 111c und d StPO

§ 111c StPO regelt, auf welche Weise die nach § 111b StPO angeordnete Beschlagnahme zu vollziehen ist. Bewegliche Sachen werden dabei in Gewahrsam genommen, oder die Beschlagnahme durch ein Siegel kenntlich gemacht (§ 111c Abs. 1 StPO). Forderungen und andere Vermögensrechte hingegen werden nach § 111c Abs. 2 StPO durch Pfändung beschlagnahmt. Dabei sind die Vorschriften der ZPO über die Pfändung (§§ 829-834, 846 ff., 857-859) entsprechend anzuwenden.[349] Die Funktion des Gerichtsvollziehers übernimmt die Staatsanwaltschaft gemäß § 111k Abs. 1 S. 1 StPO. Grundstücke und grundstücksgleiche Rechte werden nach § 111c Abs. 3 StPO durch Eintragung eines entsprechenden Grundbuchvermerks beschlagnahmt. Schiffe und Schiffsbauwerke und Luftfahrzeuge werden entsprechend den beweglichen Sachen beschlagnahmt (§ 111c Abs. 4 StPO). In den Fällen, in denen sie in die jeweiligen Register eingetragen sind, wird die Beschlagnahme nach § 111c Abs. 4 S. 2 StPO ins Register eingetragen.

§ 111d StPO regelt die Wirkungen der Vollziehung der Beschlagnahme. Mit Vollziehung der Beschlagnahme entsteht zu Gunsten des Staates ein relatives Veräußerungsverbot gemäß § 136 Abs. 1 BGB.[350] Außerdem ist eine vollzogene Beschlagnahme nach § 111d Abs. 1 S. 2 StPO insolvenzfest, was verhindert, dass die beschlagnahmten Gegenstände zur Befriedigung anderer privatrechtlicher Verbindlichkeiten verwendet werden können. Die Eröffnung eines Insolvenzverfahrens hat also keine Auswirkungen (mehr) auf die Beschlagnahme.[351]

---

347 HK-StPO/*Gercke*, § 111e, Rn. 5; *Köhler/Burkhard*, NStZ 2017, 665, 677; *Korte*, wistra 2018, 1,11; *Madauß*, NZWiSt 2018, 28, 30; Meyer-Goßner/Schmitt/*Köhler*, § 111e, Rn. 8.

348 BT-Drs. 18/9525, S. 49; *Bittmann*, NZWiSt 2016, 131, 133; *Greier*, jurisPR-StrafR 21/2016 Anm. 1; *Hiéramente/Schwerdtfeger*, BB 2018, 834, 836; HK-StPO/*Gercke*, § 111e, Rn. 14; *Köhler/Burkhard*, NStZ 2017, 665, 677; *Korte*, wistra 2018, 1, 11; Meyer-Goßner/Schmitt/*Köhler*, § 111e, Rn. 9. Kritisch hierzu *Greeve*, ZWH 2017, 277, 282; *Meißner*, KriPoZ 2017, 237, 242.

349 Meyer-Goßner/Schmitt/*Köhler*, § 111c, Rn. 8.

350 Meyer-Goßner/Schmitt/*Köhler*, § 111d, Rn. 1 ff; HK-StPO/*Gercke*, § 111d, Rn. 2.

351 Meyer-Goßner/Schmitt/*Köhler*, § 111d, Rn. 4; HK-StPO/*Gercke*, § 111d, Rn. 4.

Dem Betroffenen wird gemäß § 111d Abs. 2 StPO die Möglichkeit gewährt, die beschlagnahmten Gegenstände gegen Leistung eines Betrages in Geld oder geldwerten Papieren, dessen Höhe dem Wert der Sache entspricht, oder dessen Höhe vereinbart wurde, zurückzuerhalten.[352] Die Sache ist dann nicht mehr beschlagnahmt, stattdessen wird der Geldbetrag Gegenstand der Beschlagnahme (§ 111d Abs. 2 S. 2 StPO). Außerdem kann die Sache zur Benutzung überlassen werden, wobei die von der Leistung von Sicherheiten und Erfüllung von Auflagen abhängig gemacht werden kann (§ 111d Abs. 2 S. 3 StPO).

d.) §§ 111f und h StPO

Die §§ 111f und h StPO treffen Regelungen zur Vollziehung des Vermögensarrests aus § 111e StPO und zu seinen Wirkungen. Nach § 111f Abs. 1 S. 1 StPO wird der Vermögensarrest in das bewegliche Vermögen durch Pfändung vollzogen. Dabei sind die §§ 928, 930 ZPO sinngemäß anzuwenden. Zu Gunsten des Staates entsteht dabei ein Arrestpfandrecht.[353] Schiffe, Schiffsbauwerke und Luftfahrzeuge werden ebenfalls durch Pfändung arrestiert (§ 111f Abs. 3 StPO). Bei eingetragenen solchen gelten die §§ 928, 931 ZPO entsprechend.

Bei Grundstücken und grundstücksgleichen Rechten wird der Arrest hingegen durch Eintragung einer Sicherungshypothek in das Grundbuch bewirkt (§ 111f Abs. 2 StPO), wobei die §§ 928, 932 ZPO entsprechende Anwendung finden. Das relative Veräußerungsverbot des § 136 BGB ist in den letzten beiden Fällen ebenfalls einzutragen.[354]

§ 111h Abs. 1 StPO legt fest, dass der Vermögensarrest zu einem relativen Veräußerungsverbot nach § 136 BGB führt. Dadurch wird verhindert, dass der Arrestschuldner ein Pfandrecht für einen Dritten an dem Gegenstand durch Rechtsgeschäft begründen kann.[355] § 111h Abs. 1 S. 2 StPO erklärt, dass das durch den Vermögensarrest entstanden Sicherungsrecht des Staates auch im Falle der Insolvenz Bestand hat; das Sicherungspfandrecht also insolvenzfest ist.[356] § 111h Abs. 2 StPO bestimmt, dass Zwangsvollstreckungen in Gegenstände, die dem Vermögensarrest unterliegen, unzulässig sind. Hierdurch soll eine gleiche Behandlung einer möglichen Mehrzahl von Verletzten des Delikts erreicht und außerdem der Vorrang der Verletzten vor anderen Gläubigern

---

352 Meyer-Goßner/Schmitt/*Köhler*, § 111d, Rn. 6; HK-StPO/*Gercke*, § 111d, Rn. 9.
353 Meyer-Goßner/Schmitt/*Köhler*, § 111f, Rn. 2; HK-StPO/*Gercke*, § 111f, Rn. 2.
354 Meyer-Goßner/Schmitt/*Köhler*, § 111f, Rn. 6; HK-StPO/*Gercke*, § 111f, Rn. 8.
355 Meyer-Goßner/Schmitt/*Köhler*, § 111h, Rn. 2.; HK-StPO/*Gercke*, § 111h, Rn. 2.
356 Meyer-Goßner/Schmitt/*Köhler*, § 111h, Rn. 3; HK-StPO/*Gercke*, § 111h, Rn. 3.

gesichert werden.[357] Eine Ausnahme besteht nach § 111h Abs. 2 S. 2 StPO für Arrestanordnungen gemäß § 324 AO. So wird dem Fiskus ermöglicht, bei Steuerstraftaten das der Allgemeinheit zustehende Vermögen vorrangig zu sichern.[358]

2. Ausfüllung durch § 324 AO

Eine weitere für die Ausfüllung der Lücken des § 6 Abs. 13 WpHG in Frage kommende Vorschrift findet sich in § 324 AO. Dieser erlaubt es den Finanzbehörden, zur Sicherung künftiger Geldforderungen, selbst den dinglichen Arrest in das Vermögen des Steuerpflichtigen anzuordnen.[359] Hierbei handelt es sich, wie bei der strafprozessrechtlichen Sicherstellung nach §§ 111b ff. StPO, um eine nur vorläufige Maßnahme, die verhüten soll, dass der Steuerpflichtige die spätere Zwangsvollstreckung gefährdet.[360] Im Unterschied zu den Vorschriften der StPO wird allerdings ausschließlich der dingliche Arrest ermöglicht, eine Beschlagnahme bestimmter Gegenstände ist nicht von der Ermächtigung umfasst.

Die Voraussetzungen für den dinglichen Arrest teilen sich auf in den Arrestanspruch und den Arrestgrund.[361] Der Arrestanspruch kann sich auf jede Geldforderung richten, die gemäß der §§ 249-323 AO vollstreckt werden kann.[362] Dabei handelt es sich um Ansprüche aus dem Steuerschuldverhältnis gemäß § 37 AO, aber auch Bußgelder und Kosten des Bußgeldverfahrens nach § 412 Abs. 2 AO, sowie Verfahrenskosten (§ 150 FGO) und Ordnungsgelder (§§ 52, 150 FGO, §§ 178 ff. GVG).[363]

Zur Begründung des Arrestanspruchs muss der die Forderung begründende Tatbestand vollständig verwirklicht sein.[364] Umstritten ist, ob das Vorliegen des Arrestanspruchs bereits bei hinreichender Wahrscheinlichkeit des Bestehens angenommen werden kann, oder ob eine überwiegende

---

357 BT-Drs. 18/9525, S. 78f.; Meyer-Goßner/Schmitt/*Köhler*, § 111h, Rn. 4; HK-StPO/*Gercke*, § 111h, Rn. 4.

358 BT-Drs. 18/9525, S. 79; Meyer-Goßner/Schmitt/*Köhler*, § 111h, Rn. 4; HK-StPO/*Gercke*, § 111h, Rn. 5.

359 Klein/*Werth*, AO, § 324, Rn. 3 f.

360 Klein/*Werth*, AO, § 324, Rn. 2; Tipke/Kruse/*Loose*, AO, § 324, Rn. 2.

361 *Dörn*, StBp 1999, 130, 130; Klein/*Werth*, AO, § 324, Rn. 3 f.

362 Hübschmann/Hepp/Spitaler/*Hohrmann*, AO, § 324, Rn. 13; Pump/Leibner/*Bittner*, AO, § 324, Rn. 4; Tipke/Kruse/*Loose*, AO, § 324, Rn. 7.

363 Hübschmann/Hepp/Spitaler/*Hohrmann*, AO, § 324, Rn. 14 f.; Pump/Leibner/*Bittner*, AO, § 324, Rn. 4; Tipke/Kruse/*Loose*, AO, § 324, Rn. 7 f.

364 Hübschmann/Hepp/Spitaler/*Hohrmann*, AO, § 324, Rn. 17; Klein/*Werth*, AO, § 324, Rn. 3; Tipke/Kruse/*Loose*, AO, § 324, Rn. 9.

Wahrscheinlichkeit gefordert werden muss.[365] Dieser Streit muss hier nicht weiter erörtert werden. Zumindest kann man immerhin daraus schließen, dass Tatsachen vorliegen müssen, die stark für das Vorliegen eines Arrestanspruches sprechen. Übertragen auf die Kategorien des Strafprozesses wird man nicht fehlgehen, darin jedenfalls höhere Anforderungen zu sehen als diejenigen, die für einen Anfangsverdacht nach § 152 Abs. 2 StPO ausreichen.

Der Arrestgrund ist nach dem Gesetzestext des § 324 Abs. 1 AO dann gegeben, wenn ohne die Durchführung des Arrests zu befürchten wäre, dass „die Beitreibung vereitelt oder wesentlich erschwert wird." Dabei soll nicht nur die Vollstreckung als solche gesichert, sondern auch die Leichtigkeit und Schnelligkeit des Zugriffs auf das Vermögen des Schuldners sichergestellt werden.[366] Eine schlechte Vermögenslage des Schuldners allein bildet noch keinen Arrestgrund.[367] Vielmehr muss die Verschlechterung der Vermögenslage bevorstehen, oder die Besorgnis bestehen, dass der Schuldner sein Vermögen dem Zugriff der Finanzbehörden entziehen wird.[368] Allerdings muss dies nicht schuldhaft oder absichtlich geschehen; es erfolgt eine rein objektive Sachverhaltsbewertung.[369] Der Verdacht einer Steuerhinterziehung reicht für sich genommen nicht aus, um einen Arrestgrund annehmen zu können.[370]

---

365 Für hinreichende Wahrscheinlichkeit BGH, NJW 1986, 2952, 2953; BFH, EFR 1963, 450, 451; BFH, BStBl. II 2013, 983, 986; FG München, EFG 1995, 954, 954; EFG 2009, 949, 950; *Dörn*, StBp 1999, 130, 130; Pump/Leibner/*Bittner*, AO, § 324, Rn. 21; Tipke/Kruse/*Loose*, AO, § 324, Rn. 21.
Für überwiegende Wahrscheinlichkeit FG Düsseldorf, EFG 1978, 60, 61 f.; FG Baden-Württemberg, EFG 1990, 507, 509; *Blumers*, BB 1977, 190, 191; Hübschmann/Hepp/Spitaler/*Hohrmann*, AO, § 324, Rn. 35; Klein/*Werth*, AO, § 324, Rn. 9; Schwarz/Pahlke/*Kämper*, AO, § 324, Rn. 13.

366 BFH/NV 1995, 1037, 1038; BFH, BStBl. II 2001, 464, 468; BFH, BStBl. II 2013, 983, 986; Hübschmann/Hepp/Spitaler/*Hohrmann*, AO, § 324, Rn. 26; Klein/*Werth*, AO, § 324, Rn. 5.

367 BFH, BStBl. II 2001, 464, 468; BFH, BStBl. II 2013, 983, 986; Hübschmann/Hepp/Spitaler/*Hohrmann*, AO, § 324, Rn. 26; Klein/*Werth*, AO, § 324, Rn. 5; Tipke/Kruse/*Loose*, AO, § 324, Rn. 19.

368 Hübschmann/Hepp/Spitaler/*Hohrmann*, AO, § 324, Rn. 26; Klein/*Werth*, AO, § 324, Rn. 5.

369 BFH, BStBl. II 1978, 548, 548; Hübschmann/Hepp/Spitaler/*Hohrmann*, AO, § 324, Rn. 27; Klein/*Werth*, AO, § 324, Rn. 5; Tipke/Kruse/*Loose*, AO, § 324, Rn. 14; Schwarz/Pahlke/*Kämper*, AO, § 324, Rn. 9.

370 BFH, BStBl. II 2001, 464, 468; BFH, BStBl. II 2013, 983, 987; Hübschmann/Hepp/Spitaler/*Hohrmann*, AO, § 324, Rn. 30; Klein/*Werth*, AO, § 324, Rn. 6; Tipke/Kruse/*Loose*, AO, § 324, Rn. 17; Schwarz/Pahlke/*Kämper*, AO, § 324, Rn. 10.

Zu den Voraussetzungen für die Annahme des Arrestgrundes gilt das bereits zum Arrestanspruch Gesagte.

Die Vollstreckung des dinglichen Arrests erfolgt gemäß § 324 Abs. 3 S. 4 AO in entsprechender Anwendung der §§ 930-932 ZPO. Die Vollstreckung in bewegliches Vermögen erfolgt daher durch Pfändung (§ 930 ZPO), wobei diese nach den Vorschriften der AO erfolgt.[371] Nach § 282 AO entsteht dabei ein Pfändungspfandrecht. In Grundstücke wird – gemäß entsprechender Anwendung des § 932 ZPO – der Arrestvollzug durch Eintragung einer Arresthypothek durchgeführt.[372]

3. Vergleichbarkeit der Regelungsgegenstände

Die Lückenfüllung durch Analogie erfordert eine Vorschrift, die mit dem Regelungsgegenstand vergleichbar genug ist, um sinnvoll übertragen zu werden.[373] Auf den ersten Blick erfüllen die besprochenen Vorschriften diese Anforderung. Nunmehr müssen sie allerdings genauer untersucht werden, um die Vergleichbarkeit konkret festzustellen und herauszufinden, welcher der Vorschläge für die Zwecke des § 6 Abs. 13 WpHG besser geeignet ist.

a.) §§ 111b ff. StPO

Zwischen den strafprozessualen Vermögenssicherstellungsvorschriften und § 6 Abs. 13 WpHG besteht zunächst einmal in der Zielsetzung völlige Übereinstimmung. Beide dienen dazu, die Sicherstellung des Vermögens möglichst rasch durchzuführen, um die spätere Vollstreckung der Einziehung nach §§ 73 ff. StGB zu sichern. Auch die im Ergebnis angestrebte Methode der Sicherstellung ist dieselbe: Bestimmte Vermögensgegenstände, die wahrscheinlich der Einziehung unterliegen werden, sollen beschlagnahmt; Vermögensanteile, die der Wertersatzeinziehung unterliegen könnten, durch Arrest sichergestellt werden. Auch wenn dies bei § 6 Abs. 13 WpHG natürlich nur sehr unvollkommen ausgedrückt ist, sich allerdings aus der Gesetzesbegründung ergibt.[374]

---

371 Hübschmann/Hepp/Spitaler/*Hohrmann*, AO, § 324, Rn. 66; Tipke/Kruse/*Loose*, AO, § 324, Rn. 74 f.; Schwarz/Pahlke/*Kämper*, AO, § 324, Rn. 27.

372 Hübschmann/Hepp/Spitaler/*Hohrmann*, AO, § 324, Rn. 66; Tipke/Kruse/*Loose*, AO, § 324, Rn. 82 f.; Schwarz/Pahlke/*Kämper*, AO, § 324, Rn. 29.

373 BVerfGE 116, 69, 84; *Beaucamp*, AöR 134 (2009), 83, 85; *Geis*, NJW 1992, 2938; *Gern*, DöV 1985, 558, 561; *Rüthers/Fischer/Birk*, Rechtstheorie[9], § 23, Rn. 889; *Wiedemann*, NJW 2014, 2407, 2411.

374 BT-Drs. 18/7482, S. 59.

Jedoch ergeben sich auch gewisse Unterschiede. Zuerst spielt die BaFin im Rahmen einer Untersuchung eines möglichen Verstoßes gegen § 119 WpHG eine andere Rolle als die Staatsanwaltschaft. Die BaFin wird im chronologischen Ablauf eines solchen Verfahrens regelmäßig tätig, bevor die Staatsanwaltschaft mit dem Fall befasst wird.[375] Dass die BaFin im Vorfeld der Staatsanwaltschaft tätig wird, sofern ein strafrechtlich relevantes Geschehen im Raum steht, ergibt sich bereits aus der Systematik des WpHG; denn gemäß § 11 WpHG ist sie verpflichtet, der Staatsanwaltschaft Meldung zu machen, sobald ein Anfangsverdacht einer Straftat gegeben ist. Ein Eingriff in das Eigentumsgrundrecht aus Art. 14 GG, der durch die BaFin veranlasst wird, wird daher in der Regel zu einem früheren Zeitpunkt im Ablauf des Ermittlungsverfahrens erfolgen, als dies bei einem staatsanwaltschaftlichen Eingriff der Fall wäre.[376] Je frühzeitiger aber der Eingriff stattfindet, desto wahrscheinlicher ist es, dass die Tatsachengrundlage auf der er beruht relativ unsicher ist, weshalb umso höhere Anforderungen an seine Zulässigkeit gestellt werden müssen.[377]

Ein weiterer Unterschied besteht darin, dass § 6 Abs. 13 WpHG naturgemäß nur für bestimmte Straftaten vorgesehen ist, die im Bereich des Kapitalmarktstrafrechts liegen. Die §§ 111b ff. StPO dagegen sind bei allen Straftaten einschlägig, sodass etwaige Besonderheiten des jeweiligen Tatbestandes keine Beachtung finden können.

Dies hindert – insgesamt betrachtet – nicht daran, eine Vergleichbarkeit der Vorschriften anzunehmen. Jedoch müssen diese Unterschiede bei der Heranziehung der §§ 111b ff. StPO zur Lückenausfüllung beachtet werden. Es muss bewusst bleiben, dass die Normen nicht vollständig übertragbar sind, sondern nur soweit herangezogen werden können, als sie auf die spezielle Situation des § 6 Abs. 13 WpHG passen.

---

375 *Hienzsch*, Das deutsche Insiderhandelsverbot in der Rechtswirklichkeit, S. 72; *Himmelreich*, Insiderstrafverfolgung durch die BaFin, S. 97 ff. u. 124.

376 So auch *Himmelreich*, Insiderstrafverfolgung durch die BaFin, S. 98 ff.

377 Meyer/Rönnau/Veil/*Rönnau/Wegner*, Handbuch Marktmissbrauchsrecht, § 28, Rn. 168. Bereits in Bezug auf die §§ 111b ff. StPO a.F. BVerfG, StV 2004, 409, 410; BVerfG, wistra 2015, 348, 349; *Rhode*, wistra 2012, 85, 91; *Wilk/Stewen*, wistra 2013, 409, 413.

b.) § 324 AO

Auch § 324 AO weist Gemeinsamkeiten mit § 6 Abs. 13 WpHG auf. In beiden Fällen ist eine spezielle Behörde für die Sicherstellung zuständig. Ebenso geht es jeweils um einen begrenzten Anwendungsbereich.

§ 324 AO dient – ähnlich der Aufgabe des § 6 Abs. 13 WpHG – dazu, durch den dinglichen Arrest vorläufig die Geldforderung des Fiskus zu sichern, um ihre spätere Beitreibung zu erleichtern und zu verhindern, dass der Steuerpflichtige die zukünftige Vollstreckung gefährden kann.[378]

Allerdings ergeben sich auch deutliche Unterschiede. Aus der Beschränkung des § 324 AO auf Geldforderungen folgt, dass dieser lediglich den dinglichen Arrest ermöglicht, jedoch keine Beschlagnahme bestimmter Vermögensgegenstände.[379] Diese ist im § 6 Abs. 13 WpHG hingegen ausdrücklich Bestandteil der Ermächtigung.[380] Des Weiteren liegt eine Besonderheit des § 324 AO darin, dass dieser es der Finanzbehörde selbst gestattet, den dinglichen Arrest ohne richterliche Entscheidung anzuordnen, während § 6 Abs. 13 S. 2 WpHG die Anordnung durch einen Richter vorsieht.[381] Die Finanzbehörde schafft sich somit ihren eigenen Vollstreckungstitel.[382]

Diese Unterschiede sprechen letztlich gegen eine Heranziehung des § 324 AO zur Lückenausfüllung. Er bietet nur Regelungen für den dinglichen Arrest und damit nur für einen Teil des für § 6 Abs. 13 WpHG benötigten Instrumentariums. Im Übrigen ist der Verfahrensablauf mit der Anordnung des Arrests durch die Behörde selbst zu unterschiedlich, als dass eine Übertragung auf die Situation des § 6 Abs. 13 WpHG gerechtfertigt scheint, in der die BaFin beantragt und das Gericht die Anordnung trifft. Hier ist die Befugnis der BaFin derjenigen der Staatsanwaltschaft sehr viel ähnlicher. Zudem bietet § 324 AO nur Regelungen für die Durchführung des dinglichen Arrests selbst, das heißt die Voraussetzungen erschöpfen sich in Arrestanspruch und Arrestgrund. Die für § 6 Abs. 13 WpHG nötigen Regelungen zu den Eingriffsvoraussetzungen zur

---

378 Hübschmann/Hepp/Spitaler/*Hohrmann*, AO, § 324, Rn. 8; Klein/*Werth*, AO, § 324, Rn. 2; Tipke/Kruse/*Loose*, AO, § 324, Rn. 2 f.

379 Hübschmann/Hepp/Spitaler/*Hohrmann*, AO, § 324, Rn. 6; Tipke/Kruse/*Loose*, AO, § 324, Rn. 7.

380 BT-Drs. 18/7482, S. 59.

381 Hübschmann/Hepp/Spitaler/*Hohrmann*, AO, § 324, Rn. 10; Schwarz/Pahlke/*Kämper*, AO, § 324, Rn. 11; Tipke/Kruse/*Loose*, AO, § 324, Rn. 22.

382 BFH, BStBl. II 1983, 401, 402; Hübschmann/Hepp/Spitaler/*Hohrmann*, AO, § 324, Rn. 10.

Einschränkung der Eingriffsermächtigung, also vor allem die Festlegung eines Mindestverdachtsgrades, fehlen auch hier.

Deshalb sollen im Folgenden die §§ 111b ff. StPO zur Ausfüllung der Lücken des § 6 Abs. 13 WpHG herangezogen werden. Allerdings muss hierbei immer auf dessen Besonderheiten Acht gegeben werden, weshalb die Ausfüllung zunächst nur vorbehaltlich weiterer Anforderungen an den fortgebildeten § 6 Abs. 13 WpHG erfolgen kann.

4. Ausfüllung durch §§ 111b ff. StPO

Nachdem die grundsätzliche Entscheidung für eine Ausfüllung durch die §§ 111b ff. StPO gefallen ist, kann diese Ausfüllung nunmehr vorläufig erfolgen. Später wird dann zu prüfen sein, ob noch weitergehende Anforderungen, als diejenigen der §§ 111b ff. StPO, an den notwendigen Mindestverdachtsgrad des § 6 Abs. 13 WpHG gestellt werden müssen.

Alle Eingriffe nach § 6 Abs. 13 WpHG setzen selbstverständlich als erstes die Eröffnung des bereits als hinreichend bestimmt definiert erkannten Anwendungsbereichs der Norm, also eine Betroffenheit der Verbote und Gebote der in § 6 Abs. 6 S. 1 Nr. 3, 4 und 6 WpHG genannten Vorschriften und der MAR, voraus.

Die Beschlagnahme bestimmter Vermögensgegenstände unterliegt sodann den Anforderungen des § 111b StPO in entsprechender Anwendung. Vollziehung der Beschlagnahme und deren Wirkungen richten sich nach §§ 111c und d StPO analog.

Der Arrest in das Vermögen als solches kann unter den Voraussetzungen von § 111e StPO analog stattfinden. Vollziehung und Wirkung richten sich nach den §§ 111f ff. StPO in entsprechender Anwendung.

Hinzu kommen dann die schon von § 6 Abs. 13 WpHG selbst angeordnete Prüfung der Verhältnismäßigkeit der Maßnahme und der Richtervorbehalt des § 6 Abs. 13 S. 2 WpHG.

5. Erfordernis eines dringenden Tatverdachts als Tatbestandsvoraussetzung

Wie bereits betont, unterscheidet sich die Situation der Anwendung des § 6 Abs. 13 WpHG von der der §§ 111b ff. StPO darin, dass die BaFin in einem früheren Stadium der Ermittlungen tätig wird als die Staatsanwaltschaft. Will sie Vermögenssicherstellungsmaßnahmen ergreifen, geschieht dies zeitlich vorgelagert vor der entsprechenden Maßnahme der Staatsanwaltschaft. Im Hinblick auf das erhebliche Gewicht des Eingriffs in die Grundrechte des Betroffenen,[383] stellt sich die Frage, ob die Tatbestandsvoraussetzungen der §§ 111b ff. StPO ausreichend sind, um der Schwere des Eingriffs gerecht zu werden. Denn ein noch früher stattfindender Eingriff wird in der Regel auf unsicherer Tatsachenbasis geschehen müssen, sodass sich die Gewichtungen in der Abwägung der gegenläufigen Interessen von Effizienz der Sicherstellung und Schutz der Grundrechte verschieben können. Denn je unzulänglicher die Tatsachengrundlage der Maßnahme ist, desto weniger steht ihre Notwendigkeit im Verhältnis zur Schwere des Eingriffs.[384]

Konkret ausgedrückt wäre es vorstellbar, die Eingriffsvoraussetzungen dahingehend zu modifizieren, dass – abweichend vom Standard der §§ 111b ff. StPO – ein dringender Tatverdacht gefordert wird. Die Annahme eines dringenden Tatverdachts erfordert eine hohe Wahrscheinlichkeit, dass der Beschuldigte eine Straftat rechtswidrig und schuldhaft begangen oder an ihr teilgenommen hat (und eine hohe Verurteilungswahrscheinlichkeit).[385] Diese hohe Wahrscheinlichkeit muss sich dabei anhand ausreichender Tatsachen nachweisen lassen, die bereits belegbar feststehen.[386] Die Tatsachenbasis aufgrund derer eine Vermögenssicherstellung erfolgen dürfte, wäre in der Regel also eine deutlich breitere als bei Vorliegen nur eines Anfangsverdachts.

Diese Verschärfung der Eingriffsvoraussetzungen erscheint umso naheliegender, als auch bezüglich der strafprozessualen Normen selbst immer wieder Kritik an der niedrigen Eingriffsschwelle geübt wird.[387] Um festzustellen, ob sinnvollerweise ein dringender Tatverdacht als Voraussetzung für die Durchführung von Maßnahmen nach § 6 Abs. 13 WpHG verlangt werden kann, soll im Folgenden ein Vergleich mit Vorschriften der StPO stattfinden, die einen solchen fordern. Dabei muss insbesondere geprüft werden, ob und wieweit die Schwere

383 A.III.1.c.; A.III.2.c.

384 BVerfG, StV 2004, 409, 410; BVerfG, wistra 2015, 348, 349.

385 Vgl. zu den Anforderungen nur MüKo-StPO/*Böhm/Werner*, § 112, Rn. 22 ff.; SK-StPO/*Paeffgen*, § 112, Rn. 4.

386 MüKo-StPO/*Böhm/Werner*, § 112, Rn. 23; SK-StPO/*Paeffgen*, § 112, Rn. 7 ff.

387 Kritisch zum niedrigen Verdachtsgrad *Greeve*, NJW 2007, 14, 15 f.; *Kempf/Schilling*, StraFo 2006, 180, 185 f.; *Lindemann*, Voraussetzungen und Grenzen legitimen Wirtschaftsstrafrechts, S. 412 ff.; *Odenthal*, FS Dahs, S. 405, 408 u. 415; *Ordner*, wistra 2016, 220, 221; *Rönnau*, ZRP 2004, 191, 194; *ders./Begemeier*, JZ 2016, 441, 443; *Strate*, StV 2006, 368, 369; *Theile*, StV 2009, 161, 161; *Wehnert/Mosiek*, StV 2005, 568, 569 f. *Lohse*, AnwBl 2006, 603, 604 mahnt zumindest einen „zurückhaltend[en] Gebrauch" bei Nichtvorliegen dringender Gründe an.

des Eingriffs der Vermögenssicherstellung mit der Schwere jener Maßnahmen vergleichbar ist, sodass eine Gleichbehandlung gerechtfertigt wäre.

a.) Vergleich mit Maßnahmen der StPO, die dringenden Tatverdacht voraussetzen

aa.) Untersuchungshaft

Prominentestes Beispiel für das Erfordernis eines dringenden Tatverdachts ist sicherlich die Untersuchungshaft (U-Haft), die in §§ 112 ff. StPO geregelt ist. Die Untersuchungshaft ist ein ausgesprochen scharfes Schwert in der Hand der Ermittlungsbehörde, denn sie nimmt dem Beschuldigten eines seiner höchsten Güter – die körperliche Freiheit.[388] Hinzu kommen aber noch vielfältige andere Folgen einer U-Haft. Wer erst einmal verhaftet ist, verliert dadurch häufig Beruf und Einkommen, Familie, Freunde und sein soziales Ansehen.[389] Denn in der öffentlichen Meinung nimmt die Unschuldsvermutung regelmäßig keinen sehr hohen Stellenwert ein; vielmehr wird im Vollzug der U-Haft meist schon eine vorweggenommene Strafe gesehen – die Reputation des U-Häftlings ist damit sehr schnell verloren und oft „bleibt etwas hängen", selbst wenn auf die U-Haft keine Verurteilung folgt.[390] Die Auswirkungen der U-Haft können also durchaus

---

388 BVerfGE 65, 317, 322; *Hassemer*, StV 1984, 38, 41; *Hentschel*, Untersuchungshaft – eine bedingte Strafe?, S. 107.

389 *Borggräfe/Schütt*, StraFo 2006, 133, 133; *Hassemer*, StV 1984, 38, 41; *Lindemann*, Voraussetzungen und Grenzen legitimen Wirtschaftsstrafrechts, S. 361; *Münchhalffen/Gatzweiler*, Das Recht der Untersuchungshaft, Rn. 3; *Scheinfeld*, GA 2010, 684, 685; *Schlothauer/Weider*, Untersuchungshaft, Rn. 1 ff.; *Wolter*, Aspekte einer Strafprozeßrechtsreform bis 2007, S. 42.

390 *Haberstroh*, NStZ 1984, 290, 291 f.; *Hentschel*, Untersuchungshaft – eine bedingte Strafe?, S. 70 ff.; *Kühl*, Unschuldsvermutung, Freispruch und Einstellung, S. 23 f.; *Kühne*, Strafprozessrecht, § 20, Rn. 317, betont, dass selbst schon Ermittlungsmaßnahmen von „verhältnismäßig harmlose[m]" Charakter zu einer Stigmatisierung führen können; *Lindner*, AöR 113 (2008), 235, 249 f.; *Paeffgen*, Vorüberlegungen zu einer Dogmatik des Untersuchungshaft-Rechts, S. 53, Fn. 194; *Stuckenberg*, Untersuchungen zur Unschuldsvermutung, S. 148; a.A. *Morgenstern*, Die Untersuchungshaft, S. 619, die meint, der Öffentlichkeit sei die Vorläufigkeit als Charakteristikum der U-Haft bekannt.
Sehr anschaulich schon im 19. Jahrhundert ausgedrückt von *Emile Gaboriau*, L'Affaire Lerouge, S. 163: „La justice, malheureusement, ne peut jamais réparer complètement ses erreurs. Sa main posée injustement sur un homme laisse une empreinte qui ne s'efface plus. Elle reconnaît qu'elle s'est trompée, elle l'avoue hautement, elle le

die bürgerliche Existenz des Gefangenen vernichten, schon bevor ihm die Begehung einer Straftat nachgewiesen und er rechtskräftig verurteilt ist.

Doch kann man die Vermögenssicherstellung wirklich mit der U-Haft vergleichen, was die Schwere des Eingriffs in die Rechte des Betroffenen angeht? Verschiedentlich ist das schon getan worden.[391] Einen zweifellos erheblichen Anteil an der Schwere des Eingriffs der U-Haft hat zunächst die Entziehung der Freiheit. Das Gefühl des Eingesperrtseins, die aus der mangelnden Beschäftigungsmöglichkeit häufig resultierende extreme Langeweile, das untätige Warten auf die Entwicklung des eigenen Verfahrens, auf die man selbst nur begrenzt Einfluss nehmen kann – all das setzt dem Untersuchungsgefangenen in der Regel stark zu.[392] Auch die Gefahr eines Suizids unter dem Eindruck der Haft ist bei U-Häftlingen höher, als bei Strafgefangenen.[393] Dies sicher auch eine Folge der Tatsache, dass die Haftbedingungen der U-Haft meist sogar unangenehmer sind als die der Strafhaft.[394] Die U-Haft hat demnach einen erheblichen Einfluss auf den körperlichen und seelischen Zustand des Gefangenen, der beim Betroffenen einer Vermögenssicherstellung in dieser Form nicht vorkommt.

Allein deswegen eine Vergleichbarkeit der Eingriffsschwere abzulehnen, wäre aber zu kurz gegriffen. Dieser Unterschied ergibt sich zwangsläufig aus dem unterschiedlichen Wesen der beiden verschiedenen Maßnahmen – die U-Haft greift zuerst in Art. 2 Abs. 2 S. 2 GG ein, § 6 Abs. 13 WpHG in Art. 14 GG. Die körperlichen und seelischen Effekte der U-Haft dürfen daher nicht überbetont werden, auch wenn sie fraglos eine erhebliche Belastung darstellen.

Die Vermögenssicherstellung nimmt zwar dem Betroffenen nicht die körperliche Fortbewegungsfreiheit; jedoch entzieht sie ihm die finanzielle Freiheit. Wer über sein Vermögen nicht mehr, oder nur noch teilweise verfügen kann, ist in seiner wirtschaftlichen Bewegungsfreiheit massiv eingeschränkt: So wird es unter Umständen unmöglich gemacht, offene Rechnungen,

---

proclame, en vain! L'opinion absurde, idiote, ne pardonne pas à un homme d'avoir pu être soupçonné."

391 *Borggräfe/Schütt*, StraFo 2006, 133, 133; *Lindemann*, Voraussetzungen und Grenzen legitimen Wirtschaftsstrafrechts, S. 412; *Odenthal*, FS Dahs, S. 405, 410; *Ordner*, wistra 2016, 220, 221; *Theile*, StV 2009, 161, 161, „wirtschaftliche Freiheitsberaubung an einem Unschuldigen"; *Wehnert/Mosiek*, StV 2005, 568, 570.

392 *Morgenstern*, Die Untersuchungshaft, S. 591 ff.; *Schlothauer/Weider*, Untersuchungshaft, Rn. 3; *Seebode*, Der Vollzug der Untersuchungshaft, S. 38 f.

393 *Morgenstern*, Die Untersuchungshaft, S. 593; *Schlothauer/Weider*, Untersuchungshaft, Rn. 3; *Seebode*, Der Vollzug der Untersuchungshaft, S. 40 f., m.w.N.

394 *Seebode*, Der Vollzug der Untersuchungshaft, S. 43 f.

Darlehensrückzahlungsraten oder Mieten zu bezahlen. Auch sonstige Verpflichtungen, wie die Zahlung von Löhnen möglicher Angestellter, können nicht mehr erfüllt werden. Und nicht zuletzt kann auch Notwendigkeiten des täglichen Lebens nur noch eingeschränkt entsprochen werden.

Die schweren Folgen einer solchen Beschränkung sind offensichtlich. Die finanzielle Freiheitsentziehung wirkt darum sehr erheblich und die Einschränkungen der Lebensführung des Betroffenen sind denen des Untersuchungsgefangenen in ihrer Schwere durchaus vergleichbar – wenn auch die Art der Beschränkung eine völlig andere ist. Die Folgen des Eingriffs ähneln sich ohnehin. Auch die Sicherstellung des Vermögens kann wirtschaftlich schon nach kurzer Zeit die Existenz des Betroffenen völlig vernichten,[395] so wie dies auch Folge der U-Haft sein kann.

Den Stimmen, die die Schwere des Eingriffs bei Maßnahmen der Vermögenssicherstellung mit der U-Haft vergleichen, ist also durchaus zuzustimmen. Wobei eine Einschränkung auf Fälle angebracht ist, in denen das gesamte Vermögen, oder zumindest große Teile desselben gesichert werden; denn nur in diesen Fällen kann man von einer potentiell existenzvernichtenden Wirkung ausgehen.[396]

bb.) § 81 StPO

§ 81 StPO erlaubt es, einen Beschuldigten zur psychiatrischen Begutachtung in einem psychiatrischen Krankenhaus zur Beobachtung unterzubringen. Neben anderen Voraussetzungen wird auch hier ein dringender Tatverdacht gefordert (§ 81 Abs. 2 StPO).

Damit ist ein erheblicher Eingriff in die persönliche Freiheit nach Art. 2 Abs. 2 S. 2 GG verbunden, weil der Beschuldigte stationär im psychiatrischen Krankenhaus festgehalten wird.[397] Außerdem besteht bei einer solchen Unterbringung sicherlich immer das Risiko, dass der Ruf des Beschuldigten dadurch dauerhaft geschädigt wird. Allerdings ist die Dauer der Unterbringung nach § 81 Abs. 5 StPO auf höchstens sechs Wochen beschränkt. Insofern kann man – im Vergleich zur existenzgefährdenden Schwere des Eingriffs im Falle des § 6 Abs. 13 WpHG – eher von einer geringeren Eingriffsintensität ausgehen. Denn die enge zeitliche Beschränkung des Eingriffs grenzt den Freiheitsentzug stark ein und sorgt dafür, dass der Eingriff nur von sehr vorübergehender Natur ist.

---

395 S.o. A.III.1.c; A.III.2.c.

396 So auch *Faust*, Das strafprozessuale Vermögensabschöpfungsrecht, S. 138.

397 LR-StPO/*Krause*, § 81, Rn. 1; SK-StPO/*Rogall*, § 81, Rn. 1.

cc.) § 111a StPO

§ 111a StPO erlaubt die vorläufige Entziehung der Fahrerlaubnis, wenn dringende Gründe die Annahme rechtfertigen, dass die Fahrerlaubnis nach § 69 StGB entzogen werden wird.

Die dringenden Gründe entsprechen dem Verdachtsgrad des dringenden Tatverdachts in § 112 Abs. 1 S. 1 StPO.[398]

Die vorläufige Entziehung der Fahrerlaubnis kann erhebliche Folgen zeitigen, etwa wenn ein Berufskraftfahrer betroffen ist, der für den Zeitraum der Entziehung seinem Beruf nicht mehr nachgehen kann. Allerdings handelt es sich – im Vergleich zu den möglichen Folgen einer Vermögenssicherstellung nach § 6 Abs. 13 WpHG – bei § 111a StPO jedenfalls nicht um einen schwerwiegenderen Eingriff. Zumal existenzvernichtende Folgen hier nur bei beruflich auf die Fahrerlaubnis angewiesenen Personen, oder solchen, die aufgrund anderer Umstände (Wohnort in abgelegenem Dorf ohne Versorgungsmöglichkeit o.Ä.) auf ein Fahrzeug angewiesen sind, zu befürchten sind. Außerdem besteht die Möglichkeit, bestimmte Arten von Fahrzeugen von der Entziehung der Fahrerlaubnis auszunehmen (§ 111a Abs. 1 S. 2 StPO).[399]

dd.) § 126a StPO

§ 126a StPO sieht die Möglichkeit vor, jemanden in einer psychiatrischen Einrichtung, oder Entziehungsanstalt unterzubringen, sofern dringende Gründe vorhanden sind, die dafür sprechen, dass er eine rechtswidrige Tat im Zustand der Schuldunfähigkeit oder verminderten Schuldfähigkeit begangen hat, und die Unterbringung in einer solchen Anstalt im Urteil angeordnet werden wird. Die dringenden Gründe sind wie der dringende Tatverdacht des § 112 StPO zu verstehen und müssen sich sowohl auf den Zustand der Schuldunfähigkeit oder verminderten Schuldfähigkeit als auch auf die spätere Anordnung der Unterbringung beziehen.[400]

Bezüglich der Schwere des Eingriffs lässt sich diese Maßnahme mit der U-Haft vergleichen, da die Freiheit des Beschuldigten ihm in gleicher Weise entzogen wird – mit allen Weiterungen, die sich daraus ergeben können. Daraus folgt, dass die Schwere des Eingriffs des § 126a StPO auch derjenigen der Vermögensbeschlagnahme nach § 6 Abs. 13 WpHG gleichkommt.

---

398 LR-StPO/*Hauck*, § 111a, Rn. 8; SK-StPO/*Rogall*, § 111a, Rn. 16.

399 Dazu LR-StPO/*Hauck*, § 111a, Rn. 25 ff.; SK-StPO/*Rogall*, § 111a, Rn. 26 ff.

400 LR-StPO/*Gärtner*, § 126a, Rn. 7; SK-StPO/*Paeffgen*, § 126a, Rn. 5.

ee.) § 131a III StPO

Nach § 131a III StPO ist es gestattet, einen Beschuldigten oder Zeugen durch Öffentlichkeitsfahndung suchen zu lassen, um seinen Aufenthalt zu ermitteln. Dabei muss der dringende Tatverdacht einer Straftat von erheblicher Bedeutung gegeben sein.

Die Öffentlichkeitsfahndung kann eine erhebliche stigmatisierende Wirkung haben, zumal auch Irrtümer leicht möglich sind, wenn die Personenbeschreibung ungenau gehalten ist, oder etwa eine zufällige Ähnlichkeit einer Person mit dem Beschuldigten besteht.[401] Im Vergleich zu freiheitsentziehenden Maßnahmen und auch zur Vermögenssicherstellung erscheinen diese Beeinträchtigungen allerdings relativ geringfügig, da vor allem eine Rufschädigung droht, eine direkt existenzgefährdende Auswirkung der Fahndung aber nicht zu befürchten ist.

ff.) § 132 StPO

§ 132 StPO erlaubt es, einen Beschuldigten zur Leistung einer angemessenen Sicherheit für die zu erwartende Geldstrafe und Verfahrenskosten zu zwingen, wenn er keinen festen Aufenthalt im Geltungsbereich der StPO hat, aber die Voraussetzungen einer U-Haft nicht vorliegen. Auch hier wird der dringende Tatverdacht vorausgesetzt, der dem des § 112 StPO entspricht.[402]

Der Eingriff ist hier deutlich weniger schwer, als dies bei einer Vermögenssicherstellung nach § 6 Abs. 13 WpHG der Fall sein kann. Schließlich wird durch die Sicherheitsleistung immer nur eine Hinterlegung einer bestimmten und begrenzten Summe gefordert, es besteht aber nicht die Gefahr, dass das gesamte Vermögen auf unbestimmte Zeit unzugänglich wird.

gg.) § 132a StPO

§ 132a StPO ermöglicht es, gegen einen Beschuldigten ein vorläufiges Berufsverbot auszusprechen, sofern dringende Gründe für die Annahme bestehen, dass gegen diesen ein Berufsverbot nach § 70 StGB verhängt werden wird. Die dringenden Gründe, entsprechen dem dringenden Tatverdacht nach § 112 StPO.[403]

Ein solches vorläufiges Berufsverbot greift naturgemäß sehr schwer in die Rechte des Beschuldigten ein und kann existenzvernichtende Wirkungen

---

401 Zu dieser Problematik SK-StPO/*Paeffgen*, § 131a, Rn. 7.
402 LR-StPO/*Gleß*, § 132, Rn. 10; SK-StPO/*Paeffgen*, § 132, Rn. 3.
403 LR-StPO/*Valerius*, § 132a, Rn. 7; SK-StPO/*Paeffgen*, § 132a, Rn. 6.

zeitigen.[404] Auch ein nur vorläufiges Verbot, seinen Beruf auszuüben, kann dem Beschuldigten schließlich schon den Verlust von Aufträgen und Kunden eintragen, der sein Geschäft zugrunde richtet. Insofern ist die Maßnahme in der Eingriffsintensität mit § 6 Abs. 13 WpHG vergleichbar, wenn auch immerhin nicht auch noch das restliche Vermögen entzogen wird.

b.) Schlussfolgerungen für § 6 Abs. 13 WpHG

Der Vergleich hat gezeigt, dass die StPO den dringenden Tatverdacht sowohl für Maßnahmen fordert, die von vergleichbarer Schwere wie eine Vermögenssicherstellung sind, als auch für solche, die weniger tiefgreifende Grundrechtseingriffe legitimieren. Im systematischen Zusammenhang der StPO betrachtet, läge es also sehr nahe, auch für die vorläufige Vermögenssicherstellung einen dringenden Tatverdacht zur Eingriffsvoraussetzung zu machen.

Für die §§ 111b ff. StPO hat der Gesetzgeber dies anders gesehen, und im Rahmen einer Reform im Jahre 1998 den – bis dahin geforderten – dringenden Tatverdacht gestrichen.[405] Immerhin differenziert das Gesetz aber weiterhin zwischen Anfangsverdacht und dringendem Tatverdacht, indem das Ermessen der Staatsanwaltschaft unterschiedlich ausgestaltet wird.

Bei Vorliegen nur einer begründeten Annahme des Vorliegens der Einziehungsvoraussetzungen kann die Beschlagnahme nach § 111b Abs. 1 S. 1 StPO angeordnet werden. Bei Vorliegen dringender Gründe soll sie hingegen angeordnet werden, es liegt also ein gebundenes Ermessen vor.[406] Daraus wird deutlich, dass der Gesetzgeber beim Vorliegen dringender Gründe davon ausgeht, dass die Beschlagnahme den Regelfall darstellt;[407] bei Vorliegen nur der begründeten Annahme hingegen liegt ein deutlich weiterer Ermessensspielraum vor.[408] Für den strafprozessualen Arrest nach § 111e StPO gilt dasselbe entsprechend.

Die Rechtslage der StPO bedeutet aber nicht zwingend, dass diese Einschätzung auch für § 6 Abs. 13 WpHG gelten muss, bei aller Ähnlichkeit gibt es auch sachliche Unterschiede zwischen den Befugnissen. Denn die Ausgangslage im Rahmen des § 6 Abs. 13 WpHG ist eine andere.

---

404 LR-StPO/*Valerius*, § 132a, Rn. 3; SK-StPO/*Paeffgen*, § 132a, Rn. 4.

405 Mit dem Gesetz zur Verbesserung der Bekämpfung der Organisierten Kriminalität vom 04. Mai 1998, BGBl. I, S. 845.

406 HK-StPO/*Gercke*, § 111b, Rn. 17.

407 BT-Drs. 18/9525, S. 49.

408 HK-StPO/*Gercke*, § 111b, Rn. 18.

Einmal wird die BaFin in der Regel vor der Staatsanwaltschaft auf mögliche Fälle von Verstößen gegen das WpHG stoßen und damit zu einem deutlich früheren Zeitpunkt in der Situation sein, sich für eine Vermögenssicherstellung zu entscheiden.[409]

Zum anderen sind die materiellrechtlichen Normen, die eine mögliche Straftat begründen können, von anderer Natur. § 119 WpHG ist eine Blankettvorschrift, die den vollen Gehalt der Strafbestimmungen nicht selbst enthält. Erst durch Zusammenlesen mit den entsprechenden Ausfüllungsnormen ergibt sich der vollständige Straftatbestand.[410]

Daraus folgt jedoch für den Adressaten eine deutlich gesteigerte Mühe, die Straftatbestände zu erfassen und zu erkennen, welche Vorgehensweise erlaubt ist, und welche nicht.[411] Damit steigt aber auch das Risiko eines (Verbots-)Irrtums erheblich an, der den Täter allerdings nicht von der Strafbarkeit befreit (§ 17 StGB), sofern er vermeidbar ist.[412] Gleichzeitig wird auch die Schwierigkeit für die Strafverfolgungsbehörden gesteigert, eine korrekte rechtliche Bewertung bestimmter Handlungen vorzunehmen. Durch diese besondere Komplexität des Kapitalmarktstrafrechts steigt das Risiko des Marktteilnehmers, eine strafbare Handlung zu begehen, und so auch Maßnahmen nach § 6 Abs. 13 WpHG ausgesetzt zu sein.[413] Sieht man dies in seiner Gesamtheit, ergibt sich, dass ein hohes

---

409 S.o. B.III.3.a.

410 Achenbach/Ransiek/Rönnau/*Trüg*, Handbuch Wirtschaftsstrafrecht, Teil 10, Kap. 2, Rn. 17; Assmann/Schneider/Mülbert/*Spoerr*, Wertpapierhandelsrecht, Vor § 119, Rn. 29; Meyer/Rönnau/Veil/*Rönnau/Wegner*, Handbuch Marktmissbrauchsrecht, § 28, Rn. 10. Zu § 38 WpHG a.F., Esser/Rübenstahl/Saliger/Tsambikakis/*Theile*, Wirtschaftsstrafrecht, Vor §§ 38, 39 a.F. WpHG, Rn. 8. Zu der Begrifflichkeit des Zusammenlesens bei Blankettgesetzen, vgl. *Welzel*, MDR 1952, 584, 586.

411 Meyer/Rönnau/Veil/*Rönnau/Wegner*, Handbuch Marktmissbrauchsrecht, § 28, Rn. 11 ff. Sehr kritisch noch zur Vorgängerfassung des § 38 WpHG a.F. Esser/Rübenstahl/Saliger/Tsambikakis/*Theile*, Wirtschaftsstrafrecht, § 38 WpHG, Rn. 3.

412 *Lange*, JZ 1956, 73, 74; NK-StGB/*Puppe*, § 16, Rn. 66; *Roxin*, FS Tiedemann, S. 375, 375. Zur h.M., die bei Unkenntnis von Blankettausfüllungsnormen einen Verbotsirrtum annimmt, vgl. BGHSt 9, 164, 172; BGH, NStZ 1993, 594, 595; BGH, NStZ 2007, 644, 644; Assmann/Schneider/Mülbert/*Spoerr*, Wertpapierhandelsrecht, § 119, Rn. 175; MüKo-StGB/*Joecks*, § 16, Rn. 76; *Roxin*, AT I, § 12, Rn. 111; Schönke/Schröder/*Sternberg-Lieben/Schuster*, StGB, § 15, Rn. 99 ff.; *Warda*, Die Abgrenzung von Tatbestands- und Verbotsirrtum bei Blankettstrafgesetzen, S. 37.

413 Der BaFin-Bericht für das Jahr 2018 spricht von Verunsicherung am Kapitalmarkt aufgrund der neuen Gesetzeslage nach Einführung der MAR und vielfältigen Fragen zur Auslegung, vgl. BaFin-Jahresbericht 2018, S. 129.

Strafbarkeitsrisiko mit einem sehr frühen Einsetzen einer äußerst schwerwiegenden Maßnahme kombiniert wird.

Um hierfür einen Ausgleich zu schaffen, und damit auch ein angemessenes Verhältnis zwischen dem berechtigten Interesse des Staates an effektiver Strafverfolgung und dem Schutz der Grundrechte des Betroffenen herzustellen, ist es aus diesen Gründen erforderlich, für die Vermögenssicherstellung nach § 6 Abs. 13 WpHG den dringenden Tatverdacht als Voraussetzung zu fordern.[414] Die – schon bei den §§ 111b ff. StPO nicht unbedenkliche[415] – Beschränkung auf den Anfangsverdacht erzeugte in einem Bereich, in dem in Bezug auf die Strafbarkeit bestimmter Verhaltensweisen ohnehin eine geringere Gewissheit besteht als im Kernstrafrecht, eine zu weitreichende Eingriffskompetenz, die sich auf sowohl tatsächlich als auch im Hinblick auf die rechtliche Bewertung unsichere Grundlagen stützen müsste.

Ein weiteres Argument für das Erfordernis dringender Gründe findet sich im Vergleich zu § 6 Abs. 8 S. 1 WpHG. Dieser erlaubt es der BaFin bei Verstößen gegen die in § 6 Abs. 6 S. 1 Nr. 1 bis 4 und 6 WpHG genannten Vorschriften oder sich darauf beziehender Anordnungen, ein bis zu zweijähriges Berufsverbot gegen bei einem von ihr beaufsichtigten Unternehmen tätige Personen zu verhängen. Dieses Berufsverbot ist eine sehr gravierende Maßnahme, die trotz ihrer Höchstgrenze von zwei Jahren vernichtende Wirkung haben kann.[416] Insoweit kommt die Schwere des Eingriffs der des § 6 Abs. 13 WpHG durchaus nahe, obwohl im Falle des Berufsverbots immerhin die Verfügungsgewalt über bereits vorhandenes Vermögen erhalten bleibt. Für diese Maßnahme fordert das Gesetz aber einen vorsätzlichen Verstoß gegen die genannten Vorschriften.[417] Das heißt, dass dieser bereits festgestellt worden sein muss. Mithin wird mehr verlangt als nur ein Verdacht. Hinzu kommt das Erfordernis einer vorangegangenen

414 A.A. Achenbach/Ransiek/Rönnau/*Trüg*, Handbuch Wirtschaftsstrafrecht, Teil 10, Kap. 2, Rn. 150, der nur den Anfangsverdacht fordert.

415 Kritisch *Greeve*, NJW 2007, 14, 15 f.; *Kempf/Schilling*, StraFo 2006, 180, 185 f.; *Lindemann*, Voraussetzungen und Grenzen legitimen Wirtschaftsstrafrechts, S. 412 ff.; *Odenthal*, FS Dahs, S. 405, 408 u. 415; *Ordner*, wistra 2016, 220, 221; *Rönnau*, ZRP 2004, 191, 194; *ders./Begemeier*, JZ 2016, 441, 443; *Strate*, StV 2006, 368, 369; *Theile*, StV 2009, 161, 161; *Wehnert/Mosiek*, StV 2005, 568, 569 f. *Lohse*, AnwBl 2006, 603, 604 mahnt zumindest einen „zurückhaltend[en] Gebrauch“ bei Nichtvorliegen dringender Gründe an.

416 Assmann/Schneider/Mülbert/*Döhmel*, Wertpapierhandelsrecht, § 6, Rn. 170.

417 Zum Vorsatzerfordernis Assmann/Schneider/Mülbert/*Döhmel*, Wertpapierhandelsrecht, § 6, Rn. 168.

Verwarnung durch die BaFin, der zum Trotz der Verwarnte das Verhalten fortgesetzt hat.[418]

Wenn nun ein solches Berufsverbot einen bereits festgestellten Verstoß und eine Verwarnung zur Voraussetzung hat, lässt das die Dringlichkeit möglichster Beschränkung der Befugnis zur (mindestens gleich gravierenden) Vermögenssicherstellung erkennen. Die Vermögensbeschlagnahme nach § 6 Abs. 13 WpHG erfordert daher – über die analog herangezogenen Voraussetzungen der §§ 111b ff. StPO hinaus – das Vorliegen dringender Anhaltspunkte für das Bestehen der Voraussetzungen für die spätere Einziehung nach §§ 73 ff. StGB.

IV. Vereinbarkeit mit § 11 WpHG

Die gewonnenen Ergebnisse müssen nunmehr auch daraufhin überprüft werden, inwieweit die vorgenommene verfassungskonforme Auslegung mit der Vorschrift des § 11 WpHG vereinbar ist, der die BaFin verpflichtet, straftatverdachtsbegründende Tatsachen der zuständigen Staatsanwaltschaft unverzüglich anzuzeigen. Denn sobald die Staatsanwaltschaft das Ermittlungsverfahren übernimmt, stehen ihr auch die Vermögenssicherstellungsmaßnahmen der §§ 111b ff. StPO zur Verfügung. Insofern überschneiden sich ab diesem Zeitpunkt die Kompetenzen in dieser Hinsicht, wenn die Sicherstellung gemäß § 6 Abs. 13 WpHG erst bei Vorliegen eines dringenden Tatverdachts möglich ist.

Eine klare Abgrenzung der Zuständigkeiten lässt sich dem Gesetz nicht entnehmen; im Gegenteil, ausweislich des § 11 S. 4 WpHG bleiben die Kompetenzen der BaFin bestehen, soweit dadurch die Untersuchung der Staatsanwaltschaft nicht gefährdet wird.[419] Es besteht also eindeutig – und auch vom Gesetz gewollt – eine Überschneidung der Eingriffskompetenzen von Staatsanwaltschaften und BaFin.

Diese Überschneidung der Eingriffskompetenzen führt dazu, dass für die Vermögensbeschlagnahme nach § 6 Abs. 13 WpHG nur noch wenig Raum bleibt.[420] Jedoch folgt daraus nicht, dass § 6 Abs. 13 WpHG in der hier vertretenen

---

418 Assmann/Schneider/Mülbert/*Döhmel*, Wertpapierhandelsrecht, § 6, Rn. 169.

419 Kritisch zu dieser unklaren Zuständigkeitsabgrenzung auch Achenbach/Ransiek/Rönnau/*Trüg*, Handbuch Wirtschaftsstrafrecht, Teil 10, Kap. 2, Rn. 150; *Eggers/Gehrmann/Szesny*, WiJ 2016, 123, 130; Esser/Rübenstahl/Saliger/Tsambikakis/*Theile*, Wirtschaftsstrafrecht, § 38 WpHG, Rn. 90; Meyer/Veil/Rönnau/*Rönnau/Wegner*, Handbuch Marktmissbrauchsrecht, § 28, Rn. 173.

420 Zu dieser Einschätzung kommen auch Meyer/Veil/Rönnau/*Rönnau/Wegner*, Handbuch Marktmissbrauchsrecht, § 28, Rn. 173.

Auslegung völlig obsolet wäre. Es sind durchaus Konstellationen vorstellbar, in denen eine solche eigenständige Kompetenz der BaFin ihre Berechtigung findet, um die notwendige zeitnahe Sicherstellung von Vermögenswerten durchführen zu können.

Das sind zum einen Fälle, in denen die Übermittlung des Sachverhalts an die zuständige Staatsanwaltschaft zwar gemäß § 11 WpHG erfolgt, diese jedoch nur sehr langsam eigene Ermittlungen aufnimmt und demzufolge auch eigene Sicherstellungsmaßnahmen nicht ergreift.[421] Dadurch entstünde dann eine Zeitspanne, in der die Staatsanwaltschaft zwar formal „Herrin des Verfahrens" wäre, tatsächlich aber nicht handelte. Verdichtete sich in diesem Zeitraum etwa der Verdacht auf Seiten der BaFin derart, dass er zu einem dringenden Tatverdacht würde, und gäbe es sogar Anzeichen für ein mögliches Beiseiteschaffen von Vermögenswerten durch den Verdächtigen, könnte die BaFin nach § 6 Abs. 13 WpHG die Beschlagnahme beantragen, um die spätere Einziehung sicherzustellen. Ihre Zuständigkeit behielte sie nach § 11 S. 4 WpHG trotz der Anzeige an die Staatsanwaltschaft. In einer solchen Sachverhaltskonstellation wäre § 6 Abs. 13 WpHG – auch in der hier vorgeschlagenen verfassungskonformen Auslegung – ein wichtiges und schlagkräftiges Instrument, das die Möglichkeit der späteren Einziehung nach § 73 StGB aufrechterhielte und der gesetzgeberischen Intention des „crime doesn`t pay" entspräche.

Im Übrigen könnte § 6 Abs. 13 WpHG auch dann eine Rolle spielen, wenn die „Vorermittlungen" der BaFin sich noch unterhalb der Schwelle eines Anfangsverdachtes bewegen;[422] plötzlich sich aber Gesichtspunkte ergeben, die einen dringenden Tatverdacht nahelegen. In diesem Fall könnte die BaFin – um die Vermögensicherstellung nicht zu gefährden – gleichzeitig mit der Meldung an die zuständige Staatsanwaltschaft bereits die Vermögensbeschlagnahme nach § 6 Abs. 13 WpHG beantragen. Damit könnte sichergestellt werden, dass keine (möglicherweise entscheidende) Zeit für die Sicherstellung verloren geht, und dennoch blieben hohe Eingriffsschranken für § 6 Abs. 13 WpHG bestehen. Auch

421 Zu möglichen Ursachen, vgl. *Hienzsch*, Das deutsche Insiderhandelsverbot in der Rechtswirklichkeit, S. 125 ff.; *ders.*; HRRS 2006, 144, 145 ff.; *Himmelreich*, Insiderstrafverfolgung durch die BaFin, S. 105.

422 Dazu, dass die BaFin bereits unterhalb der Schwelle des Anfangsverdachts Ermittlungen durchführen darf Achenbach/Ransiek/Rönnau/*Trüg*, Handbuch Wirtschaftsstrafrecht, Teil 10, Kap 2, Rn. 138, Assmann/Schneider/Mülbert/*Döhmel*, Wertpapierhandelsrecht, § 6, Rn. 134; *Himmelreich*, Insiderstrafverfolgung durch die BaFin, S. 97 ff. Dies erscheint auch durchaus folgerichtig, weil nur so die Pflicht des § 11 WpHG erklärbar ist. A.A. Fuchs/*Schlette/Bouchon*, WpHG, § 4, Rn. 37.

in diesem Fall wäre die verfassungskonform ausgelegte Befugnis des § 6 Abs. 13 WpHG sinnvoll einsetzbar und sie wäre nicht angesichts der §§ 111b ff. StPO obsolet. Diese Fallgestaltung erscheint auch deshalb nicht unwahrscheinlich, weil die BaFin ihr „Vorermittlungsverfahren" praktisch häufig so lange wie möglich eigenständig durchführt, um der Staatsanwaltschaft den Fall „anklagereif" übergeben zu können.[423]

Zwar dürfte die Nutzung der Befugnis des § 6 Abs. 13 WpHG in seiner hier vertretenen Auslegung nicht den Regelfall darstellen. Vielmehr ist davon auszugehen, dass bei einem normalen Ablauf des Verfahrens die Staatsanwaltschaft die §§ 111b ff. StPO einsetzt. Allerdings behielte § 6 Abs. 13 WpHG einen eigenen Anwendungsbereich als Eilmaßnahme, die bei dringendem Tatverdacht und, falls rechtzeitige Abhilfe durch die Staatsanwaltschaft nicht zu erwarten ist, die Möglichkeit einer rechtzeitigen Sicherstellung von Vermögen bewahrt, und somit dem gesetzgeberischen Ziel entspricht, inkriminiertes Vermögen möglichst frühzeitig zu sichern.

§ 6 Abs. 13 WpHG lässt sich demnach in einer Auslegung, die dringende Anhaltspunkte für das Vorliegen der Voraussetzungen für die spätere Einziehung nach §§ 73 ff. StGB fordert mit der Verpflichtung der BaFin aus § 11 WpHG vereinbaren und fügt sich damit in die Systematik der WpHG-Vorschriften über die Befugnisse der BaFin ein.

V. Vereinbarkeit des verfassungskonform ausgelegten § 6 Abs. 13 WpHG mit dem Rechtsstaatsprinzip

Die verfassungskonforme Auslegung des § 6 Abs. 13 WpHG hat im Vorigen zu Ergebnissen geführt, die auch dahingehend überprüft wurden, ob die so ausgelegte Norm auch ihren Sinn und Zweck weiterhin erfüllen kann und sich systematisch in das Regelungsgefüge des WpHG einfügt. Nunmehr soll noch einmal eine Zusammenfassung der vorgenommenen Auslegung erfolgen und die so gewonnene fortgebildete Norm am Rechtsstaatsprinzip gemessen werden, um zu prüfen, ob die vorgenommene verfassungskonforme Auslegung die bei § 6 Abs. 13 WpHG festgestellten rechtsstaatlichen Defizite beseitigen kann.

---

423 Vgl. dazu ausführlich *Himmelreich*, Insiderstrafverfolgung durch die BaFin, S. 104 ff., 124 u. passim. Ebenso Achenbach/Ransiek/Rönnau/*Trüg*, Handbuch Wirtschaftsstrafrecht, Teil 10, Kap. 2, Rn. 145; Meyer/Veil/Rönnau/*Rönnau/Wegner*, Handbuch Marktmissbrauchsrecht, § 28, Rn. 168.

1. Zusammenfassung der Ergebnisse der verfassungskonformen Auslegung

Als Voraussetzung für das Beantragen der Vermögensbeschlagnahme nach § 6 Abs. 13 WpHG müssen dringende Gründe für die Annahme, dass die Voraussetzungen für die Einziehung oder Unbrauchbarmachung von Gegenständen, oder für die Einziehung von Wertersatz vorliegen, gegeben sein. Diese dringenden Gründe entsprechen dem dringenden Tatverdacht nach § 112 StPO.

Des Weiteren muss die Beschlagnahme zur Durchsetzung der Gebote und Verbote der in § 6 Abs. 6 S. 1 Nr. 3, 4 und 6 WpHG genannten Vorschriften und der Verordnung (EU) Nr. 596/2014, geboten sein. Das bedeutet, die Maßnahme muss den Grundsätzen der Verhältnismäßigkeit genügen, und der dringende Tatverdacht muss sich auf einen Verstoß gegen eine der genannten Vorschriften beziehen, der eine Straftat darstellt und daher die Einziehung wahrscheinlich macht.

Die Beschlagnahme wird in entsprechender Anwendung des § 111b StPO nach § 111c StPO vollzogen, die Wirkungen der Beschlagnahme gleichen den, in § 111d StPO festgelegten, Wirkungen der Beschlagnahme nach § 111b StPO. Der Arrest in das Vermögen wird entsprechend § 111e StPO gemäß § 111f StPO vollzogen. Genau wie im Falle des § 111e StPO ist es dabei erforderlich, dass ein Arrestanspruch und ein Arrestgrund vorliegen. Das Vorliegen des Arrestgrundes kann nur unter denselben Bedingungen wie bei § 111e StPO [424] angenommen werden. Die Wirkung des Arrests richtet sich nach § 111h StPO.

Wie sich bereits aus dem Wortlaut ergibt, besteht im Übrigen der Richtervorbehalt des § 6 Abs. 13 S. 2 WpHG, der durch die verfassungskonforme Auslegung nicht tangiert wird.

2. Überprüfung am Maßstab des Rechtsstaatsprinzips

Der, nun nach erfolgter Auslegung deutlich umfangreicher gewordene, § 6 Abs. 13 WpHG soll nunmehr auf seine Vereinbarkeit mit dem Rechtsstaatsprinzip überprüft werden.

Diese Prüfung beschränkt sich auf die Punkte, die zuvor im Rahmen des Teils A der Arbeit an § 6 Abs. 13 WpHG auszusetzen waren, das heißt auf die Einhaltung des rechtsstaatlichen Bestimmtheitsprinzips. Es wurde festgestellt, dass § 6 Abs. 13 WpHG sowohl bezüglich der eigentlichen Eingriffsvoraussetzungen,[425]

---

424 S.o. B.III.1.b.
425 S.o. A.V.2.

als auch im Hinblick auf die inhaltliche Ausgestaltung der Vermögensbeschlagnahme zu unbestimmt formuliert ist.[426]

a.) Eingriffsvoraussetzungen

Die Eingriffsvoraussetzungen für einen Eingriff von der Schwere der Vermögenssicherstellung müssen so bestimmt gefasst sein, dass der Gesetzgeber selbst festlegt, unter welchen Umständen der Eingriff stattfinden darf, und unter welchen nicht. Die Festlegung darf nicht der Verwaltung selbst überlassen bleiben.

Mit der Implementierung des Erfordernisses dringender Gründe, die für die spätere Einziehung nach §§ 73 ff. StGB sprechen, erhält § 6 Abs. 13 WpHG eine hohe Eingriffsschwelle, die außerdem der BaFin – und dem anordnenden Richter – klare und überprüfbare Kriterien an die Hand gibt, anhand derer entschieden werden kann, wann die Vermögensbeschlagnahme zulässig ist. Das Gesetz legt in dieser Auslegung eindeutig fest, wann die Verwaltung die Maßnahme ergreifen darf, und es bleibt nicht mehr ihr selbst überlassen, die Eingriffskriterien festzulegen. Auch für den Betroffenen wird eine klare Maßgabe ersichtlich, die ihm unter Umständen zu seiner Verteidigung dienlich sein kann. Dazu kommen dann noch das vom Gesetz schon betonte Verhältnismäßigkeitsprinzip und der Richtervorbehalt des § 6 Abs. 13 S. 2 WpHG.

Aus dem Zusammenwirken dieser drei einschränkenden Elemente ergeben sich eindeutige, verständliche und vorhersehbare Eingriffsvoraussetzungen, die eine rechtssichere Anwendung des Instruments der Vermögenssicherstellung nach § 6 Abs. 13 WpHG ermöglichen. Damit erfüllt § 6 Abs. 13 WpHG – in der hier vorgeschlagenen verfassungskonformen Auslegung – die vom rechtsstaatlichen Bestimmtheitsgebot vorgegebenen Erfordernisse für die Voraussetzungen einer Eingriffsermächtigung.

b.) Inhaltliche Bestimmtheit

Auch inhaltlich muss die Eingriffsbefugnis so bestimmt sein, dass der betroffene Bürger erkennen kann, welche Maßnahmen ihm im Einzelnen drohen, sodass er sich darauf einstellen kann. Durch die entsprechende Anwendung der §§ 111b bis d StPO für die Beschlagnahme und der §§ 111e bis h StPO für den Arrest wird diese Bestimmtheit hergestellt. Es ist bei einer solchen verfassungskonformen Auslegung klar ersichtlich, dass die Beschlagnahme bestimmter Vermögensgegenstände drohen kann, wie sie durchgeführt wird, und welche Wirkungen sie

---

426 S.o. A.V.3.

hat. Ebenso wird die Möglichkeit des strafprozessualen Arrests eindeutig geregelt, die Voraussetzungen des Arrestanspruchs und des Arrestgrundes werden eingeführt, und die Folgen des Arrests werden ebenfalls festgelegt. Das zusätzliche Erfordernis des Vorliegens eines Arrestgrundes führt zu einer weiteren Verschärfung der Hürden eines Vermögensarrests und schafft damit ein zusätzliches Kontrollinstrument gegen nicht erforderliche Maßnahmen.

Damit gewinnt § 6 Abs. 13 WpHG auch hinsichtlich des Inhalts der ermöglichten Maßnahmen deutlichere Konturen. Es wird – sowohl dem Rechtsanwender als auch dem Betroffenen – deutlich, welche Maßnahmen, wie und unter welchen Voraussetzungen getroffen werden können. Dadurch wird die Rechtssicherheit gesteigert, auch für mögliche Verteidigungsmaßnahmen gibt es nunmehr Anhaltspunkte. In der hier vorgeschlagenen verfassungskonformen Auslegung erfüllt der § 6 Abs. 13 WpHG darum auch die Anforderungen des Bestimmtheitsgebotes an die inhaltliche Bestimmtheit von Eingriffsermächtigungen.

c.) Ergebnis

Die Prüfung des verfassungskonform ausgelegten § 6 Abs. 13 WpHG hat ergeben, dass dieser die Anforderungen des rechtsstaatlichen Bestimmtheitsgebotes nunmehr auch in den vorher beanstandeten Punkten erfüllt. In verfassungskonformer Auslegung ist § 6 Abs. 13 WpHG darum mit dem Rechtsstaatsprinzip vereinbar.

VI. Ergebnis Teil B

In Teil B der Arbeit konnte zunächst festgestellt werden, dass eine verfassungskonforme Auslegung lückenhafter Vorschriften auch in Form der verfassungskonformen Rechtsfortbildung möglich ist, und dass § 6 Abs. 13 WpHG lückenhaft in diesem Sinne ist. Des Weiteren wurde gezeigt, dass die Lückenfüllung durch entsprechende Anwendung der strafprozessualen Vorschriften der §§ 111b ff. StPO möglich ist, weil diese eine sehr ähnliche Befugnis regeln, und ihre Anwendungsvoraussetzungen und inhaltlichen Bestimmungen auf § 6 Abs. 13 WpHG grundsätzlich passen. Dabei wurde allerdings deutlich, dass § 6 Abs. 13 WpHG – über die Anforderungen der §§ 111b ff. StPO hinausgehend – das Vorliegen dringender Gründe, die für die Möglichkeit einer späteren Einziehung nach §§ 73 ff. StGB sprechen, erfordert. Die vorgenommene verfassungskonforme Auslegung steht nicht im Widerspruch zur Systematik des WpHG, insbesondere des § 11 WpHG, da sich auch nach erfolgter verfassungskonformer Auslegung des § 6 Abs. 13 WpHG sinnvolle Anwendungsbereiche für dieses Instrument vorstellen lassen. Schließlich wurde auch festgestellt, dass die verfassungskonforme Auslegung des § 6 Abs. 13 WpHG die gegen ihn bestehenden rechtsstaatlichen Bedenken, die in Teil A dieser Arbeit aufgezeigt wurden, beseitigen kann. Damit wäre § 6 Abs. 13 WpHG – in der dargelegten verfassungskonformen Auslegung – nicht mehr verfassungswidrig.

Im nächsten Teil der Arbeit muss nunmehr geprüft werden, ob die vorgenommene verfassungskonforme Auslegung sich noch innerhalb der Grenzen der Zulässigkeit derselben bewegt, oder ob sie diese bereits überschreitet. Nur falls sich die Zulässigkeit dieser weitgehenden verfassungskonformen Rechtsfortbildung ergäbe, wäre § 6 Abs. 13 WpHG verfassungsgemäß; andernfalls scheiterte auch dieser Versuch seine Verfassungsmäßigkeit herbeizuführen.

C: Grenzen der verfassungskonformen Auslegung

Die verfassungskonforme Auslegung ist nicht grenzenlos zulässig, besonders wenn es sich – wie im vorliegenden Fall – um verfassungskonforme Rechtsfortbildung handelt.[427] Andernfalls bestünde die Gefahr, dass beinahe jedes per se verfassungswidrige Gesetz durch verfassungskonforme Auslegung und Rechtsfortbildung „gerettet" werden könnte.

Der dritte Abschnitt der Arbeit soll daher die Grenzen zulässiger verfassungskonformer Rechtsfortbildung herausarbeiten und die Auslegung des § 6 Abs. 13 WpHG an diesen Maßstäben messen. Nur wenn sich die verfassungskonforme Auslegung des § 6 Abs. 13 WpHG innerhalb dieser Grenzen hält, kann ihm Verfassungsmäßigkeit attestiert werden.

I. Gründe für die Begrenzung der verfassungskonformen Auslegung

Die Begrenzung der Zulässigkeit der verfassungskonformen Auslegung hat mehrere Gründe.

Sowohl in der Literatur zur verfassungskonformen Auslegung, als auch in der Rechtsprechung des Bundesverfassungsgerichts, wird dabei meist nicht streng zwischen den verschiedenen Einschränkungsgründen unterschieden. Dies wohl auch deshalb, weil die Grenzen naturgemäß fließend sind und verschiedene Begründungsansätze oft zum selben Ergebnis führen.

Dennoch soll im Folgenden der Versuch unternommen werden, die unterschiedlichen Begründungen für eine Einschränkung der verfassungskonformen Auslegung herauszuarbeiten und dabei jeweils die sich daraus ergebenden Grenzziehungen festzustellen.

1. Gewaltenteilung

Zunächst kann die verfassungskonforme Auslegung in Widerspruch zum Grundsatz der Gewaltenteilung aus Art. 20 Abs. 2 GG geraten. Denn nach dem

427 Vgl. etwa die Entscheidungen BVerfGE 8, 71, 78 f.; 9, 83, 87, in denen eine verfassungskonforme Auslegung als zu weitgehend abgelehnt wird.

Prinzip der Gewaltenteilung ist grundsätzlich allein die Legislative zur Rechtssetzung befugt.[428]

Eine verfassungskonforme Auslegung oder Rechtsfortbildung, die sich zu weit vom Gesetz entfernt, kann dazu führen, dass dieses Vorrecht der Legislative unterlaufen wird, weil der auslegende Rechtsanwender sich letzten Endes selbst sein Recht formt. Die Rechtsprechung läuft also bei zu extensiver Anwendung des Prinzips der verfassungskonformen Auslegung Gefahr, in den Kernbereich der Legislative einzudringen.[429]

Bekanntlich formulierte *Montesquieu* einst in seiner Idealvorstellung eines gewaltengeteilten Staates unter anderem: „*Les juges de la nation ne sont [...] que la bouche qui prononce les paroles de la loi.*"[430] Diese Aussage gilt für die Judikative unter dem Grundgesetz allerdings ganz entschieden nicht.[431] Vielmehr verwirklicht das Grundgesetz die Gewaltenteilung nicht in Reinform, die Aufgaben der Gewalten gehen in vielfältiger Weise ineinander über.[432] Die Rechtsfortbildung ist fester Bestandteil der Aufgaben der Rechtsprechung und vom Gesetzgeber beispielsweise in § 132 Abs. 4 GVG ausdrücklich anerkannt.[433] Das Bundesverfassungsgericht bezeichnet die „schöpferische Rechtsfindung" als „herkömmliche und stets bewältigte richterliche Aufgabe."[434]

Die Grenze des Zulässigen wäre aber überschritten, wenn die Rechtsprechung (insbesondere das Bundesverfassungsgericht) durch verfassungskonforme Auslegung selbst Recht schaffte, und beispielsweise Gesetzeslücken nach eigenen

---

428 Dreier/*Schulze-Fielitz*, GG-Kommentar, Art. 20 (Rechtsstaat), Rn. 72; v. Mangoldt/Klein/Starck/*Sommermann*, GG, Art. 20 Abs. 2, Rn. 217.

429 *Bogs*, Die verfassungskonforme Auslegung von Gesetzen, S. 67 ff.; *Geis*, NVwZ 1992, 1025, 1026; *Haak*, Normenkontrolle und verfassungskonforme Gesetzesauslegung des Richters, S. 259; v. Mangoldt/Klein/Starck/*Sommermann*, GG, Art. 20 Abs. 2, Rn. 221; *Michel*, JuS 1961, 274, 279; *Seetzen*, NJW 1976, 1997, 2000; *Stern*, NJW 1958, 1435, 1435; *Zippelius*, Bundesverfassungsgericht und Grundgesetz II, S. 108, 117 ff.

430 *Montesquieu*, De l'esprit des loix, liv. XI, chap.VI, S. 72.

431 *Herzog*, Steuerberaterkongress-Report 1994, 23, 23 f.

432 BVerfGE 3, 225, 247; 128, 193, 209; Dreier/*Schulze-Fielitz*, GG-Kommentar, Art. 20 (Rechtsstaat), Rn. 75; *Di Fabio*, in: Isensee/Kirchhof (Hrsg.), HStR II, § 27, Rn. 31; v. Mangoldt/Klein/Starck/*Sommermann*, GG, Art. 20 Abs. 2, Rn. 212; *Stern*, Staatsrecht II, S. 535 ff.; *Wank*, Grenzen richterlicher Rechtsfortbildung, S. 90 ff.

433 BVerfGE 34, 269, 287 ff.; 132, 99, 127; *Heusinger*, Rechtsfindung und Rechtsfortbildung im Spiegel richterlicher Erfahrung, S. 53 ff.; *Larenz*, Methodenlehre der Rechtswissenschaft, S. 366 ff.; *Pieroth/Aubel*, JZ 2003, 504, 506 ff.; *Seidl*, ZGR 1988, 296, 297 ff.; *Wenzel*, NJW 2008, 345, 346; *Wiedemann*, NJW 2014, 2407, 2407 f.

434 BVerfGE 3, 225, 243.

Wertvorstellungen und Zweckmäßigkeitsüberlegungen schlösse. Durch ein solches – eigenständig Recht setzendes – Vorgehen würde der Kernbereich der Legislative tangiert und das gesetzgeberische Ermessen durch die verfassungskonforme Auslegung beschnitten.[435]

Genauso kann der Grundsatz der Gewaltenteilung betroffen sein, wenn die verfassungskonforme Auslegung dazu führt, dass eine Entscheidung des Gesetzgebers korrigiert wird, um die Verfassungswidrigkeit einer Vorschrift abzuwenden, und dadurch eine Norm einen völlig anderen Sinn bekommt als ursprünglich beabsichtigt.[436] Denn die verfassungskonforme Auslegung soll den Gesetzgeber vor unnötiger Verwerfung seiner Gesetze schützen. Geht sie dabei aber zu weit und schafft korrigierenderweise eigenständig Recht, verkehrt sich dieser Schutz in sein Gegenteil und führt zu einer Bevormundung des Gesetzgebers.[437]

Die Grenze der Zulässigkeit der verfassungskonformen Auslegung ist überschritten, wenn der Kern der Norm umgeformt wird und also der wesentliche Zweck der Vorschrift verfehlt wird.[438] Die äußerste Grenze stellt demnach der Wille des Gesetzgebers dar, so wie er sich aus dem Gesetz ergibt.[439] Schlagwortartig ausgedrückt, darf sich die Rechtsprechung nicht „an die Stelle des Gesetzgebers [...] setzen."[440]

---

435 BVerfGE 9, 83, 87; 128, 193, 210; *Beaucamp*, AöR 134 (2009), 83, 94; *Gern*, DÖV 1985, 558, 562; *Wank*, Grenzen richterlicher Rechtsfortbildung, S. 111; *Zippelius*, Bundesverfassungsgericht und Grundgesetz II, S. 108, 117 ff.

436 BVerfGE 8, 28, 34 f.; 8, 71, 79; 119, 247, 274; *Bender*, MDR 1959, 441, 447; *Bogs*, Die verfassungskonforme Auslegung von Gesetzen, S. 67; *Geis*, NJW 1992, 2938, 2939; *Michel*, JuS 1961, 274, 277; *Schack*, JuS 1961, 269, 274; *Zippelius*, Bundesverfassungsgericht und Grundgesetz II, S. 108, 119. Das Minderheitenvotum BVerfGE 33, 52, 78, 83 spricht im Zusammenhang mit einer derartigen Auslegung von einer „an das Vorgehen des Prokrustes erinnernde[n] Auslegung."

437 *Bettermann*, Die verfassungskonforme Auslegung, S. 46, der pointiert von „wohltätiger [...] Vergewaltigung" des Gesetzgebers spricht; *Geis*, NJW 1992, 2938, 2939; *Lüdemann*, JuS 2004, 27, 29; *Michel*, JuS 1961, 274, 279; *Voßkuhle*, AöR 125 (2000), 177, 185 ff.; *Wank*, Grenzen richterlicher Rechtsfortbildung, S. 110 f.

438 *Bender*, MDR 1959, 441, 447; *Bogs*, Die verfassungskonforme Auslegung von Gesetzen, S. 68; *Wank*, Grenzen richterlicher Rechtsfortbildung, S. 111.

439 BVerfGE 8, 28, 34; 110, 226, 267; 119, 247, 274; 132, 99, 128; 133, 168, 205; *Eckardt*, Die verfassungskonforme Gesetzesauslegung, S. 56; *Haak*, Normenkontrolle und verfassungskonforme Gesetzesauslegung des Richters, S. 267 ff.; *Michel*, JuS 1961, 274, 279; *Wank*, Grenzen richterlicher Rechtsfortbildung, S. 111.

440 Erstmals BVerfGE 1, 97, 101; st. Rspr.

2. Demokratieprinzip

Die verfassungskonforme Auslegung kann auch in Widerstreit zu dem in Art. 20 GG niedergelegten Demokratieprinzip geraten. Denn die Rechtsprechung, der die verfassungskonforme Auslegung praktisch obliegt, ist weniger stark demokratisch legitimiert als das Parlament, da die Richter nicht direkt vom Volk gewählt werden.[441]

Auch eine demokratische Verantwortung der Richter für ihre Entscheidungen fehlt insofern, als für das Volk keine Möglichkeit einer Abwahl besteht.[442] Entfernte sich die Rechtsprechung bei der verfassungskonformen Auslegung zu weit vom Willen des Gesetzgebers und setzte selbst Recht, wäre dieses daher in demokratischer Hinsicht bedenklich, weil der vom Volk dazu bestimmte Gesetzgeber ausgeschaltet würde.[443]

Im Vergleich zum Problem der Gewaltenteilung ergeben sich hieraus allerdings keine weitergehenden Erkenntnisse. Die Grenzen der verfassungskonformen Auslegung ändern sich nicht, es handelt sich lediglich um eine zusätzliche Begründung der bereits im Rahmen der Gewaltenteilung gezogenen Grenzen.

3. Bestimmtheitsgebot

Auch das rechtsstaatliche Bestimmtheitsgebot kann durch verfassungskonforme Auslegung entwertet werden. Dies ist dann der Fall, wenn einer völlig unbestimmten Norm überhaupt erst durch die Rechtsergänzung ein hinreichend bestimmter Inhalt verliehen wird. In einem solchen Fall läge nämlich keine vom Gesetzgeber selbst hinreichend bestimmt gestaltete Vorschrift mehr vor, sondern lediglich eine freie Schöpfung des Auslegenden. Einen wesentlichen Unterschied zur Festsetzung der Eingriffsvoraussetzungen durch die Verwaltung selbst gäbe es dann nicht.

Durch die verfassungskonforme Auslegung darf daher nicht erst der normative Gehalt der Vorschrift überhaupt bestimmt werden, der im Gesetz selbst gar nicht angelegt ist.[444] Denn auch die Rechtssicherheit leidet erheblich, wenn der

---

441 *Beaucamp*, AöR 134 (2009), 83, 95; Dreier/*Dreier*, GG-Kommentar, Art. 20 (Demokratie), Rn. 116; v. Mangoldt/Klein/Starck/*Sommermann*, GG, Art. 20 Abs. 2, Rn. 186.

442 *Beaucamp*, AöR 134 (2009), 83, 95; Dreier/*Dreier*, GG-Kommentar, Art. 20 (Demokratie), Rn. 140; v. Mangoldt/Klein/Starck/*Sommermann*, GG, Art. 20 Abs. 2, Rn. 171.

443 BVerfGE 132, 99, 128; *Beaucamp*, AöR 134 (2009), 83, 95 ff.; Dreier/*Dreier*, GG-Kommentar, Art. 20 (Demokratie), Rn. 140.

444 BVerfGE 8, 71, 78 f.; 9, 83, 87; 107, 104, 128 f.; *Bogs*, Die verfassungskonforme Auslegung von Gesetzen, S. 82 ff.

Inhalt des Gesetzes diesem selbst nicht mehr zu entnehmen ist, sondern nur seiner verfassungskonformen Auslegung.[445]

Daraus ergibt sich eine weitere Grenze der verfassungskonformen Auslegung. Diese ist unzulässig, wenn die Norm keinen ausreichend bestimmten Regelungskern mehr aufweist, den der Rechtsanwender ergänzen und präzisieren könnte, sondern dieser den Inhalt der Norm ohne jeden Anhaltspunkt des Gesetzes selbst festlegen muss.[446]

4. Vorbehalt des Gesetzes

Der Vorbehalt des Gesetzes kann durch die verfassungskonforme Auslegung ebenfalls seine Bedeutung verlieren. Denn besteht die Norm nur noch aus Inhalten, die erst durch die verfassungskonforme Auslegung in sie hineingelegt worden sind, liegt im eigentlichen Sinne keine Regelung mehr vor, die der parlamentarische Gesetzgeber selbst getroffen hätte, um das Wesentliche vorzuschreiben.[447] Auch aus diesem Grunde darf durch die verfassungskonforme Auslegung der wesentliche Inhalt der Norm nicht erst bestimmt werden.

Eine weitere Grenzziehung, die über das durch das Bestimmtheitsgebot Erheischte hinausginge, ergibt sich daraus freilich nicht.

5. Bindung an Recht und Gesetz

Eine weitere Begründung für eine Beschränkung der Zulässigkeit der verfassungskonformen Auslegung ergibt sich auch aus der Bindung an Gesetz und Recht (Art. 20 Abs. 3 GG), der die Rechtsprechung unterworfen ist. Der Gehalt der Formel „Gesetz und Recht" ist im Detail ausgesprochen umstritten.[448]

Dies trifft schon für die Frage zu, was ein Gesetz im Sinne des Art. 20 Abs. 3 GG ist.[449] Besonders unklar aber ist, was mit dem Begriff „Recht" gemeint sein soll. Die Spannweite reicht von der Annahme einer reinen Tautologie bis

---

445 *Beaucamp*, AöR 134 (2009), 83, 98, speziell zur Analogiebildung.

446 Zum Erfordernis eines bestimmten Regelungskerns vgl. BVerfGE 107, 104, 128.

447 BVerfGE 9, 83, 87; 107, 104, 128 f.; *Beaucamp*, AöR 134 (2009), 83, 99 ff., speziell zur Analogiebildung; *Häfelin*, FS H. Huber, S. 241, 257 (zum schweizerischen Recht).

448 v. Mangoldt/Klein/Starck/*Sommermann*, GG, Art. 20 Abs. 3, Rn. 262; *Larenz*, Methodenlehre der Rechtswissenschaft, S. 368, jeweils m.w.N.

449 Nur formelle Gesetze erfassend v. Mangoldt/Klein/Starck/*Sommermann*, GG, Art. 20 Abs. 3, Rn. 264; *Schmidt-Aßmann*, in: Isensee/Kirchhof (Hrsg.), HStR II, § 26, Rn. 37 f.; a.A. BVerfGE 78, 214, 227; Dreier/*Schulze-Fielitz*, GG-Kommentar, Art. 20 (Rechtsstaat), Rn. 93; Maunz/Dürig/*Grzeszick*, GG, Art. 20 VI, Rn. 62.

hin zum Bezug auf höheres Recht, Naturrecht und ähnliche übergesetzliche Wertungen.[450]

Ganz überwiegend wird aber daraus geschlossen, dass das Recht – über das Gesetz hinaus – einen eigenständigen Gehalt von grundlegenden Gerechtigkeitsvorstellungen aufweist, der im Grundgesetz angelegt ist und den zu finden und anzuwenden Aufgabe der Rechtsfortbildung ist.[451] Allerdings dürfen dabei nicht eigene Gerechtigkeitsvorstellungen anstelle derer des Gesetzgebers verwirklicht werden.[452] Die Lückenschließung durch Rechtsfortbildung muss vielmehr nach den anerkannten Auslegungsmethoden erfolgen und darf sich nicht über den klaren Willen des Gesetzgebers hinwegsetzen, indem das Ziel der Norm in wesentlichen Punkten verfehlt oder verfälscht wird.[453]

Hieraus ergibt sich wieder, wie schon aus dem Grundsatz der Gewaltenteilung, dass der Rechtsanwender sich nicht über den Willen des Gesetzgebers völlig hinwegsetzen und aus eigener Machtvollkommenheit Recht setzen darf.

6. Zusammenfassung der Grenzen

Zusammenfassend lässt sich sagen, dass die verfassungskonforme Auslegung durchaus dazu dienen darf, Normen zu ergänzen oder zu präzisieren, um sie im Rahmen des Verfassungsmäßigen zu halten. Aus unterschiedlichen Begründungsansätzen lassen sich jedoch zwei äußerste Grenzen für die verfassungskonforme Auslegung – insbesondere im Falle der verfassungskonformen Rechtsfortbildung – definieren, deren Überschreitung zu einer Missachtung der grundlegenden Prinzipien des Grundgesetzes führen würde.

---

450 Übersicht über das Meinungsspektrum bei Dreier/*Schulze-Fielitz*, GG-Kommentar, Art. 20 (Rechtsstaat), Rn. 94, m.w.N.

451 Ausführlich dazu BVerfGE 34, 269, 287; *Di Fabio*, in: Isensee/Kirchhof (Hrsg.), HStR II, § 27, Rn. 26; Dreier/*Schulze-Fielitz*, GG-Kommentar, Art. 20 (Rechtsstaat), Rn. 94; *Larenz*, Methodenlehre der Rechtswissenschaft, S. 368 f.; *Schmidt-Aßmann*, in: Isensee/Kirchhof (Hrsg.), HStR II, § 26, Rn. 41 ff.; *ders.*, FS Stern, S. 745, 746 f.; *Seidl*, ZGR 1988, 296, 306 ff.; *Wenzel*, NJW 2008, 345, 348 f.; a.A. v. Mangoldt/Klein/Starck/*Sommermann*, GG, Art. 20 Abs. 3, Rn. 265 ff., der nur die verfassungsmäßige Rechtsordnung als Ganzes hierunter verstehen will.

452 BVerfGE 34, 269, 287; 82, 6, 12; 132, 99, 127.

453 BVerfGE 8, 28, 34 f.; 82, 6, 13; 128, 193, 210; 132, 99, 128; 133, 168, 205; Dreier/*Schulze-Fielitz*, GG-Kommentar, Art. 20 (Rechtsstaat), Rn. 102 ff.; v. Mangoldt/Klein/Starck/*Sommermann*, GG, Art. 20 Abs. 3, Rn. 286; Maunz/Dürig/*Grzeszick*, GG, Art. 20 VI, Rn. 148.

Unzulässig ist die verfassungskonforme Auslegung immer dann, wenn der Rechtsanwender sich zum „Ersatzgesetzgeber“ aufschwingt und eigenständig Recht setzt.

Dies kann zum einen in den Fällen geschehen, in denen durch die Auslegung in das gesetzgeberische Ermessen eingegriffen und eigenständige Wertungen und Gerechtigkeitsvorstellungen durchgesetzt würden. Dem gleichgelagert ist der Fall, dass der Sinn und Zweck der Norm völlig verfehlt, und ihr eine ganz andere Sinnrichtung gegeben würde. Es muss vielmehr immer das Maximum der gesetzgeberischen Intention aufrechterhalten werden.[454]

Zum anderen ist es auch unzulässig, Normen, die wegen völliger Unbestimmtheit verfassungswidrig wären, selbst durch Einfügen des Fehlenden zu „retten“, wenn sich aus der Norm selbst und ihrer Auslegung nach den anerkannten Methoden keinerlei Anhaltspunkte finden lassen, wie die erkannte Lücke geschlossen werden soll. Vielmehr muss die Norm einen „alle wesentlichen Fragen umfassenden Regelungskern“ enthalten, der auf den objektivierten Willen des Gesetzgebers rückführbar ist.[455]

II. Grenze des Sinnes und Zweckes des § 6 Abs. 13 WpHG

Angesichts der festgestellten Grenzen der verfassungskonformen Auslegung ist es zunächst notwendig, zu überprüfen, ob sich die hier ins Auge gefasste Ergänzung des § 6 Abs. 13 WpHG mit Ziel und Zweck der Norm und den darin manifestierten Zielen des Gesetzgebers vereinbaren lässt. Wäre es durch die verfassungskonforme Auslegung unmöglich, den Zweck des Gesetzes zu erreichen, oder würde er sehr weitgehend verfehlt, wäre die verfassungskonforme Auslegung nicht mehr zulässig.

1. Sinn und Zweck des § 6 Abs. 13 WpHG

Bei der Ermittlung der mit § 6 Abs. 13 WpHG verfolgten Absichten und Zielsetzungen erweist es sich einmal mehr als problematisch, dass die Gesetzesmaterialien sich hierzu in keiner Weise äußern. Jedoch lassen sich aus der allgemeinen Zielsetzung der Finanzmarktnovellierungsgesetzgebung und den europäischen Vorgaben Schlüsse ziehen. Vor allem aber kann hier auch auf die inhaltlich verwandten Regelungen der StPO sowie der im Hintergrund stehenden Vorschriften des StGB zurückgegriffen werden.

---

454 BVerfGE 8, 28, 34; st. Rspr.

455 BVerfGE 107, 104, 128.

Ein zentrales Anliegen der Europäischen Union ist, zukünftig die Stabilität der Finanzmärkte in der Europäischen Union zu stärken und so möglichst eine neue Finanzkrise, mit ihren erheblichen Auswirkungen, zu verhüten, wozu – neben anderen Vorschriften – auch die MAR und die RL 2014/58/EU (CRIM-MAD) dienen sollen. [456] Umgesetzt werden sollen dabei die Empfehlungen der Expertengruppe unter *de Larosière*, die nach der Finanzkrise deren Ursachen untersuchte und Abhilfemöglichkeiten ausarbeitete. Empfohlen wurde unter anderem auch eine Stärkung und Vereinheitlichung der Befugnisse und Sanktionsmöglichkeiten der nationalen Aufsichtsbehörden.[457]

Diesen Empfehlungen folgend wurden Stabilisierungsmaßnahmen beschlossen, wozu auch gehört, durch möglichst unionsweit einheitliche Strafvorschriften, Verhaltensweisen zu bekämpfen, welche die Stabilität der Märkte untergraben können. So etwa Insiderhandel und Marktmanipulation, die das Vertrauen der Bevölkerung in die Integrität der Finanzmärkte zerstören und so dazu führen können, dass das Publikum von der (erwünschten) Teilnahme am Kapitalmarkt absieht.[458]

Im Rahmen dieser Bekämpfungsstrategie wurden die Mitgliedsstaaten verpflichtet, entsprechend wirksame und effiziente Sanktionen für solche Straftaten und unerwünschte Handlungen einzuführen.[459] Dazu gehört auch die Möglichkeit, Vermögen „einzufrieren", wenn solche Zuwiderhandlungen im Raum stehen.[460] Insgesamt erhofft man sich eine deutliche Steigerung der Effizienz des Sanktionensystems.

Dass zu einer wirksamen Bekämpfung von (Wirtschafts-)Kriminalität auch die Möglichkeit einer weitreichenden Einziehung der Verbrechensgewinne gehört, ist auch auf nationaler Ebene schon seit einiger Zeit weitgehender Konsens.[461] Ihre Wirkung in der Kriminalitätsbekämpfung wird einmal darin

---

456 *v. Buttlar*, BB 2014, 451, 451; *Poelzig*, NZG 2016, 492, 492; *Walla*, BB 2012, 1358, 1359 ff. Vgl. auch BT-Drs. 18/10936, S. 1 f.

457 Larosière-Bericht, S. 47 und 57.

458 Erwägungsgründe 2, 7, 23, 47, MAR.

459 Erwägungsgründe 13 bis 18, CRIM-MAD.

460 Art. 23 Abs. 2 i, 30 Abs. 2 b MAR.

461 *Barreto da Rosa*, ZRP 2012, 39, 42; *Eberbach*, NStZ 1987, 486, 486 ff.; *Hassemer*, WM 1995 Sonderbeilage Nr. 3, 3, 20 ff.; *Hetzer*, wistra 2000, 368, 372 ff.; *ders.*, Kriminalistik 2003, 152, 153; *Hoyer*, GA 1993, 406, 406 f.; *Janovsky*, Kriminalistik 2000, 483, 483; *Kaiser*, FS Tröndle, S. 685, 700 ff.; *ders.*, ZRP 1999, 144, 144 ff.; *Kiethe/Hohmann*, NStZ 2003, 505, 505 f.; *Kilchling*, wistra 2000, 241, 241 ff.; *Lenhard*, Kriminalistik 1989, 194, 194 ff.; *Mainzer*, DRiZ 2002, 97, 100 f.; *Meyer*, StV 2017, 343, 343 f., 351 f.; *Rönnau/Begemeier*, NZWiSt 2016, 260, 260; Kritisch zur Wirksamkeit *Perron*, JZ 1997, 918,

gesehen, dass sie verhindert, dass sich in der Bevölkerung der Eindruck festsetzt, Verbrechen lohne sich, weil Täter ihre Taterträge ohnehin behalten dürften.[462] Damit erfüllt die Vermögensabschöpfung ihre Aufgabe im Sinne der positiven Generalprävention, weil sie die biblische Weisheit, dass Unrecht Gut nicht gedeihet (Sprüche 10, 2) nicht nur in Erinnerung ruft, sondern die allgemeine Rechtsüberzeugung dahingehend festigt.[463]

Darüber hinaus hofft man auch auf eine abschreckende Wirkung im Sinne der negativen Generalprävention, weil tatgeneigte Personen in ihr Kalkül den Verlust des Gewinns einbeziehen müssen, und somit die möglichen negativen Folgen der Entdeckung der Tat den angestrebten Vorteil überwiegen könnten.[464]

Diese Vermögensabschöpfung kann naturgemäß nur Erfolg haben, wenn dem Täter die Vermögenswerte rechtzeitig entzogen werden – bevor er sie beiseiteschaffen kann. Dies kann nur dann gewährleistet werden, wenn schon möglichst frühzeitig vorläufige Maßnahmen der Ermittlungsbehörden ergriffen werden können. Insbesondere müssen diese eine Befugnis zur vorläufigen Sicherstellung erhalten.[465] Dieser Gedanke liegt erkennbar auch der Schaffung des § 6 Abs. 13 WpHG zugrunde, mit dem der BaFin genau solche Befugnisse zugewiesen wurden. Es geht also darum, möglichst schnell und frühzeitig auf möglicherweise inkriminiertes Vermögen zuzugreifen.

2. Vereinbarkeit der verfassungskonformen Auslegung mit dem Zweck

Damit die verfassungskonforme Auslegung des § 6 Abs. 13 WpHG nicht die Grenzen des Zulässigen sprengt, müsste sie mit diesem Zweck der Norm noch vereinbar sein.

Selbstverständlich stellt sich die Frage, ob nicht die geforderten dringenden Gründe für die Annahme, dass die Voraussetzungen einer Einziehung vorliegen, in dieser Hinsicht zu weit gehen, und den Zweck des § 6 Abs. 13 WpHG konterkarieren. Auf den hier naheliegenden Vorwurf, es nehme der Norm ohnehin jeden Anwendungsspielraum, dringenden Tatverdacht vorauszusetzen, wenngleich die Maßnahme nur in einem Verfahrensstadium vor Feststehen des

---

920 ff. Auch der Gesetzentwurf zum Gesetz zur Reform der strafrechtlichen Vermögensabschöpfung geht hiervon aus, BT-Drs. 18/9525, S. 1, 45.

462 So dezidiert BVerfG wistra 2004, 255, 260.

463 *Perron*, JZ 1993, 918, 920.

464 Dazu s.o. A.V.2.

465 S.o. A.V.2.

Anfangsverdachts ergriffen werden soll, wurde bereits eingegangen.[466] Auch wenn dies natürlich auf den ersten Blick betrachtet einen Widerspruch darstellt, ergeben sich doch Spielräume für die Anwendung, weil das Verfahren nicht automatisiert abläuft und im Zeitfenster zwischen Entstehen des dringenden Tatverdachts und Mitteilung an die zuständige Staatsanwaltschaft Raum für eigenständiges Vorgehen der BaFin bleibt.

Aber davon abgesehen ist zu überlegen, ob das Erfordernis der dringenden Gründe für die Annahme, dass die späteren Voraussetzungen für die Einziehung gegeben sein werden, nicht schon ganz grundsätzlich jede effektive und frühzeitige Vermögenssicherstellung unmöglich macht oder jedenfalls wesentlich erschwert. Daraus würde folgen, dass § 6 Abs. 13 WpHG in der verfassungskonform ausgelegten Form die gesetzgeberischen Zwecke völlig verfehlen würde. In diesem Falle wären die Grenzen der verfassungskonformen Auslegung jedenfalls überschritten.

In Erinnerung kommt diesbezüglich die erhebliche Kritik, die vor 1998 an den – seinerzeit noch dringende Gründe voraussetzenden – §§ 111b ff. StPO a.F. geübt wurde. Damals war die Auffassung verbreitet, diese Voraussetzung mache es quasi unmöglich, rechtzeitig möglicherweise inkriminiertes Vermögen sicherzustellen.[467] Diese Kritik erscheint – im Hinblick auf §§ 111b ff. StPO a.F. – durchaus nachvollziehbar und stichhaltig, weil bei schwieriger Beweislage und komplizierten (Finanz-)Ermittlungen, wertvolle Zeit verloren gehen konnte, bevor endlich die vorläufige Sicherstellung möglich war.

Allerdings greift sie bezüglich des § 6 Abs. 13 WpHG nicht in gleicher Weise durch. Zwar ist zuzugeben, dass höhere Eingriffsvoraussetzungen immer die Strafverfolgung behindern und ihre Effektivität schmälern. Jedoch ist dies nicht generell ein Grund, eine einschränkende Auslegung abzulehnen. Denn konsequent zu Ende gedacht, müsste man sonst jegliche Eingriffsbeschränkung aus Effektivitätsgründen ablehnen; am effektivsten und schlagkräftigsten wäre wohl zweifellos eine allgemeine Ermächtigung der Staatsanwaltschaft (oder gar der Kriminalpolizei), sämtliche Ermittlungs- und Zwangsmaßnahmen nach eigenem Ermessen durchzuführen. Da der Rechtsstaat aber eine Strafverfolgung „um jeden Preis" nicht gestattet, müssen die Strafverfolgungsbehörden immer gewisse Einschränkungen hinnehmen.[468]

---

466 S.o. B.IV.

467 *Eberbach*, NStZ 1987, 486, 491; *Hassemer*, WM 1995 Sonderbeilage Nr. 3, 3, 9; *Herzog*, KJ 1987, 321, 325 f.; *Kaiser*, FS Tröndle, S. 685, 696; *ders.*, ZRP 1999, 144, 147; *Lenhard*, Kriminalistik 1989, 612, 613.

468 BGHSt 14, 358, 365; 31, 304, 309; 38, 214, 220.

Nur wenn die Obstruktion des Ermittlungsverfahrens durch die Eingriffsschranken in keinem Verhältnis zur Schwere des Eingriffs stünde, müsste man annehmen, dass die einschränkende verfassungskonforme Auslegung des § 6 Abs. 13 WpHG in Widerspruch zu seinem Zweck stünde.

Im Falle des § 6 Abs. 13 WpHG muss immer bedacht werden, dass dieser nicht das einzige Mittel zur vorläufigen Vermögenssicherstellung darstellt. Vielmehr bleibt im Hintergrund die Kompetenz der Staatsanwaltschaft nach den §§ 111b ff. StPO bestehen. Das heißt, wenn die Hürden für die BaFin zu hoch sind, um eine Sicherstellung nach § 6 Abs. 13 WpHG vorzunehmen, kann dennoch die Staatsanwaltschaft handeln, sofern die Voraussetzungen der §§ 111b ff. StPO gegeben sind.

Überhaupt erscheint es wenig sinnvoll, zwei völlig identische Sicherstellungsbefugnisse in der Hand zweier Behörden gleichzeitig vorzuhalten. Vielmehr ist es überzeugend, für den Normalfall, in dem die BaFin am Schluss ihrer Voruntersuchungen zu dem Schluss kommt, dass ein Anfangsverdacht gemäß § 152 Abs. 2 StPO vorliegt, die staatsanwaltschaftliche Sicherstellung durchzuführen, nachdem die BaFin nach § 11 WpHG den Fall weitergeleitet hat.

Für § 6 Abs. 13 WpHG blieben dann die Fälle übrig, in denen sich (etwa durch Funde eindeutiger Beweismittel bei Durchsicht von Geschäftsunterlagen nach § 6 Abs. 3 WpHG) ein dringender Tatverdacht sehr früh ergibt.[469] Hier hat die eigenständige Kompetenz der BaFin ihren guten Sinn und erspart Zeitverluste, ohne rechtsstaatlich bedenklich zu sein. Die Rolle des § 6 Abs. 13 WpHG ist in der verfassungskonformen Auslegung nicht die eines Hauptinstrumentes bei der vorläufigen Vermögenssicherstellung. Diese Rolle wird bereits von den §§ 111b ff. StPO ausgefüllt, ohne dass hierdurch Gefährdungen des Sicherstellungszweckes drohen; dies setzt freilich die Kooperation von BaFin und Staatsanwaltschaften voraus. § 6 Abs. 13 WpHG ist in dieser Auslegung eine schlagkräftige Reserve, die der BaFin in eiligen und besonders eindeutigen Fällen zur Verfügung steht und dort eine effiziente Sicherstellung schon während der Vorermittlungen ermöglicht. Damit wird auch das Problem der Kompetenzüberschneidung von BaFin und Staatsanwaltschaft, das sich aus der gleichzeitigen Zuständigkeit beider nach Vorliegen eines Anfangsverdachts durch die Regelung des § 11 WpHG ergibt, entzerrt:[470] Im Regelfall führt die Staatsanwaltschaft die Sicherstellungen

---

469 Zu denkbaren Anwendungsfällen s.o. B.IV.

470 Zur unklaren Kompetenzaufteilung kritisch etwa *Eggers/Gehrmann/Szesny*, WiJ 2016, 123, 129.

durch, nur in besonderen Fällen, in denen der dringende Tatverdacht sehr früh entsteht, handelt die BaFin selbst.

Insgesamt betrachtet ergibt sich daraus, dass § 6 Abs. 13 WpHG in der vorgeschlagenen verfassungskonformen Auslegung zwar nur mehr ein deutlich eingeschränktes Aufgabenspektrum abdeckt. Innerhalb dieses spezifischen Anwendungsbereiches wird er allerdings erst durch die klare Definition seiner Voraussetzungen zu einem passgenauen Instrument für diese Fälle. Eine wirksame Rolle bei der, im Rahmen der Kriminalitätsbekämpfung zweifellos wichtigen, vorläufigen Vermögenssicherstellung bleibt ihm damit erhalten. Für alle anderen Fälle stehen die §§ 111b ff. StPO in der Hand der Staatsanwaltschaften zur Verfügung.

Damit bleibt die Frage, ob sich dieses Ergebnis noch mit den Grenzen der verfassungskonformen Auslegung vereinbaren lässt. Diese soll schließlich das Maximum der Absichten des Gesetzgebers aufrechterhalten.[471] Die gesetzgeberischen Ziele werden durch die verfassungskonforme Auslegung zweifellos nur noch eingeschränkt erreicht. Allerdings werden sie auch nicht völlig verfehlt, und § 6 Abs. 13 WpHG behält seinen Grundcharakter und seine Zielsetzung bei. Durch die einschränkende Auslegung erhält die Norm rechtsstaatlich notwendige Schranken; sie verliert jedoch nicht ihre eigentliche Funktion: Der BaFin verbleibt eine eigenständige Vermögenssicherstellungskompetenz. Somit verfehlt der § 6 Abs. 13 WpHG in der einschränkenden verfassungskonformen Auslegung nicht die Ziele, die mit seiner Schaffung verfolgt wurden, er wird lediglich präzisiert und auf ein bestimmtes Anwendungsfeld zugeschnitten. Die Grenzen der verfassungskonformen Auslegung sind demnach – in dieser Hinsicht – nicht überschritten.

III. Grenze der absoluten Unbestimmtheit

Wie zu sehen war, ist eine Grenze der Zulässigkeit der verfassungskonformen Auslegung auch dann überschritten, wenn die Unbestimmtheit der ergänzten Norm so groß ist, dass ihr Inhalt sich gar nicht aus ihr selbst erschließt, sondern ausschließlich durch die Lückenausfüllung festgelegt wird. Auch hier betätigt sich der Rechtsinterpret als „Ersatzgesetzgeber" und schafft eigenständig Recht, das höchstens am Rande an die Norm angelehnt ist, die er fortbildet. Problematisch ist bei dieser Grenzziehung in hohem Maße, dass die Grenze selbst ausgesprochen vage und unbestimmt bleibt. Sie im Einzelfall zu erkennen und

471 BVerfGE 8, 28, 34; st. Rspr.

ihre Einhaltung zu überprüfen, überlässt wiederum dem Interpreten eine sehr weite und unsichere Bandbreite möglicher Ergebnisse. Entscheidend ist es festzustellen, ob § 6 Abs. 13 WpHG selbst einen ausreichend bestimmten Regelungskern[472] bietet, der durch die verfassungskonforme Rechtsfortbildung nur soweit präzisiert wird, dass die Norm den verfassungsrechtlichen Bestimmtheitsanforderungen entspricht. Anderenfalls läge in der verfassungskonformen Auslegung eine eigenständige Rechtssetzung, die einen Inhalt der Norm erst selbst herstellte und damit letztendlich willkürlich und vom Gesetz völlig losgelöst agierte.

1. Ausreichend bestimmter Regelungskern

Damit die vorgenommene verfassungskonforme Auslegung zulässig ist, müsste § 6 Abs. 13 WpHG demnach einen hinreichend bestimmten Regelungskern aufweisen, der auf den objektivierten Willen des Gesetzgebers rückführbar ist.[473] Zunächst stellt sich hierbei die Frage, wie dieser notwendige Regelungskern beschaffen sein müsste.

a.) Maßstab für den notwendigen Regelungskern

Legte man den normalen Maßstab des verfassungsrechtlichen Bestimmtheitsgebotes zugrunde, so wäre eine verfassungskonforme Auslegung zu unbestimmter Gesetze niemals möglich, denn der festgestellte Mangel an Bestimmtheit ergäbe gleichzeitig auch die Unzulässigkeit der verfassungskonformen Auslegung. Gleichwohl kann der notwendige inhaltliche Gehalt dieses Regelungskerns auch nicht wesentlich geringer sein als das vom Bestimmtheitsgebot Verlangte. Denn Sinn und Zweck des Bestimmtheitsgebotes, das sicherstellen soll, dass die Rechtsunterworfenen den Inhalt der Gesetze erkennen und sich darauf einstellen können, würden verfehlt, wenn einem völlig unbestimmten Gesetz im Wege der Auslegung der nötige Inhalt erst untergelegt würde.[474] Auch der Gesetzesvorbehalt, der den Gesetzgeber verpflichtet, Art und Umfang von Eingriffen selbst festzulegen, verlöre seinen Sinn.[475] Sehr treffend wurde dazu im Sondervotum zum Antiterrordateigesetzurteil bemerkt, dass mit Hilfe der verfassungskonformen Auslegung „im Grunde jede Blankettermächtigung eingegrenzt werden könnte."[476]

---

472 BVerfGE 107, 104, 128; 120, 378, 423 f.

473 Vgl. zu dieser Voraussetzung BVerfGE 107, 104, 128; 120, 378, 423 f.

474 BVerfGE 120, 378, 423 f.

475 So deutlich BVerfGE 120, 378, 423 f.

476 BVerfGE 133, 277, 345.

Wenn man die Zulässigkeitsgrenzen der verfassungskonformen Auslegung nicht über Gebühr ausdehnen will, ist es naheliegend, sie im Zweifel restriktiv zu verstehen. Auf diese Weise kann die Gefahr, eine „wohltätige Vergewaltigung“[477] des Gesetzgebers zu verüben, verringert werden. Auch der Schutz des Bürgers spricht hierfür, denn eine sehr weitgehende Auslegung oder Rechtsfortbildung ist genausowenig vorhersehbar wie Eingriffe der Exekutive aufgrund eines zu unbestimmten Gesetzes. Das heißt, dass die Anforderungen an den notwendigen Regelungskern nicht so hoch sein dürfen, dass eine verfassungskonforme Auslegung schon von vorneherein ausgeschlossen wäre. Sie müssen aber mit Rücksicht auf das Bestimmtheitsgebot gesehen werden und können somit auch nicht zu gering sein.

Daraus folgt, dass sich aus dem Gesetz nicht alle einzelnen Eingriffsvoraussetzungen ergeben müssen. Diese müssen sich auch nicht völlig zweifelsfrei aus der herkömmlichen Auslegung der Norm ersehen lassen. Jedoch muss das Gesetz zumindest Anhaltspunkte dafür enthalten, unter welchen Voraussetzungen der Eingriff möglich sein soll. Auf diese Weise könnte die verfassungskonforme Rechtsfortbildung dazu dienen, die Norm im Sinne des Gesetzgebers zu ergänzen, indem die im Gesetz gemachten Andeutungen zu eindeutigen Eingriffsvoraussetzungen präzisiert werden.

§ 6 Abs. 13 WpHG müsste also zumindest ansatzweise erkennen lassen, unter welchen Voraussetzungen die Vermögensbeschlagnahme vorgenommen werden darf, sodass die verfassungskonforme Analogie nicht vollkommen beziehungslos neben dem Gesetz steht. Denn wäre dies der Fall, hätte der Gesetzgeber auf den dann angenommenen Inhalt des § 6 Abs. 13 WpHG keinerlei Einfluss mehr gehabt und die verfassungskonforme Auslegung wäre willkürlich und eigenständige Rechtssetzung.

b.) Regelungskern des § 6 Abs. 13 WpHG

§ 6 Abs. 13 WpHG enthält bekanntermaßen als einzige Regelung bezüglich der Eingriffsvoraussetzungen die Einschränkung, dass die Vermögensbeschlagnahme „zur Durchsetzung der Verbote und Gebote der in Absatz 6 Satz 1 Nummer 3, 4 und 6 genannten Vorschriften und der Verordnung (EU) Nr. 596/2014 geboten“ sein muss. Darin ist durchaus eine Einschränkung der Eingriffsbefugnis zu erblicken. Nur bei Gebotenheit der Vermögensbeschlagnahme darf diese beantragt werden. Was darunter genau zu verstehen ist, bleibt freilich unklar.

---

477 *Bettermann*, Die verfassungskonforme Auslegung, S. 46.

Wie bereits ausgeführt, ist es naheliegend, hierunter eine ausdrückliche Statuierung des Verhältnismäßigkeitsprinzips zu erblicken.[478] Der Gesetzgeber gibt durch diesen Hinweis auf das Verhältnismäßigkeitsprinzip zu erkennen, dass die Vermögensbeschlagnahme nur unter bestimmten Umständen zulässig sein soll.

Liegen damit bereits hinreichende Anhaltspunkte für die Eingriffsvoraussetzungen vor, auf die sich die verfassungskonforme Auslegung stützen könnte? Der Hinweis auf die - ohnehin für jeden staatlichen Eingriff zu beachtende[479] - Verhältnismäßigkeit der Maßnahme führt nicht dazu, dass sich weitere Eingriffsschranken aus dem Gesetz ergeben. Da die „Gebotenheit" der Vermögenssicherstellung als einzige Eingriffsvoraussetzung aus verfassungsrechtlichen Gründen nicht ausreichen kann, ergibt sich das Erfordernis weiterer Begrenzungen der Eingriffsbefugnis. Worin diese bestehen sollen, lässt sich aus § 6 Abs. 13 WpHG jedoch in keiner Weise - auch nicht durch die herkömmlichen Methoden der Auslegung - ergründen.[480]

Aus dem Erfordernis der Gebotenheit könnte man zwar eine Grundtendenz zur Einschränkung der Eingriffsbefugnis sehen, aus der sich eine Andeutung weiterer Beschränkungen ableiten ließe. Ebensogut könnte man jedoch aus dem explizit statuierten Erfordernis der Gebotenheit folgern, dass der Gesetzgeber nur diese als Eingriffsschranke vorsehen wollte, und gerade keine weiteren Schranken für die Vermögenssicherstellung einzuführen wünschte. Daraus ergäbe sich dann, dass keine weiteren Beschränkungen wenigstens andeutungsweise erkennbar wären.

Der Gesetzestext ist demnach nicht aussagekräftig genug, um die notwendigen Beschränkungen der Eingriffsbefugnis soweit anzudeuten, dass sich die verfassungskonforme Auslegung darauf mit einiger Sicherheit stützen ließe. Der Interpret kann die Norm nur sinnvoll ergänzen, ohne dabei jedoch sicher sein zu können, ob das Ergebnis der Gesetzesergänzung dem entspricht, was der Gesetzgeber geregelt haben würde, hätte er die unzureichende Bestimmtheit der Norm selbst erkannt. Dies zeigte sich auch bereits während der Vornahme der verfassungskonformen Rechtsfortbildung. Dabei war zwar etwa die Analogie zu den §§ 111b ff. StPO thematisch naheliegend. Zwingend ergab sie sich

---

478 S.o. A.I.1.d.

479 BVerfGE 16, 194, 201 f.; 17, 108, 117 f.; 17, 306, 313 f.; 19, 342, 348 f.; 20, 45, 49 f.; 23, 127, 133; st. Rspr.; *Jakobs*, Der Grundsatz der Verhältnismäßigkeit, S. 153 f.; *v. Krauss*, Der Grundsatz der Verhältnismäßigkeit, S. 21, 25 f.; LR-StPO/*Kühne*, Einl. I, Rn. 96 ff.; *Merten*, in: Merten/Papier (Hrsg.), HGR III, § 68, Rn. 3 ff., 71 ff.

480 S.o. A.VI.2 und 3.

aber nicht. Auch das Erfordernis des dringenden Tatverdachts ergab sich nur aus Sinn und Zweck der Norm und im Hinblick auf die Vereinbarkeit mit den Rechten des Betroffenen, die seine Einführung geboten erscheinen ließen. Es handelt sich dabei aber nur um eine vorzugswürdige zusätzliche Einschränkung der Vermögenssicherstellungsbefugnis, die sich aus § 6 Abs. 13 WpHG selbst nicht zwingend ableiten ließ.

Im Ergebnis handelte es sich also um eine von der Norm des § 6 Abs. 13 WpHG losgelöste Rechtsfindung, die sinnvolle und notwendige Eingriffsschranken in den § 6 Abs. 13 WpHG integrierte und damit eine eigenständige, neue Eingriffsnorm schuf. Damit wird aber der Gesetzgeberwille ignoriert, dem Gesetzgeber wird eine neue Norm aufgedrängt, die er möglicherweise in dieser Form nie erlassen hätte. Somit wird der Rechtsanwender zum Rechtsschöpfer und überschreitet die Grenzen der Zulässigkeit der verfassungskonformen Auslegung, weil das Ergebnis der Auslegung nicht mehr hinreichend auf den objektivierten Willen des Gesetzgebers zurückgeführt werden kann.

Einen hinreichend bestimmten Regelungskern weist § 6 Abs.13 WpHG folglich nicht auf. Es ergeben sich aus dem Gesetz selbst keinerlei Anhaltspunkte, worin die Eingriffsvoraussetzungen bestehen sollen. Eine Andeutung des Gesetzes, die seine Ergänzung möglich machen würde, fehlt. Sein Inhalt wird ihm fast vollständig erst durch die Rechtsfortbildung verliehen.

In der hier vorgeschlagenen verfassungskonformen Ergänzung des § 6 Abs. 13 WpHG durch Analogie liegt demnach keine regelgerechte Rechtsfortbildung mehr vor. Vielmehr werden die Zulässigkeitsgrenzen der verfassungskonformen Auslegung dadurch überschritten, dass die Norm ohne hinreichend auf das Gesetz abgestützte Tatbestandsmerkmale so stark ergänzt wird, dass sie mehr Ergänzungen als eigenen Inhalt aufweist. § 6 Abs. 13 WpHG ist selbst so unbestimmt, dass eine Lückenschließung nicht mehr möglich ist, ohne dass der Rechtsanwender selbst rechtssetzend tätig wird und sich so zum „Ersatzgesetzgeber“ erhebt.

IV. Ergebnis Teil C

Die vorangegangene Untersuchung hat ergeben, dass die verfassungskonforme Rechtsfortbildung des § 6 Abs. 13 WpHG den Rahmen des Zulässigen sprengt. Obwohl die verfassungskonform fortgebildete Norm sowohl rechtsstaatlichen Kriterien entspricht, als auch Sinn und Zweck der Vermögenssicherstellungbefugnis – trotz der notwendigen Beschränkungen der Befugnis – nicht verfehlt, ermangelt § 6 Abs. 13 WpHG ein hinreichend bestimmter Regelungskern, auf den sich diese Ergänzung abstützen ließe. Ließe man die hier in Betracht gezogene verfassungskonforme Rechtsfortbildung zu, bedeutete dies eigenständige Gesetzgebung und damit eine Missachtung des hierfür demokratisch legitimierten und nach der Verfassung zuständigen Gesetzgebers.

Daraus folgt, dass keine Möglichkeit besteht, durch eine verfassungskonforme Auslegung die Unbestimmtheit des § 6 Abs. 13 WpHG zu beseitigen. § 6 Abs. 13 WpHG ist somit aufgrund mangelnder Bestimmtheit verfassungswidrig.

D: Vorschlag einer Neuregelung

Ergebnis der Untersuchung ist die Verfassungswidrigkeit des gegenwärtigen § 6 Abs. 13 WpHG wegen seiner mangelnden Bestimmtheit. Diese Lage ist aus mehreren Gründen unbefriedigend:

Zum einen ist das Fortbestehen einer verfassungswidrigen Norm aus rechtsstaatlichen Gründen prinzipiell inakzeptabel.

Zum anderen droht in der Praxis entweder eine Nichtanwendung der Vermögensbeschlagnahme aufgrund der verfassungsrechtlichen Unsicherheit, oder die Rechtswidrigkeit einer dennoch vorgenommenen Vermögenssicherstellung durch die BaFin.

Beides ist nicht hinnehmbar, denn zunächst besteht eine europarechtliche Verpflichtung Deutschlands, das „Einfrieren von Vermögenswerten" durch die Finanzmarktaufsicht zu ermöglichen.[481] Außerdem ist eine rechtssicher ausgestaltete Vermögensbeschlagnahmekompetenz der BaFin auch aus Gründen der Effektivität im Kampf gegen die Kriminalität am Kapitalmarkt dringend geboten.

Zur Verdeutlichung der Notwendigkeit effektiver Strafverfolgungsmöglichkeiten mögen einige Zahlen dienen: Im Jahr 2018 gingen bei der BaFin 3104 Verdachtsmeldungen hinsichtlich marktmissbräuchlichen Verhaltens ein.[482] Daraufhin führte die BaFin insgesamt 353 Marktmissbrauchsanalysen durch, die in 65 Fällen Anhaltspunkte für ein Vorliegen von Marktmissbrauch ergaben.[483] Davon entfielen 32 Analysen auf Marktmanipulation und 33 auf Insiderhandel.[484] Außerdem führte die BaFin 149 Untersuchungen wegen des Verdachts der Marktmanipulation durch, wobei in 77 Fällen eine Weiterleitung an die Staatsanwaltschaft erfolgte.[485] Aufgrund von Anhaltspunkten, die auf Insiderhandel

481 Art. 23 Abs. 2 i MAR.

482 BaFin-Jahresbericht 2018, S. 132. Der Begriff des Marktmissbrauchs umfasst sowohl Marktmanipulation, als auch Insiderdelikte.

483 BaFin-Jahresbericht 2018, S. 130. Die geringe Zahl durchgeführter Analysen liegt in dem neuen, risikoorientierten Ansatz der BaFin begründet, die vorrangig solche Sachverhalte bearbeitet, in denen deutliche Anzeichen für Marktmissbrauch vorliegen und die bedeutend für Funktionsfähigkeit, Stabilität und Integrität des Finanzmarktes sind, vgl. BaFin-Jahresbericht 2018, S. 131.

484 BaFin- Jahresbericht 2018, S. 130.

485 BaFin-Jahresbericht 2018, S. 133.

schließen ließen, führte sie 71 Untersuchungen durch, die in 19 Fällen zu einer Weiterleitung an die Staatsanwaltschaft führten.[486]

Dies zeigt, dass reale Gefahren für die Integrität des Finanzmarktes bestehen. Die Integrität des Finanzmarktes wiederum ist auch ein wesentlicher Faktor für seine Stabilität, weil nur ein gut beleumundeter Finanzmarkt der Öffentlichkeit das Vertrauen vermittelt, das nötig ist, um den Bürger zur Beteiligung an diesem Markt anzuregen.[487]

Der Finanzmarkt ist dabei als ein wesentlicher Faktor zur Förderung von Wirtschaftswachstum und Wohlstand anzusehen.[488] Fehlt die Partizipation der Öffentlichkeit daran aufgrund mangelnden Vertrauens, kann er dieser Funktion nicht angemessen nachkommen. Die effektive Verfolgung von Verstößen ist damit auch in Bezug auf den Wohlstand der Allgemeinheit von hoher Bedeutung, und dient nicht etwa nur den Interessen einiger weniger Kapitalmarktteilnehmer. Zunehmend muss der Kapitalmarkt auch als ein wesentliches Element der privaten Altersvorsorge angesehen werden,[489] was die Wichtigkeit eines transparenten, vertrauenswürdigen Marktes für breite Bevölkerungskreise unterstreicht.

Aus diesen Gründen soll, nachdem die Verfassungswidrigkeit des § 6 Abs. 13 WpHG festgestellt werden musste, ein Vorschlag erarbeitet werden, wie diese Norm für die Zukunft verfassungskonform neuformuliert werden könnte. Der eigene Entwurf einer Neuregelung soll auf die Erkenntnisse zurückgreifen, die sich im bisherigen Verlauf der Arbeit ergeben haben. Gleichzeitig soll die Grundentscheidung des Gesetzgebers respektiert werden, der BaFin eine eigenständige Vermögenssicherstellungskompetenz zu verleihen, obwohl dies nach den Vorgaben des europäischen Rechts nicht zwingend wäre.[490] Gleichwohl spricht die größere Sachnähe der BaFin durchaus dafür, sie mit einem solchen Mittel auszustatten, um die Verfolgung von Marktmissbrauch zu erleichtern.

Die Vermögensbeschlagnahmebefugnis soll so ausgestaltet werden, dass sie eine effektive Anwendung ermöglicht, aber auch nicht übermäßig in die Rechte der Betroffenen eingreift.

486 BaFin-Jahresbericht 2018, S. 136.

487 Erwägungsgrund 2, MAR.

488 Erwägungsgrund 1, MAR.

489 Assmann/Schneider/Mülbert/*Spoerr*, Wertpapierhandelsrecht, Vor § 119, Rn. 16; *Schröder*, Handbuch Kapitalmarktstrafrecht, Rn. 373.

490 Vgl. Art. 23 Abs. 1 MAR.

Dazu soll sie klare Eingriffsvoraussetzungen enthalten und auch die einzelnen Varianten der Vermögensbeschlagnahme deutlich differenzieren. Außerdem soll die bisher zu beklagende Überschneidung der Kompetenzen von Staatsanwaltschaften und BaFin möglichst vermieden werden. Rücksicht genommen werden muss nunmehr auch wieder auf den Bereich der Ordnungswidrigkeiten, der bisher im Rahmen dieser Arbeit ausgeklammert war, da die Norm sowohl Straftaten als auch Ordnungswidrigkeiten betrifft.

I. Einzelne Elemente des neuen § 6 Abs. 13 WpHG

Zunächst werden die einzelnen Merkmale, die der Vorschlag eines neugefassten § 6 Abs. 13 WpHG enthalten soll, erörtert. Danach kann dann eine neue Textfassung vorgeschlagen werden, die die daraus gewonnenen Erkenntnisse umsetzt.

1. Anwendungsbereich

Der Anwendungsbereich des § 6 Abs. 13 WpHG ist bisher durch die Verweisung auf die Gebote und Verbote der MAR und der in § 6 Abs. 6 S. 1 Nr. 3, 4, 6 WpHG genannten Vorschriften festgelegt. Dabei handelt es sich um eine nahezu unübersehbare Vielzahl von einzelnen Vorschriften.[491]

Diese einzelnen Verbote und Gebote einzeln aufzulisten wäre zwar theoretisch möglich. Allerdings entstünde dann eine Liste von einer solchen Länge, dass die Unübersichtlichkeit für den Leser erheblich wäre. Außerdem brächte jede Änderung der europäischen Rechtsnormen den Zwang einer Änderung des § 6 Abs. 13 WpHG mit sich. Dies ist dem Gesetzgeber nicht zumutbar und auch nicht sinnvoll, weil das Risiko falscher oder überholter Verweisungen hoch wäre. Auch wenn die Verweisung in ihrer Pauschalität nicht leserfreundlich ausgestaltet ist und es große Mühe bereitet, alle in Bezug genommenen Normen aufzufinden, ist eine Lektüre doch möglich.

Eine bessere Möglichkeit ist nicht ersichtlich und im Übrigen bewegt sich die bisherige Verweisung noch im Rahmen des verfassungsrechtlich Zulässigen.[492] Für die Neufassung des § 6 Abs. 13 WpHG muss und kann die bisherige Art der Inbezugnahme demnach aufrechterhalten werden, um den Anwendungsbereich der Vermögensicherstellung durch die BaFin festzulegen.

Natürlich wäre es auch denkbar, den Anwendungsbereich des § 6 Abs. 13 WpHG dahingehend zu verändern, dass der BaFin die Vermögenssicherstellung

491 S.o. A.I.1.a.b.
492 S.o. A.VI.1.

bei allen Verstößen gegen die §§ 119 und 120 WpHG ermöglicht würde. Damit könnte § 6 Abs. 13 WpHG eindeutig als repressive Norm gekennzeichnet werden und es entfielen Verweisungen auf Vorschriften, die ohnehin kein Anwendungsfeld für die Vermögenssicherstellung bieten.[493] Allerdings ginge dann die Vermögenssicherstellungskompetenz der BaFin über den Bereich der Marktmissbrauchsverordnung teilweise hinaus. So stellt etwa § 119 Abs. 2 WpHG Verstöße gegen die Verordnung (EU) Nr. 1031/2010 unter Strafe, womit dann auch der Bereich des Treibhausgasemissionszertifikathandels berührt würde. Die gesetzgeberische Grundentscheidung, die Vermögenssicherstellung durch die BaFin auf den Bereich des Marktmissbrauchs zu beschränken, soll hier respektiert werden. Der Neuregelungsvorschlag soll lediglich dazu dienen, eine verfassungskonforme Alternative zum geltenden Recht anzubieten. Beabsichtigt ist dagegen nicht, die Vermögenssicherstellungskompetenzen der BaFin vollständig neu zu gestalten.

2. Eingriffsvoraussetzungen

Bei der Festlegung der Eingriffsvoraussetzungen kann auf die Erkenntnisse der Ausführungen zur verfassungskonformen Auslegung zurückgegriffen werden.

Da über § 6 Abs. 13 WpHG empfindlich in Grundrechte eingegriffen werden kann,[494] gleichzeitig aber ein sehr frühes Handeln droht,[495] muss als erste Eingriffsvoraussetzung diejenige der dringenden Gründe für die Annahme, dass die Voraussetzungen für die spätere Einziehung vorliegen, gefordert werden.[496]

Fraglich ist allerdings, ob sich an dieser Bewertung etwas ändert, wenn man die Bußgeldverfahren in die Überlegungen einbezieht, wie dies bei der Gesetzesneufassung geschehen muss, weil § 6 Abs. 13 WpHG nicht nur die Straftatbestände des Insiderhandels und der Marktmanipulation in Bezug nimmt, sondern auch Verstöße gegen andere Vorschriften der angeführten Normen. Grundsätzlich ändert sich durch die Einbeziehung der Ordnungswidrigkeiten nichts an der Tatsache, dass § 6 Abs. 13 WpHG schwere Grundrechtseingriffe sehr frühzeitig erlaubt und daher entsprechende Schranken benötigt. Auch für Bußgeldverfahren ist das Erfordernis der dringenden Gründe angemessen.

Allerdings ergibt sich aus den Regelungen zum Ordnungswidrigkeitenverfahren ein anderes Problem: Gemäß § 121 WpHG ist die BaFin zuständige

493 Zur Kritik daran s.o. A.I.2.c.

494 S.o. A.IV.1., 2.

495 S.o. B.III.3.a.

496 S.o. B.III.5.b.

Verwaltungsbehörde für die Verfolgung von Ordnungswidrigkeiten im Sinne des § 36 Abs. 1 Nr. 1 OWiG. Auf die Verfolgung der Ordnungswidrigkeiten, die § 120 WpHG aufzählt, sind nach § 2 OWiG die Vorschriften dieses Gesetzes anzuwenden. Daraus eröffnet sich für den Bereich der Ordnungswidrigkeiten die Frage einer parallelen Anwendbarkeit des § 6 Abs. 13 WpHG und der Vorschriften des OWiG. Denn § 46 Abs. 1 OWiG legt fest, dass für das Bußgeldverfahren die allgemeinen Strafverfahrensvorschriften sinngemäß anzuwenden sind. Somit könnte die BaFin prinzipiell Maßnahmen nach den §§ 111b ff. StPO i.V.m. § 46 Abs. 1 OWiG treffen.[497] De lege lata könnten der BaFin tatsächlich beide Wege einer Vermögenssicherstellung offenstehen, wie dies bei der parallelen Anwendbarkeit von § 324 AO und des § 111e StPO der Fall ist.[498] Es könnte aber auch sein, dass § 6 Abs. 13 WpHG die Anwendung der §§ 111b ff. StPO als lex specialis ausschließt. Diese Frage muss hier nicht entschieden werden, weil § 6 Abs. 13 WpHG in seiner gegenwärtigen Gestalt ohnehin verfassungswidrig ist.

Jedoch ist es notwendig, für die Neuregelung eine Lösung dieses Problems zu finden. Denn verlangt man den dringenden Tatverdacht für § 6 Abs. 13 WpHG, obgleich für die BaFin gleichzeitig die Möglichkeit besteht, in Ordnungswidrigkeitenverfahren auch die §§ 111b ff. StPO i.V.m. § 46 Abs. 1 OWiG anzuwenden, wird die Eingriffsvoraussetzung des § 6 Abs. 13 WpHG unterlaufen. Ein vollständiger Ausschluss der Anwendbarkeit der §§ 111b ff. StPO i.V.m. § 46 Abs. 1 OWiG stößt auf der anderen Seite ebenfalls auf ein Problem. Die von der BaFin zu verfolgenden Ordnungswidrigkeitentatbestände des § 120 WpHG sind nicht vollständig vom Anwendungsbereich des § 6 Abs. 13 WpHG erfasst,[499] sodass der BaFin in diesen Fällen dann keine Vermögenssicherstellungskompetenz mehr zustünde.

Für die Lösung dieses Problems bieten sich mehrere Arten der Ausgestaltung an.

Die erste Möglichkeit wäre, keinerlei Regelung zu treffen und bewusst § 6 Abs. 13 WpHG und die §§ 111b ff. StPO i.V.m. § 46 Abs. 1 OWiG nebeneinander anwendbar zu lassen. Dagegen spricht ganz entschieden, dass § 6 Abs.13 WpHG für den Bereich der Ordnungswidrigkeiten jeden Anwendungsbereich verlöre, weil die niedrigeren Eingriffsvoraussetzungen der §§ 111b ff. StPO dazu führen würden, dass diesen der Vorzug gegeben würde. Sinnvoll ist daher nur eine

497 Zur sinngemäßen Anwendbarkeit der §§ 111b ff. StPO im OWi-Verfahren KK-OWiG/*Lampe*, § 46, Rn. 55.

498 Vgl. § 111e Abs. 6 StPO.

499 Nur beispielhaft genannt seien § 120 Abs. 1 Nr. 5 und § 120 Abs. 2 Nr. 1, Nr. 2 lit. a, c-n WpHG.

Regelung die sicherstellt, dass die §§ 111b ff. StPO i.V.m. § 46 Abs. 1 OWiG nicht angewendet werden können, sofern der Anwendungsbereich des § 6 Abs. 13 WpHG eröffnet ist.

Eine zweite Möglichkeit bestünde darin, ebenfalls im Gesetz selbst keine Regelung zu treffen, aber davon auszugehen, dass aus systematischen und teleologischen Gründen die Anwendung der §§ 111b ff. StPO i.V.m. § 46 Abs. 1 OWiG ausgeschlossen ist, sofern der Anwendungsbereich des § 6 Abs. 13 WpHG eröffnet ist. Dies könnte etwa durch eine entsprechende Erklärung in der Gesetzesbegründung sichergestellt werden.

Eine weitere Option wäre, ausdrücklich in § 6 Abs. 13 WpHG festzuhalten, dass die Anwendung der §§ 111b ff. StPO i.V.m. § 46 Abs. 1 OWiG ausgeschlossen ist, sofern § 6 Abs. 13 WpHG anwendbar ist. Dies hätte den Vorteil, dass die Konkurrenzfrage eindeutig geklärt wäre. Allerdings nähme der Textumfang zu und im Übrigen würde auch nicht vollkommen klar geregelt, in welchen Fällen von Ordnungswidrigkeiten § 6 Abs. 13 WpHG angewendet werden kann.

Dieses Problem könnte durch die vierte Regelungsmöglichkeit umgangen werden, die eine Auflistung aller Fälle des § 120 WpHG enthalten müsste, in denen § 6 Abs. 13 WpHG keine Anwendung finden kann. Allerdings spricht gegen diese Lösung, dass sie zu einer erheblichen Steigerung des Umfangs der Norm führen und diese vollkommen unübersichtlich und unleserlich werden würde.

Die erste und die vierte Möglichkeit scheiden von vornherein aus. Es ist weder sinnvoll, für das erkannte Problem keine Lösung zu versuchen, noch ist es empfehlenswert den § 6 Abs. 13 WpHG völlig unübersichtlich werden zu lassen, indem eine lange Liste von Ausnahmen aufgenommen wird. Die Entscheidung muss also zwischen den beiden anderen Optionen fallen.

Dafür, keine ausdrückliche Regelung zu treffen, sondern die Unanwendbarkeit der §§ 111b ff. StPO i.V.m. § 46 Abs. 1 OWiG im Anwendungsbereich des § 6 Abs. 13 WpHG in der Gesetzesbegründung festzuhalten, spricht, dass das gewünschte Ergebnis dadurch erreicht würde, ohne den Umfang des Gesetzestexts mehr als unbedingt nötig zu vergrößern. Die Auslegung des § 6 Abs. 13 WpHG ergäbe so durch den eindeutig festgehaltenen Willen des Gesetzgebers die Unanwendbarkeit der §§ 111b ff. StPO i.V.m. § 46 Abs. 1 OWiG. Auch Sinn und Zweck des § 6 Abs. 13 WpHG mit seinen strengeren Eingriffsvoraussetzungen sprächen dagegen, die Anwendung der §§ 111b ff. StPO i.V.m. § 46 Abs. 1 OWiG parallel zu erlauben und damit die Voraussetzungen des § 6 Abs. 13 WpHG zu unterlaufen.

Auf der anderen Seite spricht gegen diese Lösung, dass die Konkurrenzfrage sich aus dem Gesetzestext nicht unmittelbar erschlösse. Die Norm bliebe auslegungsbedürftig. Dies wäre zwar aus Bestimmtheitsgesichtspunkten nicht

unzulässig oder problematisch, [500] jedoch erscheint es im Hinblick auf die Zielsetzung des neuen Entwurfs, die Bestimmtheitsprobleme der existierenden Norm zu beseitigen, nicht folgerichtig, eine im Gesetzestext selbst klarstellbare Frage dort offenzulassen. Darüber hinaus bestünde auch immer die Gefahr einer – trotz der eindeutigen Gesetzesbegründung – abweichenden Auslegung. Die geringfügige Steigerung des Textumfangs ist dagegen ein zu vernachlässigender Nachteil der Klarstellung im Normtext selbst.

Insgesamt ist es daher vorzugswürdig eine Regelung in den Normtext aufzunehmen, wonach die Anwendung der §§ 111b ff. StPO i.V.m. § 46 Abs. 1 OWiG ausgeschlossen ist, sofern der Anwendungsbereich des § 6 Abs. 13 WpHG im Hinblick auf die von diesem erfassten Ordnungswidrigkeitstatbestände eröffnet ist.

Gegen diese Lösung ließe sich der Einwand erheben, dass es einen Wertungswiderspruch darstellt, wenn bei manchen Ordnungswidrigkeiten ein dringender Tatverdacht Voraussetzung für die Sicherstellung ist, bei anderen hingegen der Anfangsverdacht ausreicht. Allerdings ist hierbei zu beachten, dass die Vorschriften des § 120 WpHG, die nicht vom Anwendungsbereich des § 6 Abs. 13 WpHG erfasst sind, ganz überwiegend Verstöße betreffen, die sich auf die Nichteinhaltung von Formvorschriften beziehen. Vor allem Verstöße gegen Melde- oder Dokumentationspflichten und Ähnliches werden hier mit Bußgeld bedroht. Ein erlangtes „Etwas" aus der Tatbegehung ist in solchen Fällen schwer vorstellbar. Insofern dürfte eine Vermögenssicherstellung nach §§ 111b ff. StPO i.V.m. § 46 Abs. 1 OWiG kaum je praktisch relevant werden. Lediglich eine Sicherung der Geldbuße und der voraussichtlichen Kosten des Bußgeldverfahrens könnte in Frage kommen. Diese erfordert jedoch das Vorliegen eines eine Geldbuße festsetzenden Urteils, oder eines Beschlusses nach § 72 OWiG.[501] Damit liegen aber sogar höhere Anforderungen vor, als sie § 6 Abs. 13 WpHG stellen soll.

Insgesamt bleibt dazu auch zu bemerken, dass der dingliche Arrest in Ordnungswidrigkeitenverfahren ohnehin kaum praktische Bedeutung erlangt.[502] Die unterschiedlichen Anforderungen an die Eingriffsvoraussetzungen einer

---

500 BVerfGE 8, 274, 326; 49, 168, 181; 110, 33, 56 f.; 131, 88, 125; *Beaucamp*, Rechtstheorie 42 (2011), 21, 49; Dreier/*Schulze-Fielitz*, GG-Kommentar, Art. 20 (Rechtsstaat), Rn. 133; v. Mangoldt/Klein/Starck/*Sommermann*, GG, Art. 20 Abs. 3, Rn. 289; Maunz/Dürig/*Grzeszick*, Art. 20 VII, Rn. 62; *Stern*, Staatsrecht I, S. 829.

501 KK-OWiG/*Lutz*, Vor § 53, Rn. 116.

502 KK-OWiG/*Lutz*, Vor § 53, Rn. 116.

Vermögenssicherstellung führen also nicht zu einer schwerwiegenden Ungleichbehandlung vergleichbarer Sachverhalte.

Die bisherige Statuierung des Verhältnismäßigkeitsprinzips durch das Merkmal der Gebotenheit muss nicht unbedingt erhalten bleiben, da die Verhältnismäßigkeit ohnehin zu beachten ist.[503] Allerdings ist die besondere Betonung der Verhältnismäßigkeit als zusätzlicher Schranke im Gesetz selbst – gerade im Hinblick auf die Schwere des Eingriffs – geeignet, eine besonders gründliche Prüfung dieser Eingriffsvoraussetzung zu veranlassen. Die Beachtung des Verhältnismäßigkeitsprinzips wird so noch einmal besonders in Erinnerung gerufen.

Da die Vermögenssicherstellung unter Umständen auch das gesamte Vermögen umfassen und so die Existenz des Betroffenen bedrohen kann, ist eine gesonderte Aufführung der Verhältnismäßigkeit als Korrektiv für mögliche Härtefälle ein gutes Mittel um eine angemessen restriktive Anwendung des § 6 Abs. 13 WpHG sicherzustellen. Das Erfordernis der Verhältnismäßigkeit der Vermögensbeschlagnahme soll aus diesen Gründen weiterhin ausdrücklich im Gesetzeswortlaut genannt werden. Allerdings wäre eine Benennung als Verhältnismäßigkeit besser als der bisherige Begriff der Gebotenheit.

Der bisherige Richtervorbehalt des § 6 Abs. 13 S. 2 WpHG soll beibehalten werden.

3. Regelung der Vermögensbeschlagnahme

Die eigentliche Vermögensbeschlagnahme muss ebenfalls ausführlicher geregelt werden, als das bisher der Fall ist. Nach Sinn und Zweck einer solchen Kompetenz müssen zwei verschiedenartige Maßnahmen in den § 6 Abs. 13 WpHG integriert werden. Zum einen die Beschlagnahme bestimmter Vermögensgegenstände. Zum anderen die Sicherstellung von Vermögen als solchem zur Sicherung der späteren Wertersatzeinziehung. Auch bisher sollte § 6 Abs. 13 WpHG bereits beide Eingriffsmöglichkeiten umfassen, drückte dies aber in seinem Wortlaut sehr mangelhaft aus.[504]

Bei der Regelung der unterschiedlichen Eingriffe kann aufgrund der gleichen Zielsetzung und der gleichen notwendigen Mechanismen auf die Regelungen der §§ 111b ff. StPO als Vorbild zurückgegriffen werden, so wie dies auch beim

---

503 BVerfGE 16, 194, 201 f.; 17, 108, 117 f.; 17, 306, 313 f.; 19, 342, 348 f.; 20, 45, 49 f.; 23, 127, 133; st. Rspr.; *Jakobs*, Der Grundsatz der Verhältnismäßigkeit, S. 153 f.; *v. Krauss*, Der Grundsatz der Verhältnismäßigkeit, S. 21, 25 f.; LR-StPO/*Kühne*, Einl. I, Rn. 96 ff.; *Merten*, in: Merten/Papier (Hrsg.), HGR III, § 68, Rn. 3 ff., 71 ff.

504 BT-Drs. 18/7482, S. 59.

Versuch der verfassungskonformen Auslegung bereits geschah. Das heißt, dass eine Beschlagnahme- und eine dingliche Arrestvariante ausdrücklich geregelt werden müssen.

Für die Beschlagnahme ist dabei weiter nichts zu beachten.

Der Vermögensarrest hingegen soll als weitere Voraussetzung auch einen Arrestgrund erfordern, wie dies nach richtiger Auffassung auch für § 111e StPO der Fall ist.[505] Da es sich gezeigt hat, dass über dieses Erfordernis in der Neufassung des § 111e StPO Streit entstanden ist,[506] erscheint es zweckmäßig, den Arrestgrund durch Verweisung auf § 917 ZPO in den § 6 Abs. 13 WpHG einzuführen.

Nach dem Vorbild des § 111e Abs. 4 StPO soll § 6 Abs. 13 WpHG außerdem die Verpflichtung einzuführen, einen Geldbetrag festzusetzen, durch dessen Hinterlegung der Betroffene die Arrestvollziehung abwenden kann. Die Möglichkeit eine solche Sicherheitsleistung zu erbringen, um den Arrest abzuwenden, kann für den Betroffenen unter Umständen die Härte der Vermögenssicherstellung erheblich verringern – etwa, wenn ein Dritter die Sicherheit für ihn leistet.[507]

Die Bestimmungen zur Vollziehung und zu den Rechtsfolgen der Beschlagnahme und des Arrests müssen inhaltlich nicht von den Vorschriften der StPO abweichen. Insofern ist hier die Frage, ob § 6 Abs. 13 WpHG Vollziehung und Rechtsfolgen der Maßnahmen eigenständig regeln sollte, oder eine Verweisung auf die entsprechenden Normen der StPO vorzuziehen ist.

Eine eigenständige Regelung hätte den Vorzug, Verweisungen vermeiden zu können und so die Anwendung des § 6 Abs. 13 WpHG nur durch einen Blick in das WpHG zu ermöglichen.

Dem gegenüber steht jedoch die Konsequenz der Notwendigkeit einer sehr detaillierten und ausführlichen Regelung, die in der StPO den Raum mehrerer Paragraphen beansprucht.

---

505 BGH, Beschluss vom 19.01.2021 – StB 46/20; OLG Nürnberg, wistra 2019, 297, 299 mit zustimmender Anm. *Leppich*; OLG Hamburg, wistra 2019, 248, 251; OLG Schleswig, wistra 2019, 254, 255 mit zustimmender Anm. *Webel*; LG Stuttgart, Beschluss vom 19.02.2019 – 6 Qs 1/19; LG Offenburg, Beschluss vom 08.01.2018 – 3 Qs 118/17; *Figatowski*, jurisPR-SteuerR 17/2019 Anm. 2; *Greeve*, ZWH 2018, 81, 82; *Greier*, jurisPR-StrafR 21/2016 Anm. 1; *Gubitz/Molkentin*, NJW 2017, 3733; HK-StPO/*Gercke*, § 111e, Rn. 11; *Köhler/Burkhard*, NStZ 2017, 665, 677; *Korte*, wistra 2018, 1, 11; *Madauß*, NZWiSt 2018, 28, 30; *von der Meden*, jurisPR-StrafR 11/2019 Anm. 2; Meyer-Goßner/Schmitt/*Köhler*, § 111e, Rn. 5.

506 S.o. B.III.1.b.

507 Zur Zulässigkeit der Sicherheitsleistung durch Dritte SK-StPO/*Rogall*, § 111d, Rn. 24.

Da die Regelungen ohnehin fast völlig identisch wären, würde eine solche Technik den § 6 Abs. 13 WpHG unnötig aufblähen und seine Übersichtlichkeit erheblich mindern. Der Vorteil einer Regelung im selben Gesetz würde mit einem großen Umfang des § 6 Abs. 13 WpHG und daraus resultierender Unübersichtlichkeit erkauft. Darum empfiehlt es sich, die Vollziehungs- und die Rechtsfolgenregelungen durch Verweis auf die entsprechenden Normen der StPO vorzunehmen. Für die Beschlagnahme müsste hierzu auf die §§ 111c und d StPO, für den dinglichen Arrest auf die §§ 111f und h StPO Bezug genommen werden.

Neben diesen hauptsächlichen Regelungen, die die Durchführung der Maßnahmen und ihre Folgen konkretisieren, sind noch weitere Detailregelungen zu treffen. Zunächst ist zu überlegen, ob eine Regelung notwendig ist, die Anordnungen für mögliche Ansprüche eventueller Tatverletzter trifft. Dies hängt davon ab, ob überhaupt individuelle Schädigungen aus Verstößen gegen die von § 6 Abs. 13 WpHG erfassten Vorschriften hervorgehen können.

Für die §§ 119, 120 WpHG geht die herrschende Auffassung davon aus, dass diese keinen Individualschutz der Anleger bezwecken. Vielmehr dienten die Vorschriften dem Schutz der Funktionsfähigkeit des Kapitalmarktes, indem sie für Ordnung und Transparenz sorgten und somit das Vertrauen des Anlegers in den Kapitalmarkt stärkten.[508] Einen Schutz der Anleger im Sinne eines Schutzes des Anlegervermögens gebe es höchstens reflexhaft, weil ein von Verstößen freier Kapitalmarkt verhindere, dass Anleger beispielsweise durch verfälschte Kurse geschädigt würden.[509]

Dieser Ansicht ist zuzustimmen. Schon der europäische Gesetzgeber richtet in den Erwägungsgründen für die neue Marktmissbrauchsrichtlinie sein Augenmerk ganz klar auf das Funktionieren und die Transparenz der Märkte als Begründung für die Bekämpfung von Marktmissbrauch, wiewohl der Anlegerschutz dabei mitbeabsichtigt wird.[510] Auch Erwägungsgrund 23 der MAR,

---

508 Achenbach/Ransiek/Rönnau/*Trüg*, Handbuch Wirtschaftsstrafrecht, Teil 10, Kap. 2, Rn. 15, der allerdings „Elemente eines vorverlagerten Vermögensschutzes" darin enthalten sieht; Assmann/Schneider/Mülbert/*Spoerr*, Wertpapierhandelsrecht, § 119, Rn. 4 f.; Park/*Saliger*, Kap. 6.1., Rn. 23; Park/*Hilgendorf/Kusche*, Kap. 7.1., Rn. 17 f.; *Schröder*, Handbuch Kapitalmarktstrafrecht, Rn. 109, 372 f.; Sieber/Brüner/Satzger/v. Heintschel-Heinegg/*Böse/Koch*, Europäisches Strafrecht, § 17, Rn. 3 ff.; a.A. KK-WpHG/*Altenhain*, § 38, Rn. 3 ff., m.w.N., noch zum alten Recht.

509 Assmann/Schneider/Mülbert/*Spoerr*, Wertpapierhandelsrecht, § 119, Rn. 5; Park/*Saliger*, Kap. 6.1., Rn. 23; Sieber/Brüner/Satzger/v. Heintschel-Heinegg/*Böse/Koch*, Europäisches Strafrecht, § 17, Rn. 5.

510 Erwägungsgründe 1-7, MAR.

der Nachteile Dritter durch Insiderhandel thematisiert, argumentiert letztlich mit der „Untergrabung der Integrität der Finanzmärkte und des Vertrauens der Investoren.“[511]

Wenn man davon ausgeht, dass die §§ 119, 120 WpHG keine Schutzgesetze, im Sinne des § 823 Abs. 2 BGB sind,[512] heißt das allerdings nicht, dass es nicht trotzdem individuelle Geschädigte solcher Handlungen geben kann. Wird etwa durch eine gezielte Marktmanipulation der Kurs eines Finanzinstruments verändert, können hierdurch Anleger (unter Umständen massive) Schäden an ihrem Vermögen erleiden. Freilich wird es oft schwierig sein, konkrete Schädigungen Einzelner kausal auf eine bestimmte Marktmissbrauchshandlung zurückzuführen, weil zum Beispiel ein Steigen oder Sinken eines Kurses viele gleichzeitig Einfluss nehmende Ursachen haben kann, von denen die Marktmissbrauchshandlung nur eine ist.[513] Gelingt dies aber, so wäre es nicht einzusehen, warum sichergestelltes Vermögen des Täters nicht zur Befriedigung der Opferansprüche genutzt werden sollte, wie dies auch bei der strafprozessualen Sicherstellung der Fall ist. Sinngemäß übertragbar ist hier der zu § 73 Abs. 1 S. 2 StGB a.F. vertretene Gedanke, dass Ansprüche eines Verletzten aus der Tat auch dann verfallausschließend bestehen konnten, wenn die verletzte Norm des StGB kein Schutzgesetz im Sinne des § 823 Abs. 2 BGB war.[514] Vielmehr sollten Ansprüche, die sich aus der Tat im prozessualen Sinne ergaben, ausreichend sein; insbesondere auch Schadensersatzansprüche wegen sittenwidriger Schädigung gemäß § 826 BGB kamen im Hinblick auf Insider- und Marktmanipulationsdelikte hier in Betracht.[515]

Da solche Ansprüche auch weiterhin durch Marktmissbrauchshandlungen entstehen können, ist es notwendig, auch für § 6 Abs. 13 WpHG eine Regelung zu treffen, die Fragen zu den Ansprüchen möglicher Verletzter und ihrem Verhältnis zur Vermögenssicherstellung klärt, wie das auch für §§ 111b ff. StPO geschehen ist. Auch hier ist es sinnvoll, die Vorschriften der StPO zur entsprechenden

511 Erwägungsgrund 23, MAR. So auch Park/*Hilgendorf/Kusche*, Kap. 7.1., Rn. 18.

512 Park/*Saliger*, Kap. 6.1., Rn. 23; Park/*Hilgendorf/Kusche*, Kap. 7.1., Rn. 18; Sieber/Brüner/Satzger/v. Heintschel-Heinegg/*Böse/Koch*, Europäisches Strafrecht, § 17, Rn. 4 f.

513 *Kudlich/Noltensmeier*, wistra 2007, 121,125 betonen die Schwierigkeit eines konkreten Schadensnachweises, insbesondere für Fälle des Insiderhandels.

514 BGH, wistra 2010, 141, 141 f.; *Brockhaus/Ullrich*, ZWH 2016, 312, 315; *Wilk/Stewen*, wistra 2013, 409, 409.

515 BGH, wistra 2010, 141, 141 f.; *Brockhaus/Ullrich*, ZWH 2016, 312, 314 f.; *Maume*, ZHR 180 (2016), 358, 367 f.; MüKo-StGB/*Joecks*, § 73, Rn. 51; NK-StGB/*Saliger*, § 73, Rn. 21a; *Wilk/Stewen*, wistra 2013, 409, 409.

Anwendung vorzusehen, da insoweit inhaltlich keine andere Regelung notwendig ist und so ein möglichst weitgehender Gleichlauf der Verfahren nach beiden Verfahrensordnungen gewährleistet wird.

Konkret betrifft dies eine analoge Anwendung des § 111i StPO, der die Auswirkungen der Zahlungsunfähigkeit des Arrestschuldners auf den strafprozessualen Arrest regelt. Außerdem betroffen ist der § 111l StPO, der Mitteilungspflichten der Staatsanwaltschaft an die Verletzten zum Thema hat. Des Weiteren kann auch § 111n StPO analog herangezogen werden, um die vorzeitige Herausgabe beschlagnahmter Gegenstände an den Verletzten zu regeln, auch wenn eine Anwendbarkeit im Bereich des Marktmissbrauchsrechts grundsätzlich eher unwahrscheinlich erscheint. Die eigentliche Auskehrung der sichergestellten Vermögenswerte an die Tatopfer erfolgt ohnehin erst nach der Verurteilung des Täters und Einziehung der Taterträge gemäß §§ 73 ff. StGB, und hat in den §§ 459h ff. StPO ihre Regelung gefunden, sodass dafür keine Regelung in § 6 Abs. 13 WpHG erforderlich ist.[516]

Des Weiteren können die Vorschriften zur Verwaltung beschlagnahmter oder gepfändeter Gegenstände (§ 111m StPO) und zur Notveräußerung (§ 111p StPO) ebenfalls zur entsprechenden Anwendung herangezogen werden.

4. Kompetenzabgrenzung von BaFin und Staatsanwaltschaften

Seit der Schaffung der eigenständigen Vermögensbeschlagnahmekompetenz der BaFin durch das 1. FiMaNoG – damals als § 4 Abs. 4b WpHG eingeführt – wird kritisiert, dass in keiner Weise ersichtlich ist, wann Staatsanwaltschaften und wann die BaFin zuständig sein soll, sodass sich die Zuständigkeiten überschneiden.[517] Eine Neufassung des § 6 Abs. 13 WpHG muss auch in diesem Punkt von den Fehlern der bisherigen Gesetzesfassung befreit werden.

Durch die höheren Eingriffsvoraussetzungen, die § 6 Abs. 13 WpHG n.F. verlangen soll, wird diese Kompetenzüberschneidung allerdings bereits wesentlich reduziert: In allen Fällen, in denen die BaFin durch Analyseverfahren einen Anfangsverdacht hinsichtlich einer Marktmissbrauchshandlung erlangt, besteht keine Möglichkeit einer Sicherstellung nach § 6 Abs. 13 WpHG, weil keine dringenden Gründe für die Annahme des Vorliegens der Voraussetzungen einer

516 Grundsätzlich zum Verfahren der Opferentschädigung *Rhode*, wistra 2018, 102, 103 ff.

517 Achenbach/Ransiek/Rönnau/*Trüg*, Handbuch Wirtschaftsstrafrecht, Teil 10, Kap. 2, Rn. 150; *Eggers/Gehrmann/Szesny*, WiJ 2016, 123, 129; Esser/Rübenstahl/Saliger/Tsambikakis/*Theile*, Wirtschaftsstrafrecht, § 38 WpHG, Rn. 90; Meyer/Rönnau/Veil/*Rönnau/Wegner*, Handbuch Marktmissbrauchsrecht, § 28, Rn. 173.

Einziehung gegeben sind. Vielmehr wird die BaFin das Verfahren an die zuständige Staatsanwaltschaft weitergeben und diese kann dann gegebenenfalls Maßnahmen nach §§ 111b ff. StPO einleiten.

In den Fällen, in denen ein dringender Tatverdacht schon vor der Weiterleitung an die Staatsanwaltschaft gemäß § 11 WpHG entsteht und beispielsweise mit hoher Wahrscheinlichkeit anzunehmen ist, dass der Täter seine Gewinne beiseiteschaffen will, kann die BaFin hingegen zügig selbstständig nach § 6 Abs. 13 WpHG vorgehen und Vermögen sichern. Zwar wäre hier prinzipiell auch eine vorherige Verständigung der Staatsanwaltschaft zulässig – mit dem Ziel, diese zur Sicherstellung nach §§ 111b ff. StPO zu veranlassen. Damit wäre im Grundsatz wieder eine doppelte Zuständigkeit gegeben. Allerdings wäre dies nicht sonderlich zielführend und sinnvoll – ein solches Vorgehen ist daher ausgesprochen unwahrscheinlich.

Durch die starke Beschränkung der Anwendbarkeit des § 6 Abs. 13 WpHG, die die Neufassung zur Folge hat, wird also gleichzeitig auch eine Kompetenzabgrenzung vorgenommen:

In allen Fällen, in denen lediglich ein Anfangsverdacht vorliegt, ist ausschließlich die Staatsanwaltschaft zuständig. Nur falls sich ein dringender Tatverdacht schon vor der Weiterleitung an die Staatsanwaltschaft ergibt, entsteht eine Möglichkeit für die BaFin, selbst die Sicherstellung durchzuführen. Die im letzteren Fall prinzipiell gleichzeitig bestehende Kompetenz der Staatsanwaltschaft wird praktisch nicht ausgeübt werden können, da die Staatsanwaltschaft noch keine Kenntnis des Falles hat. Die nach Weitermeldung an die Staatsanwaltschaft nach § 11 WpHG weiterbestehende Zuständigkeit der BaFin wird ebenfalls keine Probleme bereiten, da die BaFin mit den Staatsanwaltschaften im Strafverfahren eng zu kooperieren pflegt und hier demnach eine Abstimmung der beteiligten Behörden im Einzelfall stattfinden kann.[518]

Eine ausdrückliche Regelung der Zuständigkeitsabgrenzung im neuen § 6 Abs. 13 WpHG ist daher verzichtbar, denn die verschiedenen Zuständigkeiten ergeben sich bereits mittelbar aus den unterschiedlichen Eingriffsvoraussetzungen.

II. Neufassung des § 6 Abs. 13 WpHG

Anhand der nunmehr festgestellten einzelnen Elemente, die die Neufassung des § 6 Abs. 13 WpHG enthalten muss, kann ein Textentwurf unterbreitet werden.

518 Zur Kooperation von BaFin und StAen im Ermittlungsverfahren *Himmelreich*, Insiderstrafverfolgung durch die BaFin, S. 107 ff.

§ 6 Abs. 13 WpHG:

Liegen dringende Gründe für die Annahme vor, dass aufgrund eines Verstoßes gegen die Verbote und Gebote der in Absatz 6 Satz 1 Nummer 3, 4 und 6 genannten Vorschriften und der Verordnung (EU) Nr. 596/2014 die Voraussetzungen der Einziehung eines Gegenstandes vorliegen, kann die Bundesanstalt dessen Beschlagnahme beantragen; die §§ 111c und 111d der Strafprozessordnung gelten entsprechend.

Liegen dringende Gründe für die Annahme vor, dass aufgrund eines Verstoßes gegen die in Satz 1 genannten Vorschriften die Voraussetzungen der Einziehung von Wertersatz vorliegen, kann die Bundesanstalt zur Sicherung der Vollstreckung den Vermögensarrest in das bewegliche und unbewegliche Vermögen des Betroffenen beantragen; § 917 der Zivilprozessordnung und die §§ 111f und 111h der Strafprozessordnung gelten entsprechend.

In der Arrestanordnung ist der zu sichernde Anspruch unter Angabe des Geldbetrages zu bezeichnen. Zudem ist in der Anordnung ein Geldbetrag festzusetzen, durch dessen Hinterlegung der Betroffene die Vollziehung des Arrestes abwenden und die Aufhebung der Vollziehung des Arrestes verlangen kann; § 108 Absatz 1 der Zivilprozessordnung gilt entsprechend.

Die §§ 102 bis 110, 111i, 111l bis 111n und 111p der Strafprozessordnung finden entsprechende Anwendung.

Die Maßnahmen nach Satz 1 und Satz 2 sind nur zulässig, sofern sie nicht außer Verhältnis zur Schwere des möglichen Verstoßes stehen.

Maßnahmen nach Satz 1 und Satz 2 sind durch den Richter anzuordnen.

Zuständig ist das Amtsgericht Frankfurt am Main.

Gegen eine richterliche Entscheidung ist die Beschwerde zulässig; die §§ 306 bis 310 und 311a der Strafprozessordnung gelten entsprechend.

Die Annahme eines Verstoßes gegen die in Satz 1 genannten Vorschriften steht der Möglichkeit einer Anordnung nach §§ 111b und 111e der Strafprozessordnung in Verbindung mit § 46 Absatz 1 des Gesetzes über Ordnungswidrigkeiten entgegen.

Diese Formulierung des § 6 Abs. 13 WpHG erfüllt die Anforderungen, die hinsichtlich des Bestimmtheitsgebotes an eine solche Eingriffsermächtigung zu stellen sind, weil sie die Eingriffsvoraussetzungen und auch die Durchführung der Vermögenssicherstellung detailliert regelt. Es ist zuzugeben, dass die Norm nunmehr an Umfang deutlich zugenommen hat, allerdings ist sie klar und eindeutig verständlich und ermöglicht es der BaFin anhand unzweifelhafter Kriterien zu entscheiden, ob sie einen Sicherstellungseingriff vornehmen darf oder nicht. Auch die richterliche Kontrolle anlässlich des Richtervorbehalts bekommt nunmehr klare Prüfungsmaßstäbe, an denen der zuständige Richter die Zulässigkeit der Vermögensbeschlagnahme im Einzelfall messen kann und wird somit erst ein wirksames Schutzinstrument für den Betroffenen.

Gleichzeitig wird eine praktisch handhabbare Norm geschaffen, die der BaFin die Möglichkeit gibt, in Fällen dringenden Tatverdachts selbst Vermögenssicherstellungsmaßnahmen ergreifen zu können. So werden die Forderungen des europäischen Gesetzgebers nach effizienten Möglichkeiten der Verfolgung von Marktmissbrauchshandlungen umgesetzt, die dazu dienen sollen, die Sicherheit und Vertrauenswürdigkeit des Kapitalmarktes zu stärken und die Stabilität des gesamten europäischen Finanzsystems vor dem Ausbruch neuer Krisen zu schützen. Zu diesem wichtigen Ziel kann durch die neuformulierte Vermögenssicherstellungskompetenz der BaFin ein Beitrag geleistet werden. Dennoch wird aber auch das Interesse des einzelnen Betroffenen hinreichend geschützt, der sehr schwere Eingriffe in seine Grundrechte – vor allem Eigentums- und Berufsfreiheit – nur hinnehmen muss, wenn strenge Eingriffsvoraussetzungen erfüllt sind und die Verhältnismäßigkeit der Maßnahme sichergestellt ist. Somit ist der neue § 6 Abs. 13 WpHG auch rechtsstaatlich unbedenklich, weil keine unverhältnismäßigen Eingriffe in bürgerliche Freiheiten ermöglicht werden.

Der neuformulierte § 6 Abs. 13 WpHG findet damit einen Kompromiss zwischen der effizienten, praktisch anwendbaren Möglichkeit eines „Einfrierens“ von inkriminiertem Vermögen, die zur Erfüllung der Ziele des europäischen Gesetzgebers von Bedeutung ist, und dem größtmöglichen Schutz der Grundrechte und der Freiheit des Bürgers, die im Rechtsstaat niemals der Strafverfolgung um jeden Preis geopfert werden dürfen.

Zusammenfassung

Zum Abschluss der vorliegenden Arbeit sollen nun noch einmal die wesentlichen Ergebnisse zusammengefasst werden.

1. Der Tatbestand des § 6 Abs. 13 WpHG

Die Vorschrift des § 6 Abs. 13 WpHG dient der Umsetzung europäischer Vorgaben, namentlich des Art. 23 Abs. 2i MAR, der verlangt, der zuständigen Behörde die Möglichkeit zu geben, Vermögenswerte zu beschlagnahmen oder einzufrieren. Sinn und Zweck der Vorschrift ist es, der BaFin eine eigenständige Kompetenz zu verleihen, Vermögensgegenstände zu beschlagnahmen oder Vermögenswerte (bis hin zum gesamten Vermögen) sicherzustellen. Eine solche Befugnis kann sinnvollerweise nur dann eingesetzt werden, wenn entsprechende Straftaten oder Ordnungswidrigkeiten im Raum stehen und die BaFin hierzu Ermittlungen aufnimmt. Es handelt sich also um eine eindeutig repressive Kompetenz, die insoweit der BaFin die Rolle einer Strafverfolgungs- anstelle einer Aufsichtsbehörde zuweist.

§ 6 Abs. 13 WpHG enthält in seiner gegenwärtigen Fassung lediglich Verweisungen auf andere Vorschriften, die seinen Anwendungsbereich festlegen und darüber hinaus einen Hinweis auf das zu beachtende Verhältnismäßigkeitsprinzip. Eingriffsvoraussetzungen im eigentlichen Sinne finden sich hingegen nicht. Nur der Richtervorbehalt des § 6 Abs. 13 S. 2 WpHG schränkt die Befugnis der BaFin ausdrücklich ein.

Im Übrigen handelt es sich bei § 6 Abs. 13 WpHG sowohl um eine Verweisungsnorm, die dynamische Verweisungen enthält, als auch um eine Generalklausel.

2. Betroffene Rechte

Von einer Vermögenssicherstellung nach § 6 Abs. 13 WpHG ist zunächst Art. 14 GG betroffen. Auch wenn die Sicherstellung dem Eigentümer nur vorübergehend den Zugriff auf das Eigentum verwehrt, liegt darin bereits ein Eingriff. Denn auch durch die nur vorübergehende Unmöglichkeit über das Eigentum frei zu verfügen, wird bereits ein wesentliches Merkmal des Grundrechts beeinträchtigt.

Es liegt dabei mit der vorläufigen Vermögenssicherstellung keine Enteignung nach Art. 14 Abs. 3 GG vor. Dies liegt einerseits daran, dass die Vermögenssicherstellung keinen Güterbeschaffungsvorgang darstellt, bei dem der Staat zur

Durchführung von bestimmten Staatsaufgaben gerade diesen Vermögensgegenstand benötigt. Vielmehr werden nur allgemeine Ziele der Strafverfolgung verfolgt. Vor allem ist die Maßnahme aber auch nur eine vorübergehende, sodass sich an der eigentumsrechtlichen Zuordnung nichts ändert, was für eine Enteignung Voraussetzung ist. Stattdessen handelt es sich um eine Inhalts- und Schrankenbestimmung nach Art. 14 Abs. 1 S. 2 GG, die die Verpflichtung des Betroffenen statuiert, sich die Nutzungs- und Verfügungsbefugnis entziehen zu lassen.

Die Intensität des Eingriffs hängt naturgemäß davon ab, wie sich die Vermögenssicherstellung im Einzelfall gestaltet. Im Falle des dinglichen Arrests liegt jedenfalls dann eine sehr hohe Eingriffsintensität vor, wenn große Teile des Vermögens oder gar das gesamte Vermögen des Betroffenen sichergestellt werden. Die Folgen können in solchen Fällen existenzvernichtend sein und den Betroffenen dauerhaft wirtschaftlich ruinieren.

Auch die Berufsfreiheit aus Art. 12 GG kann durch eine Maßnahme nach § 6 Abs. 13 WpHG betroffen sein. Zwar handelt es sich bei der Vermögenssicherstellung nicht um einen finalen Eingriff in die Berufsfreiheit. Allerdings kann der Eingriff eine objektiv berufsregelnde Tendenz haben. Dies ist dann der Fall, wenn der Betroffene das sichergestellte Vermögen zur Ausübung seines Berufes benötigt, etwa weil Investitionen in Finanzprodukte getätigt werden müssen, um eine professionelle Tätigkeit am Kapitalmarkt auszuüben.

In der Intensität unterscheidet sich der Eingriff dabei nicht vom Eingriff in das Eigentumsgrundrecht. Auch hier kann – je nachdem wie weitgehend Vermögensbestandteile gesichert werden – die Berufsausübung dauerhaft beeinträchtigt werden, so zum Beispiel, wenn das „Einfrieren" des Vermögens zur Zahlungsunfähigkeit führt.

Die Unschuldsvermutung wird hingegen durch Vermögensicherstellungen nach § 6 Abs. 13 WpHG nicht verletzt. Zwar wird hier eine Maßnahme an einem Unschuldigen vollzogen, die ihm nachhaltigen Schaden zufügen kann und ihn in seiner finanziellen Handlungsfreiheit weitgehend einschränkt. Ihre Wirkung kann also in dieser Hinsicht durchaus als strafähnlich betrachtet werden. Allerdings fehlt der Vermögenssicherstellung die sozialethisch deklassierende Wirkung, die für die Strafgleichheit Bedingung ist. Denn in einer Beschlagnahme oder einem dinglichen Arrest liegt noch keine Vorverurteilung als Straftäter, zumal solche Instrumente auch im Zivilprozessrecht angewandt werden können. Die Maßnahme knüpft zwar an einen Verdacht an, weist dem Betroffenen darüber hinaus aber keine Schuld zu.

3. Konkrete Bestimmtheitsanforderungen an § 6 Abs. 13 WpHG

Neben der Eingriffsintensität ist auch die Komplexität der zu regelnden Materie einer der entscheidenden Faktoren für die Festlegung der Bestimmtheitsanforderungen an eine Norm.

Generell gilt, dass der Bereich des Wirtschaftsstrafrechts – und insbesondere des Kapitalmarktstrafrechts – eine ausgesprochen hohe Komplexität aufweist. Dies liegt sowohl in der anspruchsvollen Materie des Kapitalmarktes selbst und seiner hohen Fortentwicklungsgeschwindigkeit begründet, aber auch in der komplizierten Struktur der rechtlichen Regelungen.

Für § 6 Abs. 13 WpHG gilt diese Erkenntnis nur eingeschränkt; es muss zwischen den verschiedenen Elementen der Norm differenziert werden.

Die Verweisungen, die den Anwendungsbereich des § 6 Abs. 13 WpHG bestimmen, müssen eine Vielzahl von unterschiedlichen Vorschriften erfassen, die größtenteils dem europäischen Recht entstammen und veränderbar sind. Hier ist die Komplexität besonders hoch. Für die Eingriffsvoraussetzungen und die Regelung der Durchführung der Vermögensbeschlagnahme gilt dies nicht in gleichem Maße. Diese Regelungen haben prozessualen Charakter und sind von der Veränderlichkeit der Gegebenheiten am Kapitalmarkt und auch des Kapitalmarktes weniger abhängig. Der Gesetzgeber muss hier vor allem einen ausgewogenen Kompromiss zwischen effektiver Strafverfolgung und dem Schutz des Bürgers finden; die Komplexität der Materie ist aber deutlich geringer.

Für strafprozessuale Eingriffsbefugnisse lässt sich kein allgemeingültiger Bestimmtheitsmaßstab aufstellen. Allerdings muss beachtet werden, dass das Strafprozessrecht eine besonders grundrechtssensible Materie darstellt, sodass insgesamt ein hohes Bestimmtheitsniveau erforderlich ist.

Das Bestimmtheitsgebot des Art. 103 Abs. 2 GG gilt nicht für strafprozessuale Vorschriften. Angesichts der möglichen sehr schwerwiegenden Grundrechtseingriffe, die teilweise in ihrer Schwere der späteren Strafe kaum nachstehen, kann man jedoch für solche Befugnisse, die zu besonders schwerwiegenden Eingriffen ermächtigen, verlangen, dass das Bestimmtheitsniveau inhaltlich dem des Art. 103 Abs. 2 GG gleicht. Dies gilt insbesondere für Befugnisse, die der Strafe in ihren Auswirkungen nahekommen, wie etwa Untersuchungshaft oder auch Sicherstellung von Vermögen.

Allgemein gilt, dass der Gesetzgeber die Regelungen so treffen muss, dass sich die Eingriffsvoraussetzungen klar aus dem Gesetz ergeben. Außerdem muss auch der Inhalt der Befugnis so geregelt werden, dass der Eingriff vorhersehbar ist. Die Definition der Eingriffsschranken und des Inhalts der Befugnis darf nicht den Strafverfolgungsbehörden selbst überlassen bleiben.

Generalklauseln sind zwar grundsätzlich zulässig. Sie können aber nur dann als strafprozessuale Eingriffsermächtigungen verwendet werden, wenn erstens die Vielfalt der vorstellbaren Lebenssachverhalte so unüberschaubar groß ist, dass eine detailliertere Regelung unmöglich wäre und zweitens der Eingriff keine schwerwiegenden, insbesondere unumkehrbaren, Grundrechtseinschränkungen hervorruft.

Da § 6 Abs. 13 WpHG zu sehr schwerwiegenden Eingriffen befugt, muss in seinem Fall ein sehr strenger Bestimmtheitsmaßstab angelegt werden. Es kann allerdings vom Gesetzgeber nur verlangt werden, die Vorschrift so bestimmt wie möglich zu fassen. Darum müssen die Anforderungen für den Teil der Vorschrift, der ihren Anwendungsbereich durch Verweisungen eröffnet, gesenkt werden. Eine genauere Aufzählung aller einzelnen Vorschriften wäre hier nicht praktikabel, daher darf pauschal verwiesen werden, wobei aber sichergestellt sein muss, dass die in Bezug genommenen Vorschriften zweifelsfrei zu identifizieren sind. Da die europäischen Vorschriften auch geändert werden können, sind selbst dynamische Verweisungen unumgänglich, um Regelungslücken zu vermeiden.

Für die eigentlichen Eingriffsvoraussetzungen gilt dies hingegen nicht. Hier muss der Gesetzgeber die Schranken der Vermögenssicherstellung selbst eindeutig festlegen und darf dies nicht der BaFin überlassen. Da schwerwiegende strafprozessuale Eingriffe ohne das Vorliegen eines gewissen tatsachenbegründeten Mindestverdachts unverhältnismäßig sind, ist er verpflichtet, auch ein bestimmtes Mindestmaß verdachtsbegründeter Tatsachen zur Voraussetzung der Vermögenssicherstellung zu machen. Dass es sich bei § 6 Abs. 13 WpHG um eine Generalklausel handelt, ändert hieran nichts; vielmehr darf sich der Gesetzgeber gerade nicht auf eine solche Generalklausel zurückziehen, wenn eine präzisere Regelung möglich ist.

Der Inhalt der möglichen Maßnahmen muss ebenfalls sehr genau festgelegt werden, sodass der möglicherweise Betroffene die Maßnahme vorhersehen und sich darauf einstellen kann.

In § 6 Abs. 13 WpHG muss der Gesetzgeber daher deutlich machen, was unter der „Beschlagnahme von Vermögenswerten" zu verstehen sein soll, indem er eine eindeutige Regelung der möglichen Maßnahmen trifft.

4. Bestimmtheitsprüfung des § 6 Abs. 13 WpHG

Die den Anwendungsbereich definierenden Verweisungen des § 6 Abs. 13 WpHG sind kompliziert und sehr unübersichtlich. Allerdings werden alle in Bezug genommenen Vorschriften so genau bezeichnet, wie das dem Gesetzgeber möglich war. Auch Inhalt und Reichweite der dynamischen Verweisungen sind hinreichend klar umgrenzt. Da eine andere Art der Regelung nicht möglich gewesen wäre und hier ein niedrigerer Bestimmtheitsmaßstab anzulegen ist, liegen die Verweisungen des § 6 Abs. 13 WpHG noch im Rahmen des rechtsstaatlich Zulässigen.

Die Eingriffsvoraussetzungen finden in § 6 Abs. 13 WpHG keine Regelung – mit Ausnahme der Gebotenheit des Eingriffs, die als Verhältnismäßigkeit zu verstehen ist. Dies führte aber nur dann zur Verfassungswidrigkeit, wenn auch durch Auslegung der Norm keine Klarheit zu erzielen wäre.

Die Wortlautauslegung führt zu keinen greifbaren Ergebnissen.

Die historische Auslegung lässt den Wunsch nach hoher Effektivität bei der Verfolgung von Regelverstößen am Kapitalmarkt erkennen. Eine Tendenz hin zu niedrigen Eingriffsvoraussetzungen kann man hieraus ablesen, konkrete Voraussetzungen ergeben sich auch hier nicht.

Die systematische Auslegung zeigt im Vergleich zu vielen der sonstigen Vorschriften des WpHG, die die Befugnisse der BaFin regeln, dass § 6 Abs. 13 WpHG weniger konkrete Eingriffsvoraussetzungen aufweist als jene. Daraus könnte geschlossen werden, dass bei § 6 Abs. 13 WpHG bewusst auf weitere Eingriffsvoraussetzungen neben der Verhältnismäßigkeit verzichtet wurde. Eine klare Erkenntnis zu den Eingriffsvoraussetzungen ergibt sich jedoch auch aus der systematischen Auslegung nicht.

Die teleologische Auslegung führt zwar zu dem Ergebnis, dass Zweck des § 6 Abs. 13 WpHG sowohl eine effektive Umsetzung des Grundsatzes „Crime doesn't pay" ist, als auch eine Abschreckungswirkung verfolgt. Daraus lassen sich allerdings keine Erkenntnisse zu den Eingriffsvoraussetzungen herleiten, weil angestrebte Effektivität nicht bedeutet, dass die Rechte des Bürgers missachtet werden sollen.

Die Regelung der Eingriffsvoraussetzungen entspricht daher nicht dem rechtsstaatlichen Bestimmtheitsgebot.

Der Inhalt des § 6 Abs. 13 WpHG müsste so klar geregelt sein, dass ersichtlich und vorhersehbar ist, welche Maßnahmen wie getroffen werden können. Dass sowohl Beschlagnahme von Vermögensgegenständen als auch der Arrest in das Vermögen als solches von der „Beschlagnahme von Vermögenswerten" umfasst sein sollen, wird aus der Gesetzesbegründung klar. Unklar bleibt allerdings – auch nach Auslegung – wie diese Maßnahmen ablaufen sollen und welche Voraussetzungen hierfür jeweils gelten. Daher entsprechen auch die inhaltlichen Regelungen des § 6 Abs. 13 WpHG nicht den Anforderungen des Grundgesetzes. § 6 Abs. 13 WpHG ist wegen zu großer Unbestimmtheit verfassungswidrig.

5. Grundsätzliche Zulässigkeit der verfassungskonformen Auslegung

Der Vorrang der Verfassung vor dem einfachen Gesetzesrecht gebietet immer, dieses so auszulegen, dass es mit dem Grundgesetz im Einklang steht. Ergeben sich an der Vereinbarkeit eines Gesetzes mit dem Grundgesetz Zweifel, so muss der Versuch unternommen werden, durch verfassungskonforme Auslegung die Verfassungsmäßigkeit herbeizuführen. Üblicherweise besteht die verfassungskonforme Auslegung darin, unter mehreren möglichen Auslegungen diejenige zu wählen, die mit dem Grundgesetz am besten im Einklang steht.

Auf § 6 Abs. 13 WpHG trifft diese Situation nicht zu. Ihm fehlen Tatbestandsmerkmale, die ergänzt werden müssten, um seine Bestimmtheit herzustellen. Mehrere Auslegungsvarianten, von denen eine verfassungsgemäß ist, bietet er nicht. Notwendig ist also eine Ergänzung der Norm durch gesetzesimmanente Rechtsfortbildung, hier in Form der Analogie.

Auch die verfassungskonforme Rechtsfortbildung ist zulässig, ebenso wie die Rechtsfortbildung im einfachen Recht möglich ist. Obwohl damit strenggenommen die Grenzen der herkömmlichen Auslegung überschritten werden, wird der Begriff verfassungskonforme Auslegung auch für dieses Vorgehen verwendet.

6. Ergänzung des § 6 Abs. 13 WpHG

Zur Ausfüllung der Lücke sind die §§ 111b ff. StPO besonders geeignet, die ebenfalls die Zielsetzung verfolgen, inkriminiertes Vermögen zum Zwecke der späteren Einziehung zu sichern. Außerdem enthalten diese Vorschriften detaillierte Regelungen zu den einzelnen Sicherstellungsmaßnahmen, die für § 6 Abs. 13 WpHG übernommen werden können. Dabei erfasst § 111b StPO die Beschlagnahme bestimmter Vermögensgegenstände, § 111e StPO den Vermögensarrest, sodass beide für § 6 Abs. 13 WpHG vorgesehenen Sicherstellungsmöglichkeiten abgedeckt werden.

7. Erfordernis eines dringenden Tatverdachts

Über die Anforderungen der zur Lückenausfüllung herangezogenen §§ 111b ff. StPO hinaus, muss für § 6 Abs. 13 WpHG das Vorliegen von dringenden Anhaltspunkten für die Annahme, dass die Voraussetzungen der späteren Einziehung vorliegen, gefordert werden. Dies entspricht den Anforderungen an einen dringenden Tatverdacht. Dies wird schon nahegelegt durch den Vergleich mit denjenigen Maßnahmen der StPO, die einen dringenden Tatverdacht verlangen. Teilweise wiegen diese Eingriffe ähnlich schwer wie eine Vermögenssicherstellung (z. B. die

Untersuchungshaft), teilweise sind sie sogar weniger stark belastend (so etwa die Ausschreibung zur Öffentlichkeitsfahndung gemäß § 131a Abs. 3 StPO).

Da auch für die §§ 111b ff. StPO nichts anderes gilt, begründet dieser Vergleich allein das Erfordernis noch nicht. Jedoch ist ebenso zu beachten, dass die BaFin eine andere Rolle einnimmt als die Staatsanwaltschaft. Die BaFin ist durch ihre Aufgabe der Marktüberwachung von vornherein an einem Fall beteiligt und begleitet ihn von den ersten Auffälligkeiten bis hin zum Vorliegen eines Anfangsverdachts. Die Staatsanwaltschaft hingegen wird in der Regel erst mit den Ermittlungen beginnen, wenn ihr das Vorliegen des Anfangsverdachts gemäß § 11 WpHG von der BaFin gemeldet worden ist. Eine Vermögenssicherstellung durch die BaFin könnte also deutlich früher im Verfahrensablauf erfolgen. Je früher ein Eingriff, desto unsicherer ist regelmäßig die Tatsachengrundlage, auf der er beruht, und desto schwerer wiegt er im Verhältnis zu den betroffenen Grundrechten.

Darüber hinaus spielen auch die Besonderheiten des materiellen Rechts eine Rolle. § 119 WpHG als Blankettvorschrift ist für den Rechtsunterworfenen schwer zu erfassen. Festzustellen, welches Verhalten erlaubt und welches verboten ist, wird häufig sehr schwierig sein. Das Irrtumsrisiko ist aufgrund der Komplexität des materiellen Rechts für den Betroffenen sehr hoch. Somit kombiniert § 6 Abs. 13 WpHG ein hohes Risiko mit einem sehr frühen Einsetzen der Zwangsmaßnahme, die außerdem sehr intensiv wirken kann. Um die Verhältnismäßigkeit zu wahren, ist daher eine stärkere Beschränkung nötig als im Falle der §§ 111b ff. StPO.

Durch die erhöhte Eingriffsschwelle ergibt sich eine eigenständige Funktion des § 6 Abs. 13 WpHG gegenüber den Maßnahmen nach der StPO. So kann die BaFin etwa tätig werden, wenn – nach Weiterleitung des Falles gemäß § 11 WpHG – die Staatsanwaltschaft nicht ausreichend schnell tätig wird und die Gefahr des Beiseiteschaffens der Taterträge droht. Ebenso kann sie auch in Fällen, in denen sich sehr früh ein dringender Tatverdacht ergibt, die Vermögenssicherstellung selbst durchführen und erst im Anschluss das Verfahren an die Staatsanwaltschaft weiterleiten, sodass in solchen Eilfällen größere Effizienz gegeben ist.

§ 6 Abs. 13 WpHG wird somit zu einer Reservekompetenz, die in eilbedürftigen Fällen oder Notfällen Anwendung finden kann, wohingegen der Regelfall der Vermögenssicherstellung in den Maßnahmen nach §§ 111b ff. StPO durch die Staatsanwaltschaften liegt.

8. Grenzen der verfassungskonformen Auslegung

Der Zulässigkeit der verfassungskonformen Auslegung sind zwei Grenzen gezogen, die nicht überschritten werden dürfen. Sie ist daher nur begrenzt zur Korrektur unzureichend gestalteter Gesetze geeignet.

Eine Grenze der Zulässigkeit der verfassungskonformen Auslegung ist diejenige des Normzwecks, das heißt des objektivierten Willens des Gesetzgebers, der nicht verfälscht werden darf, sodass die Ziele der Norm verfehlt werden. Dies leitet sich aus dem Gewaltenteilungsprinzip, dem Demokratieprinzip und der Bindung der Gerichte an Recht und Gesetz her, die es nicht zulassen, dass der Gesetzesinterpret sich an die Stelle des Gesetzgebers setzt und eigenmächtig Recht schafft.

Die zweite Grenze ist die der absoluten Unbestimmtheit, die aus dem Bestimmtheitsgebot und dem Vorbehalt des Gesetzes folgt. Weist die Norm nicht wenigstens einen ausreichend bestimmten Regelungskern auf, so schöpft der Interpret selbst Recht und die Inhalte des Gesetzes werden nicht mehr vom Gesetzgeber festgelegt, wie das erforderlich wäre. Daraus folgt, dass bei völliger Unbestimmtheit einer Norm für die verfassungskonforme Auslegung keine Anwendungsmöglichkeit gegeben ist, weil die Rechtsergänzung hier zwangsläufig auf eine freie, vom Gesetz völlig gelöste Rechtsschöpfung hinausliefe.

Sinn und Zweck des § 6 Abs. 13 WpHG ist es bei der angestrebten Stabilisierung der Finanzmärkte mitzuwirken. Der Beitrag des § 6 Abs. 13 WpHG besteht dabei darin, durch effektive, frühzeitige Vermögenssicherstellung sowohl die positive als auch die negative Generalprävention hinsichtlich Verstößen am Kapitalmarkt zu stärken.

Zwar wird der Anwendungsbereich des § 6 Abs. 13 WpHG durch die verfassungskonforme Auslegung, besonders auch durch das Erfordernis der dringenden Gründe, erheblich eingeschränkt. Allerdings verfehlt er dadurch nicht den vom Gesetzgeber intendierten Zweck. Vielmehr bekommt er einen klaren, eigenständigen Einsatzbereich neben den §§ 111b ff. StPO zugewiesen. Die Grenze der verfassungskonformen Auslegung, die es verbietet, den Inhalt des Gesetzes völlig zu verfehlen oder zu verändern, wird daher nicht überschritten.

Hinsichtlich der Grenze der absoluten Unbestimmtheit weist § 6 Abs. 13 WpHG keinen hinreichend bestimmten Regelungskern auf, von dem ausgehend die verfassungskonforme Auslegung durchgeführt werden könnte. Die Norm ist so unbestimmt, dass jegliche durch Rechtsfortbildung eingeführte Tatbestandsvoraussetzung ohne Rückhalt im Gesetz hinzugefügt werden muss. Somit gleicht der Prozess der Rechtsfortbildung in diesem Fall einer nahezu völlig freien Rechtsschöpfung. Die Zulässigkeitsgrenze der verfassungskonformen Auslegung ist daher überschritten. § 6 Abs. 13 WpHG ist einer verfassungskonformen Auslegung nicht zugänglich und damit wegen Verstoßes gegen das rechtsstaatliche Bestimmtheitsgebot verfassungswidrig.

www.ingramcontent.com/pod-product-compliance
Ingram Content Group UK Ltd.
Pitfield, Milton Keynes, MK11 3LW, UK
UKHW021939290926
8980IPUK00016B/1701

9 783631 906002